红色华润

下

华润集团有限公司红色华润编委会 编

吴学先 著

中华书局

五十年代的华润

1954年以后，新中国迈入了和平建设的新阶段。

国家贫穷，百废待兴。但是，中国人民在中国共产党领导下焕发出前所未有的创造热情和劳动热情，祖国大地到处莺歌燕舞。

与此相反，香港则成为各国和各种政治力量争夺的窗口。

华润也因此成为一个特殊的贸易机构：一方面被国民党残余势力和敌特分子关注，同时，也成为世界上一切爱好和平的人们的朋友。

华润代表祖国走出国门，在亚洲、欧洲、非洲展示了新中国的风采。

通过"出口商品展览会"这个窗口，华润把五大洲的朋友邀请到中国。

中华人民共和国成立初期，我国外贸和经济领域的信息工作十分薄弱，甚至不了解外汇牌价，连世界各国的地图都难以买全。华润公司为新政权提供了全面的信息服务。

华润通过一系列报告和建议，参与了外贸部的管理工作：构建外贸体系、初创贸易规则、商标管理、用外贸促进外交，等等，到50年代中期，我国初步形成了计划经济体制下的外贸运行格局。

就在这个时期，华润公司成为我国对资贸易的总代理，直至改革开放初期，华润是我国外汇来源的主渠道之一。

此阶段负责人：张平（1952.10—1960.12），董事长兼总经理。

第三十一章　和平年代的贸易如何发展

1953年7月27日，这是一个难忘的日子，中国人民志愿军在夏季反击战中歼敌12.3万，联合国军被迫签署《关于朝鲜军事停战的协定》。

四亿五千万中国人民欢呼雀跃，250万香港人民奔走相告。

战争终于结束了，对新中国来说，抗美援朝战争的结束，象征着自清末以来百余年动荡史的终结，发生在中国领土上的战争结束了，西方世界妄图借助周边地区威胁中国的企图也破产了。

战争终于结束了，这是一个新时代的开始。

1953年，华润进口贸易共完成1398笔生意，其中肥田料占29.12%，棉花21.34%，五金16.02%，西药15.14%。此外还有化工原料、电工器材、精密仪器、医疗器械、测绘仪器、造纸厂设备、机器零件、印刷品、纸张、手表、打字机、计算器、摄影器材、木材、人造丝、玻璃等。

出口商品主要有蛋品、猪鬃、桐油、桂油、茶油、豆油、梓油、丝、棉、松香、五棓子、芝麻、苏籽、薄荷脑、桂皮及其他什货。

华润购销地区遍及欧洲、非洲及东南亚等22个国家。

但是，战争年代的进出口工作是无序的。华润写道："由于抢购，计划不完整，工作显得忙乱。进口商品项目中，尤其是西药，大部分是不熟悉的，边学边做，边翻书边找货论价。临时性任务多，计划变动性太大。1953年田料调拨不断更改，电报电话通知十余次，书信通知亦为八次。业务人员疲于奔命，买卖上非常被动。出口缺少固定的经营商品，到处乱抓。"①

1953年，随着战争的结束，新中国迎来了一个相对和平的经济环境。但是，千疮百孔的祖国还很贫穷，美蒋特务还在搞破坏。从战争刚刚走进和平的中国领导人还在探索，那时，公私合营还没有进行，民族工业在奄奄一息中开始复苏；农民虽然得到了土地，却没有水利和农药的保障，经不住风吹雨打。在千头万绪的工作中，中国领导人作出决定：首先要发展工业，走工业化强国之路。

发展工业需要大量进口国外的先进设备和钢铁，需要外贸作基础，1952年10月外贸部成立。

华润公司作为我党领导的一家海外贸易企业，占尽天时地利人和，责无旁贷地成为我国工业化建设的先头部队之一。

新中国的对资贸易以华润为窗口，实行统购统销，因此，华润有责任认真地研究相关问题，并向国家相关部门提出改进措施。

从此，在外贸部领导下，华润与各进出口总公司相互配合，开始建立新中国的外贸秩序：建立进出口贸易规则，建立出口商品检验标准，建立相应的合同范本，完善海关报关手续。更为艰难的是，要推动省市县乡各级领导和各地外贸人员形成一种观念：那就是重视外贸工作；还要培养一种工作作风：遵守合同，提高出口商品质量。

外贸新秩序从建立到初步形成，经历了一个艰难的推动过程，在1957年以后初见成效。

随着战争的结束，香港的经济环境也得以改善，港澳商人、海外华侨以及世界各地的洋商纷纷在港开展经贸活动。在香港，经济和贸易领域的残酷竞争随即展开。

---

① 1953年《华润公司总结》。

1953年，日本和美国的商品开始大量进入香港，争夺香港市场。美国商品一向以"科技含量高"著称，日本商品一向以"精巧适用"著称，很快就占领了香港市场的很大份额。

华润人看到了英国商品、日本商品，也看到了美国商品。

华润人看到了英国人如何做贸易，日本人如何做贸易，也看到了美国人如何做贸易。

在激烈竞争的香港，华润人该如何做贸易？

从这个时候起，华润开始边干边学，边学边总结，并及时把外国的贸易规则和做法反馈到外贸部，推动中国的外贸事业与国际接轨。

华润总经理张平召集大家开会，研究应对方案。

大家首先分析了香港市场的情况：

香港没有能源，没有生产的原材料。香港贸易之所以发达，除供应香港本地市场外，还包括供应南洋华侨，这些华侨对"国货"保持着故乡般的钟爱。

由于"禁运"，三年来香港贸易逐年下降。

1951年进出口总值930334万港元（海关数字，下同）；
1952年进出口总值667849万港元；
1953年进出口总值660639万港元。

香港是一个转口口岸，与中国大陆贸易减少，与其他各国的贸易便相应减少。因此，中国对香港的贸易关系到香港的整个经济格局。同时香港从中国进口总值中约占40%的副食品，是香港居民日常生活的必需品，所以又关系到香港居民生活问题。

经过分析，大家认为，内地对香港的出口有望恢复到禁运前的水平，而后再进一步提高。

张平又组织大家仔细分析了东南亚市场的情况。

就目前情况来看，东南亚国家有四种不同类型的情况：

1、菲律宾与泰国，是受西方控制的国家。菲律宾有华侨20万人，对经港转口的我国产品采取严格限制；泰国有华侨350万，因大量需要我国土产，不得不作某种程度的开放。属于这一类型的还有法国控制的越南，该地华侨人数包括北越共有150万人。

2、印度、巴基斯坦、锡兰，这三国华侨很少，共有5万，对我小土产无甚需要。这三个国家都与我有外交关系，因此经港转口的商品很可能变为国家间的直接贸易。

3、印尼与缅甸，华侨人数很多。印尼有250万，但由于印尼外汇缺乏，对进口亦采取严格的管制；缅甸华侨人数约30万，自从与我国签订贸易协定后，从1953年7月起采取了禁止中国货自其他国家和地区输入的措施。

4、马来亚，有华侨300万，占当地居民的40%，是香港南线贸易中主要的一环。这一地区仍是我转口贸易的主要市场。

如何扩展欧洲市场呢？

1951年以来，通过中波公司跨越东半球的航运贸易，我商品出口欧洲发展很快，但是，进出口不平衡，出口量不够大。为改变这种状况，华润人有必要走出去，到欧洲、澳洲和非洲寻求贸易伙伴。

在分析了市场状况以后，华润人开始分析：我们还需要建立什么规章制度？如何在贸易活动中利用合同文本保护我方利益？

我们的经销商队伍怎么样？过去，我们身边的经销商多是爱国华侨和港澳同胞，我们拥有一支很好的"华商"队伍，今后要扩大对资贸易，如何广泛地联系"洋商"？

另外，也是最为关键的一点，我国的出口商品如何与外国商品相比美？

华润人对以上问题进行了冷静分析。这些问题不仅仅是华润的问题，也是新中国贸易系统共同面对的问题。

　　我们在档案馆里找到三份很长的文件：《关于扩大对港澳及东南亚出口的意见（之一）》《关于扩大对港澳及东南亚出口的意见（之二）》《关于扩大对港澳及东南亚出口的意见（之三）》，三份文件都是1954年9月前后提交的。从这些文件里，我们能深切地体会到华润总经理张平及全体华润人的焦虑。

　　当时，抗美援朝战争刚刚结束不久，禁运还在实施，美国相关部门常常用所谓黑名单威胁商人，美国、东南亚和香港的商人都担心因为与中国大陆做生意而上了黑名单。

　　在这样的背景中，在外国商品大量进入香港市场的形势下，如何扩大出口？华润人向外贸部领导提出了一系列具体建议。

　　第一，关于制定出口计划。1954年，国内正在完善第一个五年规划，外贸部、各进出口总公司、各省市分公司，还有2500多个①私人公司（当时公私合营还没开始），都在制定进出口计划。华润希望大家能"共同研究，并明确分工，相互配合"。

　　第二，关于出口货源和遵守合同。新中国通过几年的恢复和建设，中国人民的购买力空前提高，商品市场供不应求，因此，各地政府部门对出口工作有所忽视，出口商品缺乏，在许多地区甚至出现了把好商品留做内销、差商品用来出口的情况。华润强调："应很好协调，保证有货出口。""希望能强调遵守合同，过去签过一些合同，但不能严格遵守，经常使我们互相间配合发生问题。我们认为，遵守合同是我们工作配合的重要保证。"

　　第三，关于商标。华润提出，出口商品的商标最好是"中性的"，不要政治性太强，如"红星牌""和平鸽"等商标，在资本主义市场上推销会碰到困难。有些木箱，上面印着"广州失业工人生产自救社"，亦不大好。

---

① 引自1953年叶季壮部长讲话。

第四，关于商品规格。华润提出，战争时期，出口商品可以不要求规格，可是，在和平年代，保证商品的质量和规格是一个大问题。"目前小土产的规格问题太复杂，有些实际上是混乱不清。如土纸，据说有一千多种，一方面是纸质分很多种，另一方面是同一种纸质有许多名字，而包装又不同，所以，要分差价很困难"。"最近经常有商人反映，有些商品，品质规格与商品不相符，如土纸，色泽黑晦，水分多，甚至一张黏一张；有些尺寸不符，如昭平，原定2.4尺，结果只2.1尺，重量亦有问题，34斤变成31斤，甚至只有29斤。桂皮，原定每包60斤，但只有59斤至57斤，而尺码又比原规定大，到香港要再加工方能出口。"

第五，关于改进包装。在包装方面问题很大，比如，水果外销，各国均用木箱，而我货尚用箩筐装；布匹出口，其他各国全部采用箱装，而我国用布包装。椒干出口，我国用布包，也有的用麻包，很为混乱。其他小土产的包装经常发现破旧的情形，到港转销需要重新包装，招致不必要损失及人力浪费。华润在上报外贸部的文件中说："要经常研究消费者需要及竞争者的做法，对规格、色泽、图染、包装、装潢等都要有专门部门进行研究，经常改善，并按地区性、季节性多创造市场所需要的花式规格。"

第六，关于改善运输条件。航运上不注意而使商品品质变坏的现象很普遍。最近运来一船生鸭，装备不好，死去50%。3月运来一批生猪，本来一船装200头，国内为节省运费装至400头，结果挤死50头，死猪损失费超过航次运费的3倍，并且还要被港方以"虐待牲畜"罪名罚款（每次要罚700元，五丰行已先后两次被罚）。

第七，关于销售代理。目前各地、各口岸、各私人贸易公司各显神通，来货渠道甚多，我们建议要加强计划性，华润可代理推销，代理销售的方法可多种多样，如可采用统一掌握的方法，亦可采用分散包销、联合包销、以合同方式长期代销等办法。

这七条建议如今看来也许有些幼稚。但是，在中国，在这些方面的努力与改进一直持续到改革开放后的80年代。

和平年代，进口工作相对来说好做了，不会有谭廷栋所经历的生命危险了；相反，出口难了，如何扩大出口，为国家换取外汇，发展工业，新的艰巨任务严峻地摆在了华润人的面前。

第三十二章　一百二十四种出口商品

　　到1953年底，经华润公司代理出口的商品已达124种，与1947年秋华润公司第一次租用波德瓦尔号对外出口相比，短短六年内，从战争到和平，从"突破封锁线"到"平等贸易"，这种变化已经是天翻地覆的了。

　　让我们对这124种出口商品做一个了解，想想看，在解放初期，我国就是依靠这些商品换取外汇，进而启动工业化建设的。其中：油粮类17种；副食品31种；京果什货22种；土产类35种；轻工业品9种；其他单列商品10种（如：煤、石膏、盐等）。

　　124种出口商品中，食料类占67.9%，土产类占19.8%，茶叶占2.2%，丝绸占4.7%，轻工业品占5.2%。从这个比例中不难看出，那时我国出口物资多属于低档物资，以食品和土产类商品居多，轻工业品很少[①]。

　　这124种出口商品属于中国的传统出口物资，在香港有着很深的影响：

　　在粮油方面，除大米外，一般均由我方输入，且具有转口作用，如菜油、茶油及种子类商品，过去均经港转口。

　　副食品与香港的关系最密切，出口历史也最长。港地每年消费副食品的金额在3.7亿—3.8亿港元（合6167万—6333万美元），1952年自内地输入量占食品输入总量的84.9%。

---

① 《扩大对港澳及东南亚出口的意见（之一）》，华润集团档案馆（第三馆），本章引用同。

　　大陆土产在香港市场上是有历史的，其中大部分外销。较主要产品如松香、桂皮、八角、陶器、藤竹、五棓子、水草、棕制品、油纸伞、樟木桢、茶等11种商品外销占80%。中国药材转口外销平均占75%。

　　轻工业品中的大部分商品在历史上对香港输出不少，只因抗日战争及解放战争的影响被迫中断。早在1931年我国工业品输港及经港向东南亚输出即达1100万美元（约合目前3500万美元）。到1953年，124种出口商品中，工业品金额仅741万美元。

　　由于战争与和平的变迁，大陆商品在香港的地位有所下降，分析其原因主要是：

　　第一，战争年代我国商品出口减少，外国商品乘虚而入。

　　第二，代用品出现，外国货出现，我传统产品用量减少。如，煤油炉代替了过去的煤炉，炭柴销路减少。玉扣纸、土纸等被洋厕纸及其他洋纸代替。

　　第三，战后香港工业得以恢复和发展，对大陆轻工品的依赖减少。抗日战争和解放战争期间，内地工厂大量迁至香港，香港工业得到迅速发展。从工厂数字看，1933年有工厂403家，1953年已增至2208家。香港轻工业生产的商品主要是棉纱、布匹、搪瓷、衬衣、鞋、内衣、电筒、食品等八大类，外销总值占工业制品总额的85%，而纱、布两类占八类中的半数。1953年我工业制品恢复出口，数量增多，双方商品在国外市场上碰头很多。

　　第四，封锁造成香港的贸易衰落，大批游资投入农业。近两年由于美国对华封锁，香港贸易衰退，商业资金没有出路，大量过剩的游资部分投入农村生产，且港府对农业也有意扶植。如蔬菜，1951年香港生产41万担，1952年生产45万担；生猪每天产量160—200头，是历史上的高纪录。鱼的生产量也在年年增加。

　　第五，世界性的经济衰退造成商品价格下跌，暴利不再。例如1953年，我绸缎的销量较上年增96.2%，而金额仅增

45.1%。又如五棓子，其销量较前扩大，而价格则从每担125元下降到17.5元。

1954年以前，这124种出口商品就是新中国自由外汇的来源，也是中国工业化起步阶段的重要保障之一。华润公司一定要千方百计地保障出口，扩大出口。

华润人相信：124种商品的出口量会递增。

我国大陆物产丰富，品质优良，供应量充裕，这是最重要的有利因素。

得地理上的便利，在运输时间及费用上较其他竞争者占优势。

香港居民99%是中国人，在风俗习惯和嗜好上崇尚中国产品。

大陆商品具备上述优越条件，如能在商品的品质、规格上力求改进，保证供应正常，同时在经营上适应市场变化，那么前途乐观是完全有根据的。

华润人是乐观的，具有革命的乐观主义精神，这种乐观精神不是盲目的，而是来自对战争年代的体会，来自对新政权的信任，更来自对中国人民的深切了解。华润人相信，中国人民一定能改变贫穷和落后的状况，一定能迅速医治好战争的创伤，一定能把新中国建设成繁荣昌盛的乐园。

1952年，青岛啤酒开始供应香港，五丰行独家代理，经销商主要是郭宜兴等港商，还有45家批发商，青岛啤酒很快就在香港和东南亚打开了市场。

香港《文汇报》1952年8月19日刊登了一篇文章，题目是《祖国土产的品质提高了——从一些日常用品看祖国的新气象》，文中小故事"厨房里的香气"描写了我出口商品花生油、豆油、香油等纯度提高，没有焦糊现象。"可喜的杯中物"一节则赞扬了青岛啤酒、五加皮酒、玫瑰露等商品，作者说："新中国出现以后，我们很快就知道有一种叫做青岛啤酒的中国商品。"在"又大又肥、色味俱佳"一节，作者说：内地三反五反以后，出口商品质量明显提高，比如说，活鱼、梅菜、大蒜等易腐烂商品，现在新鲜多了，而且"价钱公道，数量十足"。作者还赞扬了祖国的"新道德、新作风"。

　　1953年元旦，华润公司在搬进香港中国银行大厦后几个月，在《文汇报》上刊登广告，这是我们在资料中查到的华润公司所做的第一份广告。可以说，从这个时候起，华润公司开始走上了正规的贸易之路，希望香港居民认识华润，信任华润——这家公司掌握着124种出口商品。

第三十三章　确立华润“总代理”地位

　　1953年，国内还有2500多个私人贸易公司，叶季壮部长在讲话中提到：“私营进出口商约有2500多户，一万多从业人员，一万多亿资金^①，与国外关系较多，影响很大。”这些商人与外商保持着长期合作，进出口商品品种虽然不多，但数量很大。

　　私营贸易公司此时还比较活跃，国家和地方的国营贸易公司也雨后春笋般地涌现出来。

　　国家直接管辖的进出口总公司不断分支，也不断合并，从开始按商品分工（猪鬃、油脂等），到后来按进口和出口分工（进口大楼、出口大楼），机构不断改革，不断增加；地方的进出口分公司也先后成立，就地掌握货源，就近口岸输出，出口商品从不同渠道涌向香港，各种各样的问题全部摆在了华润人的面前：

　　同样的商品，各地制定的销售价格不同，扰乱了市场；

　　来货不均匀，时多时少，造成价格时落时涨。

　　1953年1月17日，华润公司向外贸部报告出口情况，文中写道：“我出口工作十分艰难”，接着分析了几个主要原因。

　　第一，价格问题是关键问题：

　　1、我国商品的价格不能够随行就市，限价太死，常常背离国际价。此问题颇为严重。大宗商品如桐油、蛋品、猪鬃、肠衣等，东欧售价较低，我未能适当调整，造成滞销。反之，我个别商品跌势超过国际，如豆油、生油、菜籽、芝麻等，亦影响外

_____

　　① 1955年人民币改革，10000元旧币相当于1元新币。

销。我常因价格上百分之一二之差而失却成交机会，使目前处于被动地位的出口业务更为被动。

2、易货出口的商品有倾销现象，低价急售，破坏市场。易货出口急售，势必造成低售，一时间虽能推出一定量的出口商品，但对长远出口市场必有破坏，使出口货价经常越出常轨无法再控制，反过来影响出口。

第二，业务计划性不强：我经常处于"求销不成"与"有需要而无供应"的矛盾中。对海外需求，我常不知向何处要货。

第三，某些合同条款还不成熟，强制推行不利于扩大贸易伙伴。国内要求我方争取坚持以我国商检为凭的"装船品质"与"装船重量"，这个条款常被外商拒绝，失却成交机会，我业务关系只能局限于肯接受我条件的几家香港大商行。

华润建议：

1、关于出口商品今后应有分工，大宗者应集中"国营"掌握，零星商品可全部划归私商。

2、各口岸和各专业公司业务应有分工，应各做重点商品，以免同时对外洽售，造成自己竞争，为人钻空子。

3、总公司对我采取实盘制，使我一定时间内机动掌握。

4、与各出口公司订立"代理协定"，确定具体外销任务，以便联系密切。

5、每季由我草拟可销出口计划，呈你参考再核定正式计划，提高计划的现实性。

6、经常由港派主办业务人员赴京反映海外情况，了解国内政策及要求，以便内外情况交流，开展出口业务。

从这些文件中不难看出，解放初期，华润公司对如何做好和平时期的"正规贸易"，做了很多思考，下了很多功夫。

价格问题是一个很敏感的问题。那时，国内强调的是价格稳定，国民党统治时期的通货膨胀给人民带来巨大灾难，稳定物价是我党的一个伟大贡献。可是，就在国内强调稳定物价的时候，华润却提出"随行就市"，这就是华润人的"实事求是"，因为，华润的出口工作面对的是资本主义的市场经济，不是国内的计划经济。

一头是资本主义的市场经济，一头是社会主义的计划经济，华润人在中间，要灵活地把握行情。

就在这样一种混乱的出口形势下，华润人自信、大胆地提出了一个建议：让华润公司作为"代理商"，与各出口公司订立"代理协定"，对出口到香港的商品"实行统一定价"。

和平时期的外贸工作要符合经济规律，要遵守国际市场的贸易规则，这是一个新课题，华润要学习，而且是边干边学，没有老师。

更重要的是，当时身在海外的公司不多，华润作为地处香港的公司，就成了"桥梁"，不仅自己要学习，还要负责把学到的东西带回国内，为国内各贸易公司、各口岸提供参考建议。那时，我国各级领导岗位上的官员大多来自部队，他们是打仗的英雄，但是，在经济领域，大家都需要学习。

1954年初，外贸部发布《全国各口岸对资本主义国家出口商品之统一计划安排及出口商品分工掌握的指示》，文件指出：我们要"依照平等互利的原则积极开展与资本主义国家的贸易。但必须明确，对资本主义国家贸易是一个极端尖锐复杂的经济斗争，必须提高警惕，防止政治上与经济上遭到损失"。

领导上必须集中、步调上必须一致，经营方式上必须机动灵活，全国各口岸之间，中央国营与地方国营之间、地方国营与私营之间的出口计划要衔接，价格统一。如此才能避免由于出口计划衔接不好，口岸分工不明，各口岸之间配合上不够协调，价格上不够一致，以及违反商品自然流转规律争相越区采购等缺点。

为了克服过去存在的缺点，今后对资本主义国家的出口工作，必须由中央统一计划、统一领导，各口岸分工负责，步调一致，协同动作，加强对资本主义国家出口计划的统一安排。

这份文件强调了"口岸"之间的分工与合作，对"货源"和"窗口"有了较明确的规定。

那么，谁来负责货源？货源散在全国各地，谁从产地把货源收集起来？

谁来承担一致对外的窗口？谁负责与港商、外商谈判，谁出面签合同？

外贸部在实践中逐步完善外贸体制，逐步地把中国进出口公司分拆成几个专业总公司，从而形成了各专业总公司和地方分公司一条龙的采购模式。比如，土畜产总公司接受外贸部统一领导，各地方的土畜产分公司接受总公司和省外贸局的领导。这样一来，总公司既是业务机构，又兼有管理机构性质。

出口形成了这样一个链条：（货源地）省市分公司——总公司——海关——华润公司（市场）。

华润公司在上述报告中所提出的各项建议，都得到外贸部的认可，并很快得到落实。华润公司作为总代理的角色得以明确，华润的作用是代理出口和海外采购，同时还要协助国内各进出口总公司和各口岸，安排计划，调度物资；还要协助外贸部制定国家的进出口计划，提供参考价格。

我们在浩繁的档案中找到这样两份文件，一份是1954年10月中国畜产公司提交给外贸部和港澳办的报告，一份是中国矿产公司提交给外贸部的报告，两份文件中都请华润公司作为"总代理"开展出口业务。

关于1955年对港澳市场供应畜产品的草案

香港、澳门是我国领土的一部分。为贯彻中央关于支持港澳市场供应的方针，我们将对港澳市场畜产品的供应问题与满足国内市场需要同样看待。兹将我公司1955年对该两市场的供应计划及经营意见分述于后：

......

在做法上，我公司意见：主要通过香港华润公司进行业务，使其在港、澳市场上经营中国畜产品起领导作用。

华润公司之代理佣金，一般商品仍照中央规定，给1%佣金（毛皮类、地毯类、肠衣类、兽毛类、制革原料类）。新商品给2%佣金（皮件类、刷子类及笔料毛）。佣金由外币中扣除。

对该两市场的调查研究，我公司意见由香港华润公司就近进行，随时向我公司介绍。......

中国畜产公司（章）

一九五四年十月六日

中国矿产公司1955年对港澳出口经营草案

为了进一步扩大对港澳、东南亚及资本主义国家的出口，争取创造更多的外汇易回国家工业化所需要的建设器材，根据中央对外贸易部关于扩大港澳市场并利用其开展远洋贸易的决定，结合矿产品对港澳市场的输出情况提出经营意见如下：

为了集中掌握资本主义市场情况，应统一步调，避免多头报价，统一由总公司直接洽销或委托香港华润公司洽销，成交后由有关口岸公司办理具体交货工作。各口岸公司及地方国营或私营不对外洽销。

……

调派干部三人至五人到香港，在华润公司领导下，办理矿产业务工作。

中国矿产公司（章）

一九五四年十月

经过一段时间的探索，大家普遍感受到通过总代理一个窗口对外的好处。到1955年，国内13家总公司全部与华润公司签署了代理合同，这13家公司是：中国进出口公司、中国食品出口公司、中国粮谷油脂出口公司、中国茶叶出口公司、中国机械进口公司、中国五金进口公司、中国土产出口公司、中国杂品出口公司、中国畜产出口公司、中国矿产公司、中国仪器进口公司、中国丝绸公司、中国运输机械进口公司。

以下这份合同是华润公司与中国畜产公司签署的代理协议。

中国畜产公司（以下简称甲方）

华润公司（以下简称乙方）之业务代理协议：

兹由甲方委托乙方为其在香港之业务代理。有关甲方之经营商品，乙方均有优先采购或代购之权利。乙方须经常向甲方反映香港及其他海外市场价格情况，供求趋势。在相互合作之基础上，共谋业务之发展。特共同议定双方遵守之各项条款如下：

甲、进口

（一）乙方代甲方购买货物，由甲方按货价给予乙方手续费，按不同商品、不同额度自千分之二至百分之二。

（二）乙方负责将代购货物交至中国口岸。货物未到达前之一切责任由乙方自理，与甲方无涉。

（三）乙方向外订购货物，一切债权债务概由乙方负责自理。

乙、出口

（四）乙方如须采购甲方之出口商品，可向甲方问盘，甲方优先发给，成交签约后，有关货、款之交收均按照购货合同办理，一切盈亏各自负责。

（五）甲方之出口商品，为了推广出路打开市场，可委托乙方办理商标注册事宜，乙方须全力保障甲方商标权益，使不受到损害。

（六）出口商品之运输短缺或残损之索赔，须按照一般商业习惯处理。

丙、代理出口

（七）如甲方有某些新小商品，需委托乙方在港代销者，在征得乙方同意后方可发货，乙方有权按照市场价格出售，出售所得扣除一切费用、佣金及应付税金后，全部汇向甲方。

丁、其他

（八）甲方所属各口岸分公司与乙方业务往来，均按此协议办理。

（九）本协议自一九五六年一月起实行，双方如须修改或撤销协议必须一个月前通知，通知前之一切成交，均照常执行。本协议有效期三年，得双方同意后可予以延长。

（十）本协议由甲乙双方各执一份存据。

甲方：中国畜产公司

乙方：香港华润公司

1955.12于北京

这是一份具有代表意义的合同文本，它标志着新中国外贸出口工作有序化的进一步深入。新中国就是要把有限的出口物资管理起来，统一对外，这样才能避免各省市之间的内部压价，最大限度地赚取外汇；同时，从资本主义国家进口也由华润统一采购，有效地使用外汇，保证我国工业化的建设。

作为进口的总代理，华润有着自己的优势：一是在海外经营多年，建立了较为庞大的客户关系网，而且有很好的信誉；二是华润人以港人身份办理出国手续比较容易。那时与中国建交的国家还很少，国内搞外贸的人士出国办签证很麻烦（一段时间里，内地外贸人员出国都是以华润人的名义）。

1956年初，外贸部转发华润公司一份《统一由华润公司采购的现货货单》，举例如下：

代理中国进出口公司采购：化工类商品：黄血盐钾、黄血盐钠、促进剂、各种染料、硫酸铵等数十种；西药原料类十几种；成药类数十种。

代理中国仪器进口公司采购：摄影及照相器材、电工器材、精密仪表、部分电子仪器、滤纸、光学器材等。

代理中国机械进口公司采购：柴油机、柴油发电机、各种轴承、手用工具等。

代理中国运输机械进口公司采购：各种汽车。

代理中国杂品出口公司采购：棉纱、纸张、棉布、毛纱、麻布、手表、呢绒等。

代理中国土产出口公司采购：南药、牛角、香料等。

为了做好进出口总代理的工作，张平总经理更加强调专业分工问题，他把华润公司的进口部分成几个组：包括棉花、羊毛、五金、西药、机械仪器、化工原料等；又把华润公司的出口部分成8个组：土产、矿产、食品、什品、丝绸、茶叶、粮油、畜产等。这样，进口和出口都有专门的业务人员分管并负责跟单，这样也便于业务员的专业化发展。

如果说，从1949年12月起，中共中央通过成立"港管委"，由华润公司肩负起对香港的十几家党产公司实行统一领导的责任，那么，此时，华润又肩负起另一个更加伟大的使命，那就是，作为全国对资贸易的总代理，在进口和出口中，一个窗口对外。

华润作为总代理的地位一直持续到改革开放以后，即20世纪80年代初。在我国的计划经济时期，通过总代理的方式，充分地利用了我国有限的出口资源，有效地遏制了内部竞争，最大限度地赚取了外汇。

作为华润公司董事长兼总经理的张平，以及各位副总经理，都认识到了一个问题：那就是干部问题。

1953年4月，华润公司在另一份报告中，专门针对干部问题提出建议，建议中说："干部尽量内外交流，适当时间对调一批，对加强政治、政策学习与了解海外情况均有好处。"

华润公司干部的长处是：熟悉国际市场，熟悉外贸业务，专业水平很高，外语水平普遍较高。但是，政策

赵敬三（又名刘靖），华润副总

水平偏低，不了解国内情况，急需回国补政治课，也急需回国熟悉国内情况，了解计划经济。

与此相反，国内干部政治、政策水平很好，但是，不了解海外市场，不了解市场经济，缺乏合同概念。

解决干部补课问题的办法，就是内外交流。

这份报告提出的"干部内外交流"的建议也得到落实，在外贸部实行了几十年，华润公司的干部与外贸部、与各进出口总公

司、与各分公司的干部相互调换。

这项建议在初期起到了很好作用，华润像一所学校，国内干部在华润边学边干，很快就了解了国际贸易的情况，在国际市场上得到了磨炼；通过干部交流，也加强了华润公司与各总公司之间的合作（这项交流措施在20世纪70年代后期也产生了不良影响。由于交流过快，造成华润干部队伍不够稳定）。

1956年2月12日，对外贸易部文件进一步明确了华润公司作为总代理的地位和责任。

对外贸易部关于调整香港华润公司和柏林中进出代表处机构的决定

……根据我对资贸易开展的需要，决定对香港华润公司和柏林代表处的组织作出如下调整：

1、柏林代表处撤销。

2、香港华润公司对外名义不变。……

3、香港华润公司在组织上直接属对外贸易部……业务上接受国内各公司委托代购代销业务。

4、香港华润公司和各公司在业务上均为委托代购代销关系；一切委托业务均收取佣金和手续费。……

对外贸易部

1956年2月12日

经过几年的摸索，我国终于建立了一套自己的外贸进出口模式。这个模式不一定是最好的，但是在当时，却是最有效的。因为，这个管理体系最大限度地实行了一个窗口对外，可以迅速有效地落实中央的各项决策，防止在资源有限的情况下产生不必要的内部竞争。

当然，华润并非只是作为"代理"而存在，华润公司还有

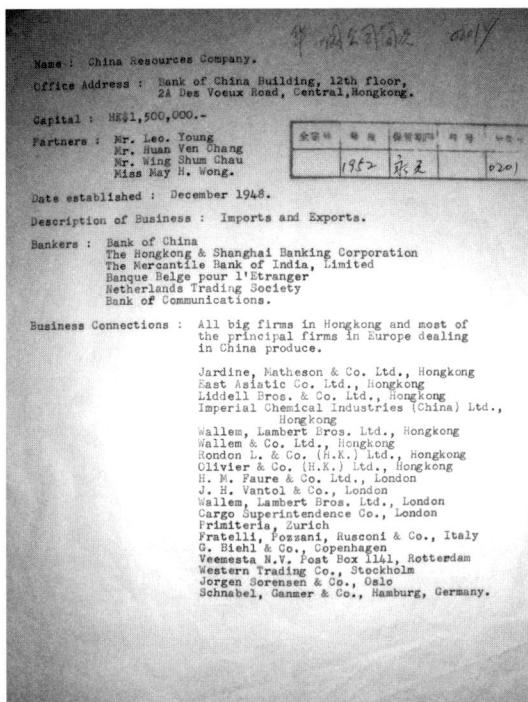

Name : China Resources Company.
Office Address : Bank of China Building, 12th floor,
2A Des Voeux Road, Central, Hongkong.

Capital : HK$1,500,000.-

Partners : Mr. Leo. Young
Mr. Huan Ven Chang
Mr. Wing Shum Chau
Miss May H. Wong.

Date established : December 1948.

Description of Business : Imports and Exports.

Bankers : Bank of China
The Hongkong & Shanghai Banking Corporation
The Mercantile Bank of India, Limited
Banque Belge pour l'Etranger
Netherlands Trading Society
Bank of Communications.

Business Connections : All big firms in Hongkong and most of
the principal firms in Europe dealing
in China produce.

Jardine, Matheson & Co. Ltd., Hongkong
East Asiatic Co. Ltd., Hongkong
Liddell Bros. & Co. Ltd., Hongkong
Imperial Chemical Industries (China) Ltd.,
Hongkong
Wallem, Lambert Bros. Ltd., Hongkong
Wallem & Co. Ltd., Hongkong
Rondon L. & Co. (H.K.) Ltd., Hongkong
Olivier & Co. (H.K.) Ltd., Hongkong
H. M. Faure & Co. Ltd., London
J. H. Vantol & Co., London
Wallem, Lambert Bros. Ltd., London
Cargo Superintendence Co., London
Primiteria, Zurich
Fratelli, Pozzani, Rusconi & Co., Italy
G. Biehl & Co., Copenhagen
Veemesta N.V. Post Box 1141, Rotterdam
Western Trading Co., Stockholm
Jorgen Sorensen & Co., Oslo
Schnabel, Ganmer & Co., Hamburg, Germany.

1952年华润公司登记表（包括注册资本、股东名单、合作银行、经营范围等） 照片来源：华润档案馆

"自营"业务，华润零售是当时主要的自营板块。

华润公司从注册时起一直采用合伙人体制，当时的股东包括：杨廉安、黄美娴、张焕文、巢永森。1955年1月22日，在杨廉安即将出任我国驻印尼大使馆商务参赞时，华润公司更换股东。

第三十四章　华润公司工业品出口部·代理持有商标

中国的出口商品一直以土畜产为主，从前面提到的124种出口产品可见一斑。到1953年底，我国出口的轻工产品只有9种，1954年新增加到35种。

五十年代工矿部同人　照片提供：周德明

到1955年5月，情况发生了很大变化，轻工产品出口达到500余种。这与我国从解放初期就提出的工业化发展之路有密切关系。经过六年的社会主义建设，我国在工业化的道路上开始有了收获。

华润公司为推销轻工产品，特成立了工业品部，人员达32人，这是一个新部门。

以下这份报告写自1955年6月12日，华润工业品部向外贸部汇报当年前五个月的贸易情况。文中写道：

> 今年五个月来，工业品销售总额5921612.58美元，增加了160%。成交客户共287户，增加了12.26%。其中，金笔5089打，钢笔140689打，铅笔75000打，唱片35950张，跳鲤细布为191164匹，布、牙膏、香皂逐渐趋向正常添货。

华润作为总代理，在出口价格方面有了一定的灵活度，他们制定了"稳价多销"、"随行就市"和"逐步提高"的价格方针。1955年对金笔、钢笔、新闻纸、钉、丝、棉布等比较畅销的商品，作了适当调整：新闻纸调高7%，铁钉11.4%，铁丝5.6%，白布1.5%，钢笔11%。

华润更加重视客户关系，1955年在巩固老客户的基础上，增加新客户149户，使交易额增加。国货公司文教用品专业小组、福昌布号、之兴染厂、利兴办庄、有裕行、公大、启泰、纸号等基本客户，销售均有提高。国货公司扩大销售2.18倍，有裕行11.25倍，中华书局28.55倍。

但是，国内出口厂家还存在一些问题需要改进。华润在报告中说：五个月中，误期交货或变更合同者达88宗。另外，我货品种、款式、包装、规格改进还不够，五个月来索赔退货达20宗。

华润在重视工业品出口的同时，对煤炭等能源类商品也加大了出口力度。

50年代后期工矿部部分同人 照片提供：周德明

香港全年需要燃煤约20余万吨（1954年以前为30万—40万吨），历年主要由印度、印尼、日本、台湾等地进口，1955年12月开放进口限制后，由于印度煤运费太高，日本无货出口，因而国产煤源源不断进入市场。据初步统计，1956年我出口13万吨，约占香港进口65%左右，三四季度竟达到92%强。

文件记载："自1956年二季度开始，华南煤由东南公司（王宽诚）为总代理，仁信行及中成公司为分代理，另有经销商六家，主要供应市场零售、中小工厂、船坞等。华北煤仍由我公司自办，对政府、海军、陆军及三大企业（煤气、电灯、青州水泥厂）等投标业务，则东南公司与我公司都做。如需用华南煤则由东南公司供应，华北煤则由我供应，这样做的效果良好，基本上达到占领市场和主动掌握价格的目的。"

华润出口的五羊牌水泥，香港经销商是华人企业公司的高卓雄。我们在《文汇报》上找到了一份广告，这是1956年1月1日高卓雄等同仁给香港人民拜年。

在轻工产品出口增加后，随之而来的一个问题就是商标注册问题。

此前，由于内地工厂不重视海外注册，我商品品牌常被非法使用。那时的问题主要有两类：一是外国商人仿制我著名产品，如仿制绢丝等；二是经销商拿到我国商品后，盗用我品牌自行生产加工，如我国产的3544橡皮头铅笔，商人寄样向日本定制。

华润建议：进入海外市场的主要

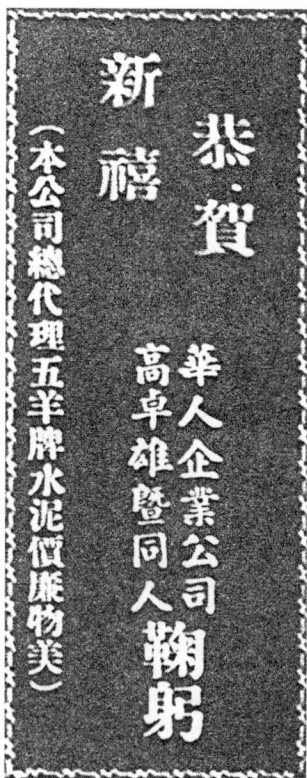

恭·贺

新禧

华人企业公司
高卓雄暨同人
鞠躬

（本公司总代理五羊牌水泥价廉物美）

品种要进行商标注册，可以根据具体情况，采取公司名义或个人名义进行注册。商标注册工作随着我国轻工产品出口量的增多，被提到议事日程上来。

当时我国的一些老牌产品，时常被国外商人仿冒。"红双马牌绢丝纺"就是其中的一个例子。

> 外贸部：
>
> 　　经查我公司所经营的红双马牌绢丝纺（系全绢丝织物），过去在国外市场颇为畅销，价格不断上升。但于今年四月以后，销路顿呈减缩，据香港华润公司及新加坡中国银行反映，国外投机商人以人造棉及人造绢丝仿织并加盖"红双马牌"商标，同时东南亚发现有从日本或香港输入之日本富士绸（绢丝75%、人造丝25%）冒充我国绢丝纺低价抛售，影响我国绢纺的销售，并破坏了我国绢丝纺的国际信誉。
>
> 　　一、请华润公司利用香港报纸揭发这一投机行为。
>
> 　　二、在我红双马牌绢丝纺畅销的香港及其他地区进行商标注册。
>
> 　　上述措施是否有当，至请核示。
>
> 　　　　　　　　　　　　　　中国丝绸公司经理　陈诚中
>
> 　　　　　　　　　　　　　　1955年7月19日

在我们采访的过程中，经常有华润老前辈提到这个话题：1955年，国内还没有相关的涉外商标注册规定，在香港，华润公司执行了一个"变通"的方法：以个人名义注册商标。

巢永森回忆说："我名下有几百个上千个商标，经常的，秘书就来了，让我签个字，什么什么商品的品牌就注册在我的名下了。天厨味精、南洋烟草、飞鸽自行车、青岛啤酒，好多好多，都是名牌，好像我是个大富翁。"

这些老员工，凭着对党的忠诚，成为我国著名商标的代持有者。他们是华润的股东，他们的名下有很多"品牌"，可是，他们的责任就是扩大推销和维护国家利益，从没为个人谋取过私利。在华润人的努力下，这些产品走向了世界①。

那时，新中国的轻工产品生产刚刚起步，我们自己也有很多盲区，我们的厂长、工程师和工人都处在探索的过程中，因此，我们也走过简单"模仿"的弯路。

1955年的"中华牌铅笔案"就是一个典型的例子。

1955年8月22日，香港近氏律师楼来函，指责华润公司出口的中华牌铅笔之外形设计模仿了美国铅笔公司的产品。

接到函件后，华润一方面将3464摞存货停止销售，另一方面安排自己的法律人员董士濂接手此案。董士濂首先征求了香港陈应鸿、陈丕士、麦尼尔等大律师的意见。大家认为：由于我铅笔上明显地注明了"出产厂名"及"出产国别"，算不上蒙混诈欺，不可能成为刑事；对方只能以民事起诉，充其量只能要求我们不再制造有裂纹的铅笔，至于要求索赔则难有具体的证明。我们铅笔商标图案是纪念塔，对方商标是VENUS及裂纹；我们笔杆上全是中文，对方笔杆上全是英文；对方的裂纹全是不规则裂纹，我们的裂纹较有规律，说不上相同。

对方以不规则的图文作为注册商标来禁止别人使用裂纹，也是站不住的，其理由：（a）不规则的图纹能否认为是清楚的、易于区别的标识有疑问。（b）对方不规则的裂纹只能说是一种图案，以图案为商标不是随便可以获得注册的。即使以某种特殊的图案作为商标，亦必须指明为如此之裂纹，不能笼统地以裂纹为

---

① 直到改革开放，当国内一家一家厂商来华润要回自己的品牌时，华润热心协助他们办理手续。华润人真心希望自己的民族工业兴旺发达。

商标而据以排斥别人使用裂纹。

陈丕士意见：裂纹只是装潢，似不能作为商标注册。

麦尼尔大律师意见：除颜色外，两种铅笔的形式并无相同的地方，我们的铅笔（甚至盒子）都是中文，他们都是英文，他们盒子上有维纳斯像，我们是中国风景，因此对方极难提出有利的证据证明"购买者是受了骗"。

麦尼尔个人认为，对方注册商标是有效的商标，但对方铅笔的裂纹是不够清楚和明显的。但他不能肯定诉讼进行的结果如何。他相信，现在的注册官会支持当初注册官的意见。

经过研究，华润对此案作出如下判断：

1、本案是民事性的。

2、对方极难提出具体依据要求索赔。

3、整个铅笔的外表（包括裂纹在内）是不同的。

4、对方的商标不是一个"易于区别"的标识。

案件最后的结果正如我们所预料的，不了了之。但是，华润还是从中总结出一些经验和教训。12月21日，华润在给外贸部的报告中这样写道：

> 从此案中体会到：模仿外货商品在销售时易产生商标纠纷，故建议以后不再生产此类商品，在港存货运回广州转为内销。

华润还起草了一份报告，详细写明了在海外注册商标应注意的事项：中文名要选择中性词，不要太革命化的词；英文名如何翻译，不能选择生僻词和歧义词；商标图案如何设计，要简洁，易于辨认等。

1956年3月24日，中国人民共和国对外贸易部、中央工商行政管理局联合发出关于商标注册的通知：

关于出口商标应注意事项的联合通知

各省市工商厅局

各出口公司：

……由于我国的出口商品，过去对使用商标不够重视，有的图样设计不好，有的和外商商标发生雷同，有的完全使用外国文字，或者使用中国文字而附译不正确的外文。为了避免或减少这些现象的发生，所有出口商标，均应先向中央工商行政管理局申请注册。

（6条具体方案，略）

1956.3.24

在我国商标注册国际化的道路上，华润人做出了独特的贡献。

1964年8月26日，华润公司上报外贸部：《建议国内授权香港机构办理商标注册问题》。文中说："几年来，商标注册工作进展不快，主要由于：1、内外联系脱节，没有一套完整的商标工作记录。2、注册手续繁多，国内和海外各有一套手续，往返联系费时失事。……为了进一步做好商标注册工作，我们认为：今后除继续以国内公司为申请人委托香港机构办理商标注册外，建议国内公司授权香港机构必要时可根据实际需要先行办理注册。这样做可以节约人力、财力、时间。"

"委托华润办理"与"授权华润办理"，这是一个质的区别。

1964年12月19日，外贸部批示：

现经研究，同意华润公司所提意见，今后各公司即可按该建议执行。此外，如国内公司委托华润公司在马来亚注册商标，也可代为办理。

在华润的推动下，我国出口商品商标的海外注册工作全面铺开，许多商品注册在华润名下①。

华润不仅拥有许多"名牌产品"，还代管许多"厂家和公司"，国内对资本主义工商业实行社会主义改造后，一些私营企业的海外机构也成为国营公司，这些公司也挂靠在华润名下，由华润代表国家对其进行商业管理、干部管理。

由于多年战争，大陆在香港投资的一些企业实际上面临倒闭，或者有名无实，后来，经过华润的管理，在祖国的支持下，这些企业起死回生，典型的案例是中孚行。

中孚行于1958年划归华润，当时资不抵债。

江副部长：

　　香港中孚行（原属广州华南企业公司领导）在1958年经叶部长、李、雷副部长同意划归华润公司领导。……

　　中孚行资金仅有20万港元，截至1958年底因经营不善已亏损547689港元，目前是以华侨存款和对内地公司货款的拖欠在周转。

　　目前中孚行资金与营业额相差比较悬殊，为保持其灰色面貌，同意华润公司意见拨付给中孚行40万港元的资本，连同弥补中孚行的547689港元的亏损，一并先由华润公司从1959年盈利中拨付给中孚行，由华润公司统一向本部转账。

　　以上问题是否可行，请批示。

　　　　　　　　　　　　　　　　　　财会局　王维禄

　　　　　　　　　　　　　　　　　　1959年7月3日

---

① 当时华润还是无限公司，这些品牌实际上是注册在股东个人名下，代持有。

　　中孚行注册资金20万，亏损近55万，可是，不能让它倒闭。因为，公司里还有一些华侨的投资，如果公司倒闭，这些华侨的损失将是无从挽回的。华润公司建议：投资40万，一则改变股权比例，华润成为大股东；二则改变其资金不足的现状，保证其经营。华润上报外贸部财会局，财会局又上报部里，1959年11月3日，外贸部批准了这个建议。

　　此后，中孚行成为华润公司工业品部所属的一个"灰色"公司，专门经营轻工产品。

第三十五章　华润资料室

华润公司在香港，一方面以一个经营实体存在，另一方面又是一个管理机构：1952年以前，在办公厅领导下，华润以"港管委"的身份，负责领导在港的"党产"公司；1952年华润划归外贸部领导以后，又以香港贸易工作委员会的身份，负责在港公司的管理工作。

华润公司作为对资贸易的总代理，的确承担着很重要的责任，在这些责任当中，还包括这样两个职责：

其一，为国务院及其所属各机构、贸易部及系统各部门提供经济贸易信息、外汇牌价信息等。

其二，对与我国做生意的海外商家、客户进行商誉调查和信誉跟踪，以免在贸易工作中上当受骗。

这些工作是由华润公司资料室[①]承担的。

中华人民共和国成立初期的1952年，周总理率团出席莫斯科国际经济会议；1955年，周总理出席亚非会议（即万隆会议）。两次会议之前，中央都责成华润为代表团提供与会各国的经济和贸易情况。

华润资料室的前身是国际经济研究所，创办人叫高平叔。高平叔曾撰文回忆他创办国际经济研究所的情况。

1948年10月，高平叔从美国回到香港，"港工委"请高平叔

---

① 华润资料室，原名研究所，后又改名为研究部。

创办国际经济研究所。此前，高平叔1944年去美国，曾在美国开办中国国际经济研究所，有一定研究经验。

1948年12月，高平叔向香港政府华民司、警务处先后登记备案，这样，国际经济研究所得到合法身份，可以在香港、日本、美国、英国等地公开地开展调研工作。

当时还是战争时期，研究所与我党保持单线联系，开始由卢绪章领导；1948年底卢绪章调回北平，改由华润公司的舒自清领导；1950年起，国际经济研究所作为华润的一个机构，由华润公司总经理杨琳直接领导。

高平叔曾撰文，详细回忆了研究所创办初期的一些情况①："研究所创办后，首先是采购图书，卢绪章和我跑遍了香港的新旧书店；英文书由英国牛津的蒋彝代购。1950年华润派我去日本开展贸易，我在日本采购了大量日文书。"

在香港的工作人员，最早进入研究所的是罗真，她从美国哥伦比亚大学留学回来。随后陆续来所的有：伍采真、方利生、蔡承祖、谢智谦、胡景镛、宋寿昌、萧德义、杨明洁、孙传英、何祖霖、余士铭、刘颂尧、黎珊珊、罗承熙、徐展之、周孔昭、周存真、石皑、杨西孟等人。兼职人员有：陈景云（原西南联合大学西语系讲师）、曹康伯（驻上海代表）。在日本为本所工作的有：吴仕汉、陈隆深。特约撰述有：陶大镛、吴半农。

1949年在香港完成的研究项目有：《中国与香港地区的贸易》《印度尼西亚的经济与贸易》《马来亚的经济与贸易》《菲律宾的经济与贸易》《泰国的经济与贸易》《桐油的国际市场》《棉花的国际市场》《棉纺织品的国际市场》《橡胶的国际市场》等综合论述。随后，将猪鬃、羊毛、皮毛、蛋及蛋品、生丝、钢铁等等商品的国际市场情况，编为统计专册。两者合计，

---

① 高平叔：《创办国际经济研究所的回忆》。

共有50种左右。

1949年7—8月间，华润派高平叔赴日本调查，撰写了《对日贸易调查报告》。1950年初，又派高平叔常驻东京，主持出售大豆、盐、铁矿砂，并采购钢材及电工器材等商品。其间还编译了若干篇经济、贸易信息；编著了《大豆之生产与贸易》，翻译了《苏联对外贸易》，由香港三联书店发行。

高平叔回忆说：当时，许涤新在香港主持统战工作，联系爱国工商界。有关经济学界的工作，他要求华润研究所协助：1、邀请王亚南、郭大力、陶大镛、莫乃群、周有光、吴清友等到本所举行新经济座谈会，每两周一次，由与会者轮流作学习马克思主义经济学说的专题报告，展开讨论。2、参加许涤新召集的会议，讨论如何迎接上海解放以及如何接收各种财经事业，每两周一次，参加者有费彝民、王宽诚、俞寰澄、谢寿天、王纪华、寿墨卿、陈叔通、马寅初、黄炎培、李孤帆、周有光、吴羹梅、吴承禧等人。本所人员曾参与起草有关贸易方面的意见。3、许涤新当时为《大公报》主编"经济生活"专刊，要求本所人员撰写有关国际贸易的论文多篇。4、许涤新安排本所人员与古耕虞详谈四川畜产公司如何运用外贸技术、如何利用外资发展民族企业的过程，争取古耕虞靠近我党[①]。

1951年《商情汇报》部分同事合影，前排：周德明

[①] 古耕虞在开国大典后不久将其公司全部交给国家，川畜香港分公司由华润托管。

朝鲜战争爆发后，上级领导决定，将研究所迁至广州。

研究所迁广州后，仍为"港管委"的研究机构。港管委设调研组，由张敏思任组长，主持在港出版的《商情汇报》；高平叔任副组长，负责人中还有周德明，主要任务还是收集商业和经济信息，为接收即将解放的城市做准备。杨琳委托中南区财经委员代管研究所，仍采取单线领导。

研究所在广州期间完成美、英、法、日、西德、瑞士、印度、缅甸等国经济与贸易的专题报告近20种；大米、小麦、糖、茶叶、咖啡、木材、纸张、人造丝、锡、石油、化学肥料、汽车、农业机械等商品统计专册约50种。

研究所还应国内业务部门的要求，对《英镑区》《巴黎统筹委员会》等情况进行研究，撰写报告，为国内提供资本主义国家的贸易政策、规章手续，以及国际市场波动的资料。

1951年12月底，中共中央办公厅通知华润，要求将研究所迅速由广州迁到北京。

后来才明白，将研究所从广州迁至北京，为的是给参加莫斯科国际经济会议的代表团准备材料。上级要求研究所整理资本主义各国经济、贸易的资料。这是新中国第一次出席这样的大型国际会议，与会代表不了解各国情况，需要补课。研究所的任务就是为大家提供材料并讲课培训。

1952年秋，中央贸易部分成外贸部和商业部。外贸部成立后，本所的人员、组织，以及由广州运京的全部图书资料，完整地移交给外贸部，以此为基础，建立起中央对外贸易部经济研究所。

中国国际经济研究所划归外贸部后，华润公司在《商情汇报》的基础上成立华润资料室，利用香港信息之便，继续为国内提供贸易信息。商情调研专职人员共有29人，其中华润16人，德信行5人，五丰行6人，华夏1人。

华润出版的刊物主要是《参考资料》，内容包括：商品和市场的系统材料、专门的问题研究、商品市场总结。其次，《每周商情》是按商品类别分别向国内各专业公司反映市场变化情况。

德信行的刊物有《行情表》和《每周商情》。

五丰行则出版《副食品旬报》。

这些出版物发行到全国的外贸系统，也是国务院和中央领导了解海外市场的重要渠道。

1954年4月20日，春暖花开的季节，周恩来率我国代表团赴瑞士出席日内瓦会议。日内瓦会议讨论了"和平解决朝鲜问题和恢复印度支那和平问题"。19个国家的代表签订了《越南停止敌对行动协定》《老挝停止敌对行动协定》《柬埔寨停止敌对行动协定》。日内瓦会议历时近三个月，于7月21日闭幕。

日内瓦会议引起社会各界的广泛关注，华润公司资料室在1954年8月24日向外贸部作了详细汇报，文中写道："商业、银号及侨界人士一致承认：我国在日内瓦会议获得极大胜利。对中国国际地位的提高，感到兴奋，开始认识了和平力量是不可战胜的。1、官方舆论明显提出：一切为了开展对中国的贸易。2、香港企业对开展新中国贸易的前途乐观，已在预做准备，并开始向我银行方面试探。3、不愿失去香港转口地位，对我贸易管制部分放宽。"[①]

在瑞士召开的日内瓦会议在香港引起巨大反响；在万隆召开的亚非会议所引起的反响更加巨大。

为了迎接万隆会议的召开，1955年1—3月，中央给华润资料室下达了一项特殊任务：购买介绍亚非国家的书籍和最新地图，并撰写亚非国家的专题报告，分析他们的政治体制、经济制度、文化特色等等。坦率地说，此时我国对外国了解甚少，甚至连成

---

① 华润集团档案馆（第一馆）。

套的地图都没有。

以华润资料室为主，华润外事组协助，熟悉东南亚市场的业务员也全部参与，大家突击三个月，先后递交了对18个亚非国家的调研报告。

1955年4月，也是春暖花开的季节，周恩来率代表团出席在印尼万隆召开的有29个国家出席的亚非会议。

然而，寻求世界和平的道路并不平坦。

这张照片摄于1955年4月10日晚。

石志昂从北京来到香港准备参加亚非会议。他回到分别几年的华润公司，在中行大厦华润办公室与大家叙旧、吃饭，临行前，在大厦门外拍了这张照片，没想到一天后遇难。

1955年4月11日下午六时三十分左右，从香港飞往印尼雅加达的印度国际航空公司班机克什米尔号空中爆炸，出席亚非会议的代表团成员全部遇难①。

石志昂（中），曾任香港合众公司经理，该公司1950年并入华润。石志昂于1955年4月11日去万隆会议途中遇难。另两位是华润员工 照片提供：张平

华润人十分悲痛。

飞机失事引起国际社会的普遍关注，我国外交部发表声明。

万隆会议期间，我国代表团发表了"和平共处五项原则"，中国的立场得到了与会者的广泛认可。万隆会议以后，虽然许多

---

① 此次飞机失事为台湾特务所为。

亚洲和非洲国家还没有与中国建交，但是，他们实际上已经看到了新中国的力量，表现出友好态度。

这是1955年8月华润资料室写的一份报告，文中记录了海外贸易的可喜变化。

关于半年来香港、东南亚市场的报告（节选）

亚非会议后，华侨爱国热情的发挥，是海外市场变化的主要原因，其情况是十分感人的。

海外侨商对"中国制造"商品订购的恐惧心开始改变。

亚非会议前一些销路无法打开的品种，现在销量大增，而且一度供不应求，钢笔最初来港500—1000打，但亚非会议后港沪成交逾30万打。亚非会议前啤酒每月销450箱，但5至7月运销量，马、婆竟达约30000箱，每月销量增23倍以上。罐头去年7月至今年3月销1000多箱，今年4月至7月销新加坡达10000多箱。牙膏、香皂，今年第二季销路比首季增两倍。棉布去年销新加坡200万码，今年上半年已销约400万码。缝衣车价格上涨54%，庆丰牌钢笔涨价40%，棉毯涨25%，白报纸涨11%，销区扩大至加拿大等美洲国家。客户关系不只限于一般的增加，而且突出表现在客人主动上门。仰光、庇能、古晋坡、砂劳越、星洲、槟城、北婆罗等地侨商均主动来信诚恳表示要建立关系，推销国货。在香港，英、法商人及澳门葡商也表示要推销我纸张、缝衣车、自行车。

华润资料室1955年9月15日再次向外贸部递交书面汇报，题目是：《通过业务配合华商统战工作的汇报》，文中这样写道："为进一步加强对华商的团结，最近一个时期，我通过业务关系与有关商业团体进行了广泛接触，已使我关系扩大，对我业务开展、调查研究及工商统战均起到一定作用。目前我接触的团体包括米业、绸缎、茶叶、猪栏、肉行（九龙）、家禽、柴炭、中药等行业，加上过去关系较好的南北行、油脂、蛋业、福建商会、中华总商会、出入口商会等，我经常联系的大型商业团体已逾20个单位。在我扩大联系的同时，最近国际和平有利形势的发展，我国威望提高等因素，对我业务上是有利的。"

我们在档案馆里找到一份华润公司向外贸部提交的总结，《香港"商情调研"工作报告》，提交日期是1955年8月18日，文中详细介绍了华润资料室的工作情况。

那时的华润资料室是为中央和地方乃至为全国服务的，在封锁和禁运的背景下，华润是祖国的一个前哨，成为突破封锁的主要的信息渠道。为莫斯科国际经济会议和万隆会议准备材料，就是有力的说明。

那时的信息技术非常落后，没有传真机，更没有复印机，信息传递主要靠邮件，报告的载体是铅字排版和油印；对特别紧急的信息，靠电报，保密性不强的用明码电报，保密性很强的信息，就回深圳，用国内电话传递。

第三十六章　华润代表的是新中国

日内瓦会议和万隆会议以后，新中国的外交政策在世界范围内产生了广泛影响，新中国的声誉日益提高，除美国以外的许多西方国家开始谋求与中国的贸易往来。此时的香港，不仅仅是一个贸易窗口，也成为一个外交窗口。尽管没有建立外交关系，但是，许多国家的朋友来到香港，先与华润公司取得联系，然后提出访问中国大陆的要求。他们希望通过华润搭桥，与中国建立正常的贸易往来。

周恩来总理也曾对外国朋友说："到香港，就找华润公司。"[①]

巢永森回忆说："朝鲜战争结束后，法国、奥地利、泰国驻港专员都很积极地跟华润联系。那个时候，港英政府与大陆之间的联系也通过华润。外国大公司也找华润。"

1955年初，澳大利亚驻港商务专员孟席斯来到华润公司，提出"希望能够访问北京"。当时中国与澳大利亚之间没有建立外交关系，更没有官方往来，孟席斯的请求显然是经过澳大利亚政府批准的。

孟席斯是澳大利亚时任总理的堂弟。华润公司立即向外贸部作了汇报。1955年3月，孟席斯率澳大利亚厂商代表团访问中国，澳大利亚代表团第一次踏上了新中国的领土。他们在中国看到的是一派生机勃勃的美好景象，看到了中国人民在自力更生奋发图

---

① 电视纪录片《周恩来》。

强中焕发出的冲天干劲。经过数天访问,中澳双方签署了多项贸易协议,澳大利亚从中国购买桐油、猪鬃、纺织品、工艺品等,向中国出口农业机械和羊毛。

1955年冬季,华润回访澳大利亚,巢永森、徐鹏飞到澳大利亚了解市场,联系羊毛业务,此后中澳两国之间贸易往来一直不断[①]。

1955年10月8日,华润公司致电对外贸易部办公厅:"香港合义公司经理奥特顿于10月5日访华润公司,要求来华洽谈,我拟同意。此公司是英美合资,主要业务为粮油农作物国际贸易及面粉工业,曾代我购进巴西棉花。此人与我交往中,表现较好。来华目的主要是洽谈明年4月巴西棉花业务及购我国粮油,此业务对我有利。"

这是一家英美合资公司,他们主动来到华润,提出希望访问中国并洽谈贸易。在禁运和封锁形势下,英美外商主动提出访华要求,可以反映出一种新的迹象,因而受到我国政府的重视。由陈毅副总理亲自批准,这家公司得以访问中国,与新中国建立起贸易往来。

几乎同时,英国驻香港的商务专员哈里森来到华润,邀请华润公司总经理张平去英国参加英国工业展览会。

这是一个极好的新迹象。自从封锁以来,华润派往西方国家的业务员都不同程度地受到冷遇和刁难,甚至因为购买橡胶而遭到监禁和驱逐;今天,英国主动邀请张平总经理前往,这说明,世界形势正朝着对华友好的方向发展。

张平敏感地意识到了这一点,马上召集华润副经理们开会,准备接受邀请。

一个问题摆在了面前:以什么身份接受邀请,中国人?香

---

① 1972年12月21日中澳建立正式外交关系。

港人？此前，华润人出国，都是以香港人的身份办签证。我国同英国没有建立正式外交关系，没有大使馆，以中国人的身份办理签证是一件很麻烦的事情，而以香港人的身份办签证，会容易得多。可是，新中国已经屹立于世界民族之林，我们是中国人，应该以中国人的身份出国。

华润公司把这个问题上报给上级领导。华润向中国外贸部和外交部提交了"拟接受邀请参加英国工业展览会"的请示报告，很快得到批准：批准张平以香港商人身份在香港办理出访欧洲各国的签证。

1956年4月，张平、巢永森、陈嘉禧一行人代表华润公司抵达伦敦，出乎意料的是，他们在机场受到热烈欢迎，英国商务专员以及从前与华润做过贸易的商界老手（old-hand）都来迎接。当天，英国贸易部长宴请工业展览会的与会代表。第二天，英国贸易次长出面，单独约见来自中国的张平等一行人，很快就签订

1956年4月新中国商业代表团第一次访问欧洲。后排左一陈嘉禧，前排：右一驻英代办宦乡，右二张平，左一巢永森

1956年，张平一行在西德奔驰汽车公司购买奔驰车100辆 照片提供：张平

1956年7月31日上午在德国参观LANZ拖拉机厂。前排右一：张平；右二：巢永森 照片提供：张平

了从中国采购2万吨冰蛋的协议。事实上，虽然华润是香港公司，但是，大家都知道，华润公司代表的是中国。

展览会结束前，英国商界新手"48家集团"宴请华润的代表，"48家集团"从此与中国建立起稳固的贸易伙伴关系。

英国工业展览会结束后，张平等一行人到欧洲访问，先后访问了法国、比利时、荷兰、卢森堡、瑞士、意大利、德国、奥地利等国。

在荷兰，中国外交部的信使找到张平，把一封紧急密电交给张平。信上说：为了筹备召开中国共产党第八次代表大会，也为了方便苏联专家用车等，中央决定进口一批轿车，请张平立即订购。张平等一行人马上开始联系，参观工厂，货比三家，经过比较，最后决定购买西德的奔驰轿车，当时一辆"奔驰300"约一万美元左右。经中央批准，同意订购100辆。

几乎同时，国内通知张平一行人购买手表。从1949年解放到1956年，中国的社会主义建设已经取得了巨大进步，人民购买力大大提高，为了繁荣市场，国家决定进口一批手表。那次华润公司与欧洲几家大的手表制造商签订了进口5万余只手表的协议。

华润公司在欧洲签订的进口汽车与手表的协议，在西方世界引起巨大轰动，新中国如此巨大的购买力使西方商人和政府都为之震惊。西方各国多家媒体对张平一行进行了报道。

张平一行抵达瑞士时，正赶上国际油脂会议在这里召开，中国历来是油脂出口国，中国外贸部通知张平前去参加。

会议主办者愉

1956年张平在瑞士参加国际油脂会议
照片提供：张平

1956年张平在瑞士参加国际油脂会议，代表证上第一次注明"来自中国（from China)"字样，此前为"来自香港" 照片提供：张平

快地发出了邀请，张平等作为正式代表出席会议。使张平和巢永森更为激动的是，他们的代表证上写的不是"香港"，而是"中国"。他们代表中国！这是新中国的"贸易代表团"第一次以"中国代表"的身份出席由西方国家主办的大型国际会议。

张平一行人出国的时候，身份还是香港人。此时，他们就以中国人的身份出现在西方世界的大会上了。这是多大的变化啊。就是说，西方世界对华润公司已经有所了解，并且承认、接纳了她。

华润公司的这次欧洲之行向西方国家展示了新中国的贸易立场和外贸方针，张平等一行人作为友好使者，给欧洲商界留下了美好印象。从此，华润公司代表新中国大踏步地走进西方世界，向西方世界展示了新中国的风采。

张平在会上向各国代表宣讲新中国的外贸方针，介绍新中国的外贸机构。从张平保留的文件中我们看到，当时，张平向西方商人们分发了很多关于中国进出口公司的宣传材料，华润公司是这些公司的总代理。材料上印着公司名称：中国进出口公司、中国运输机械进口公司、中国畜产出口公司、中国茶叶出口公司、中国土产出口公司、中国粮谷油脂出口公司、中国杂品出口公司、中国食品出口公司、中国丝绸公司、中国矿产公司、中国五金进口公司、中国机械进口公司、中国仪器进口公司、中国技术进口公司。

这些公司担负着新中国几乎全部的进出口任务，它们不仅是贸易公司，同时还肩负着管理职能。华润是这些公司对资贸易的总代理。

张平回国途经新加坡，在新加坡举办的中国国货展览正在举行，张平等前往展览会。会上，印度银行的一位经理找到张平，他拿着一张报纸对张平说："我们印度的报纸也转载了你们欧洲之行的报道。"

西方世界对新中国的全面封锁在1956年得以部分突破。1957年8月9日泰国《世界日报》报道，泰国商人主动与我联系业务 资料来源：华润档案馆

　　华润与新加坡华侨联合举办国货展览，国货展品由华润提供，承办者是新加坡的爱国商人林楷、黄大易等，这也是华润的第一次。"国货"是一个很有号召力的名词。在新加坡举办的这次展览，有效地宣传了新中国的建设成就，展示了新中国欣欣向荣的大好局面，也传递出和平的信息，爱国华侨和世界各地的朋友们都很振奋。

　　通过参加英国工业展览会和国际油脂会议，以及欧洲之行，华润与许多国家建立了贸易联系。此后，这些国家的商务人员访问香港，都会到华润叙旧并洽谈贸易；西方巨商或官员来香港，也会主动拜访华润公司，并建立联系，当他们希望访华的时候，也常常通过华润转告外贸部、外交部。

　　华润公司成为连接中国与世界的一座桥梁。

　　回到香港后不久，张平回北京汇报出访收获。

　　1956年，华润公司派刘朝缙访问日本；1957年，派浦亮畴、刘朝缙访问加拿大；派何平、谢鸿惠访问新加坡、马来西亚等东南亚各国，行期长达数月。1958年，宋绍文、巢永森等访问非洲各国。

THE seven-man Chinese trade delegation which arrived in the Federation this week is here to discuss the prospects for buying Rhodesian tobacco.

Mr. Sung Shao-Wen, the delegation's leader, said yesterday: "We have brought with us catalogues and samples of Chinese goods which we hope will interest the Federation."

The delegates come from the China National Native Produce Export Corporation and its Hong Kong agency, with which the Federal Far East Trade Mission made contact last year.

They expect to be here from four to six weeks and to see something of the country during their stay.

At present China exports some tobacco, but the Rhodesian leaf would be used for blending and to meet growing domestic demand.

The delegates added that they might also be interested in buying copper. Under a N.A.T.O. ban on the exportation of strategic raw materials to Iron Curtain countries, only thin copper wire could be exported to China.

Only three of the delegation speak good English. They were all impressed with Salisbury's building operations. But none had got round to smoking a Rhodesian cigarette yet.

MEMBERS of the Chinese trade delegation, which arrived in Salisbury on Monday evening, leave their hotel yesterday for talks at th Federal Ministry of Commerce and Industry. In the middle, foreground, is Mr. Sung Shao-wen, the leader.

1958年6月24日外国报纸。华润代表团访问非洲，代表中国与之洽谈贸易合作。前排：右一：巢永森（执行秘书）；右二：宋绍文（副总经理）照片来源：华润卷宗在20世纪50年代，华润代表新中国走向世界，华润人的脚步走遍了亚洲、欧洲、北美洲、拉丁美洲、澳洲和非洲。出访人员达数十人，其中包括：周德明、何家霖、严镇文、刘良、徐鹏飞、巢永森、虞和森、陆为立、张卓群、谢绍、黎仕英、李振琦、张景芬、张国璇、曹益鹤、李任之、张伟立等①。

华润每个代表团回国，都会认真撰写总结材料，详细介绍该国的情况，这些信息成为我国制定外贸和外交政策的重要依据，外贸部把华润递交的总结材料印成文件，转发外交部。外贸部还安排了两次报告会，请张平回京作专题报告，部领导、各总公司领导还有外交部都派人参加。在1957年的外贸局长会议上，刘朝缙做了考察报告。会后，朱德同志邀请张平和刘朝缙到西山别墅专门向他汇报。

朱德同志在解放战争时期曾是华润公司的上级领导，1956年，他作为国家领导人，再次表扬了华润。

伟大的1956年，值得大书特书的1956年，中华人民共和国成立七年来的鼎盛时期。在农村，土地改革使农民拥有了自己的土地；在城市，顺利实现了公私合营。全国人民以前所未有的热情快乐地工作，快乐地学习，人们的精神面貌焕然一新，人们对新生活充满信心。

① 由于事隔久远，出访者的名字很难统计完整。

第三十七章　迎接钱学森回国

本书第一版不曾提到华润为迎接钱学森回国所做的工作，此次修订，做一个补充。把钱学森回国放在朝鲜战争的大背景下分析，不难看出，美国在出兵朝鲜时，把阻止留学生回国作

钱学森

蒋英

为阻止中国推进武器研发的一个重要组成部分。

笔者于2010年采访了钱学森的妻子蒋英（1919—2012），蒋英女士见笔者是华润人，就补充了一些以往报道中不曾提到的细节①。后来，笔者采访了杨伟先生，又增添了一些相关的人物和细节。

写钱学森的回国经历，不妨先介绍一下他出国求学以及在美国所做的科研成就。

1935年9月，钱学森进入美国麻省理工学院学习，获硕士学位后转入加州理工学院，获博士学位，留校任教。40年代初，钱学森和航空科学家马林纳联名发表了研究报告《远程火箭评论

---

① 采访钱学森夫人蒋英记录。钱学森一生为祖国做出巨大贡献。1999年9月18日中共中央、国务院、中央军委授予他"两弹一星"功勋奖章。

与初步分析》，该文成为美国研制对地导弹和探空火箭的理论基础。钱学森参加了美国研制核武器的"哈拉曼工程"。

1949年5月20日和1949年5月14日，留美中国科学工作者协会负责人葛庭燧和曹日昌教授分别写信给钱学森，劝说他回国参加祖国的战后建设。1949年10月1日，新中国诞生的消息传到大洋彼岸，钱学森打定主意，要返回祖国。当时，新中国与美国之间没有通航（航空和航海都停止了），钱学森必须经香港回国。他买好了机票，是加拿大航空公司，经温哥华飞香港。

1950年7月，钱学森开始打包行李，准备海运到香港。8月3日，钱学森将填好的一份表格（《出口声明》）寄给白金斯搬运公司，并注明，邮件的接收地址是：

香港九龙秀竹园6号。

收件人是：LF Wong ①

这个地址是杨琳和黄美娴居住的地方。在本书"周公馆受命"一章中曾写道：杨琳为了公司的生意，曾以这座小楼做抵押，从银行贷款几十万港币，做周转资金。

那么收件人是谁？他怎么也住在这里？钱学森为什么这么信任他？

为此笔者电话采访了美国的杨伟先生，他是杨琳和黄美娴②的儿子。

杨先生的一番话解开了这个谜。他说：LF Wong 是黄立富，他是黄美娴的弟弟。黄立富的妻子叫蒋雍，是蒋英的二姐，

---

① 上海交通大学张现民教授提供信息。
② 2017年8月1日电话采访杨琳之子杨伟。
　黄美娴（1911-1995），出生在美国，大学毕业后到香港，抗战末期与杨琳结合。她对联和行与华润的贡献很大。她懂财务，英文好，在与港英政府及业务管理部门的文件往来中，都由她做英文翻译。1952年随杨琳回到北京后，在商务部工作，常为周恩来总理做口译。1982年第一次回美国探亲，半年后返回中国，放弃了美国公民身份。她说："我随杨琳参加革命，选择了这条路，就不会变。"1995年逝世于北京。

蒋英是钱学森的妻子。

就是说，黄立富与钱学森是连襟，是很近的亲属关系。在香港的蒋雍当然知道华润的实力和杨琳的身份。钱学森到香港后，从香港的离境手续和进入中国的手续，需要杨琳帮助办理。

杨伟说：我们一家是1952年从香港回北京的。我1966年大学毕业，造反派要整我，跑到中共中央调查部了解我父母的情况，其他问题都没查到，却查到一条：我妈妈与黄立富接触过。舅舅当时已经回到美国。造反派就说我妈妈"里通外国"等等，影响到我，我被下放到了延安。后来妈妈说，中共中央调查部记录的这件事，是1950年为了钱学森回国，舅舅来找她帮忙。父亲当时就向中央报告了钱学森准备回国的事情，所以有记录。

就是说，1950年，通过蒋雍、黄立富和杨琳、黄美娴这条线索，中央知道了钱学森打算回国的消息。

再说钱学森。他为了托运行李，开始打包。美国打包公司的人发现，有些书籍和笔记涉及科研机密，就将怀疑报告了打包公司经理，该经理通知了美国海关。随后，美国海关、联邦调查局和移民局组成跨部门联合调查组，开始了秘密审查。

美国移民局抄了钱学森的家，还将他拘留了14天，直到加州理工学院委托一名学生送去保释金后才释放（价值约1.5万美元）。海关没收了他的800公斤书籍和笔记本。

1950年朝鲜战争爆发。美国海军次长金布尔声称："钱学森无论走到哪里，都抵得上五个师的兵力，我宁可把他击毙在美国，也不能让他离开。"钱学森受到美国政府软禁，失去自由。

钱学森在美国被拘留的消息通过各种渠道传回国内，杨琳也向中央报告了这个消息。中央很震惊。国内多位科学家开始声援钱学森，谴责美国政府的做法。中国政府也公开指责美国强行扣押钱学森，这完全违背美国的人权、民主、自由等口号。

中国的声援对于保护钱学森的生命安全是很有用的。

1950年钱学森计划通过蒋雍、黄立富（含黄美娴、杨琳）的帮助，以普通人身份回国的计划失败了。

这里简单介绍一下蒋雍的情况。她的父亲是蒋百里。

蒋百里(1882—1938年)1912年任保定陆军军官学校校长。他终身没有亲自指挥过一次战役，却先后被赵尔巽、段祺瑞、袁世凯、黎元洪、吴佩孚、孙传芳、唐生智、蒋介石等聘为参谋长或顾问，他是军事学家，而非军事家。

蒋百里有五个女儿。长女蒋昭，因患肺结核早逝。次女蒋雍，在香港中文大学读书，抗战开始后回国参加伤员救护队，后定居美国。三女蒋英，钱学森的妻子，声乐教育家和女高音歌唱家。四女蒋华，1946年获得哈佛大学硕士学位，1951年后随丈夫移居比利时。五女蒋和，定居北京。

就是说，因为蒋雍的关系，香港这座小楼将成为钱学森回国的第一站。那么，这座曾经为华润公司做出过贡献的小楼，主人是谁？

黄美娴的祖父是墨西哥华侨首领。她的父亲在美国大学毕业后，做房地产生意，成为富商。是黄美娴的父亲在香港建造了这座别墅。20世纪30年代她父亲在美国遭绑架，去世。黄美娴的母亲带着一家人回到上海。1938年上海沦陷后，黄美娴到香港，在灿华公司当会计。她的弟弟黄立富在香港读书。这座小楼的主人就是这姐弟二人。

再说钱学森。朝鲜战争爆发后，钱学森在美国可以教书，但一直受监视。美国司法部发布自1950年8月23日起禁止钱学森离境的命令。1951年9月后，在美申请归国的理科、工科、医科专业的中国留学生都接到了移民局下发的命令。命令称："根据1918年5月22日的法令和1941年11月14日第2523号总统公告及联邦法第175部第8项规定，命令你们不许出国。如有违反处以5000美元以下的罚款或课以5年以下有期徒刑，或者两者同时并罚。"这样，留学生的归国路受到了限制。[①]

当时在美国的留学生大约为5000人，其中有110名学生可能掌握了不利于美国安全的信息。钱学森和王大卫的科研领域尤为重要。他们先后失去自由直到朝鲜停战后的1954年。

朝鲜战争结束后，中美双方都有愿望接回滞留在对方的本国人员。中国需要帮助留学生和爱国侨民回国。美国则希望把被扣留在中国的飞行员和战俘解救回国。由于美国不承认新中国，1954年，美国请英国作为中间方，开始与中国接触。1954年5月17日上午，英方代表杜维廉会见了中方代表宦乡。

从1954年6月5日到6月21日，美方代表与中方代表在日内瓦进行了四次会谈。经过英方杜维廉的不懈努力，最后美国同意直接与中国会谈。在日内瓦谈判中，中美两国就侨民回国发表了各自的意见，中国政府发表宣言："对于居留中国境内的外侨，包括美国侨民在内，只要他们遵守着中国政府的法令，一贯给予保护。他们可以安居乐业。如果他们要离开中国，不论为着任何理由，都可以按照法定手续向各级人民政府申请，只要他（或她）没有什么未了的民、刑案件，都可以获得准许。"

中国政府进而决定：为了帮助留学生回国，中国愿意释放在朝鲜战争中俘获的美军高级将领和飞行员。

在美国，在艾森豪威尔总统举行的一次记者招待会上，一名记者就中国留学生被禁止回国一事提出疑问。此事在美国引起强烈反响。1955年4月1日，国务卿杜勒斯就滞留在美国的中国学生写了一份备忘给艾森豪威尔总统。备忘录指出，在目前规则下，移民归化局禁止中国学生离美不利于释放那些被囚禁在中国的美国人。

[①] 关于日内瓦会谈见张宪民《钱学森回国与二十世纪五十年代中美侨民归国谈判》，《上海行政学院学报》2017年第5期。

1955年5月14日，美国国务院致电美国驻日内瓦总领事高恩，要求与中国驻日内瓦代表举行会谈，声明美国已经消除了对每一位愿意离美学生的限制，除两个不再想离开美国的人士外。

美方把不允许钱学森回国说成是他不想回国。

1955年6月的一天，钱学森通过美国的报纸看到在天安门城楼参加检阅的陈叔通，而陈叔通正是他父亲钱均夫的好朋友，于是决定给他写信。

信件直接写往中国可能会引起麻烦。这次，钱学森通过比利时的蒋华（蒋英的妹妹）向中国发出求助信息。

为了摆脱美国特务的信件监督，钱学森用纸质香烟盒给比利时的蒋华写信，在夹层中藏着写给陈叔通的信。在信中，钱学森请陈叔通转告有关部门，希望祖国帮助他早日回国。陈叔通收到信件后即刻将信交给周恩来总理。

1955年8月1日至8日，中美会谈在日内瓦继续举行。王炳南大使对美国代表约翰逊说："中国政府在7月31日已提前释放了阿诺维等11名美国人员。我希望，中国政府所采取的这个措施，能对我们的会谈起到积极的影响。"王炳南拿出了钱学森给陈叔通的信件，要求美国政府批准钱学森回国的要求。

美方于8月4日签署了允许钱学森回国的通知。

1955年9月17日，钱学森携妻子蒋英和一双幼小的儿女，登上了"克利夫兰总统号"轮船，踏上返回祖国的旅途。

钱学森这次回国的行程，是由国家出面安排的。

1955年9月20日，贸易部办公厅机要处收到周总理办公室密件，要求贸易部协助钱学森回国事宜。时任贸易部办公厅副主任崔哲将这份密件递交给李强副部长（叶季壮部长不在北京），李强高度重视，他指示崔哲，抓紧时间以密电形式将信息告知华润公司总经理张平。电文如下："指定可靠同志，会同蔡福就、方远谋接送钱学森等人，经费由张平拨付。"

蔡福就和方远谋是港中旅负责人。港中旅负责为钱学森一家办理香港的离境手续，去广州。

钱学森在海上航行的日子里，中央指示华润：要确保钱学森抵达香港后的安全。

中央领导和华润人都很担心。血的教训就在昨天，1955年4月11日，参加万隆会议的代表从香港飞往雅加达，飞机被特务炸毁。还有1948年，冯玉祥就在回国的轮船上被暗害。此刻，为了暗杀钱学森，各国特务和各国反华势力一定都在准备。

码头是危险地。那里人员复杂，谁能保证那些记者和接船的人里没有特务？

时任华润总经理张平与班子成员开会，讨论迎接方案。他们终于想到了一个好主意：改变钱学森的下船地点，不在原定的码头上岸，而是在公海上迎接。华润将方案上报贸易部，得到中央批准。外交部为华润张平等登船人员办好了外交函。

1955年10月1日，在美国轮船快到香港的时候，华润所属的华夏航运公司的轮船开到公海上，华润负责人持中华人民共和国外交函，上船与美国船长协商，请求把钱学森一家接到华润的船上。美国船长当然知道钱学森的身份，临行前中国政府要求美方确保钱学森在船上的人身安全，美国政府也承诺了。两条船之间的谈判实际上属于两国间的外交谈判。钱学森中途下船，船长要得到美国政府的同意。

蒋英回忆说，谈判持续了一段时间，最后美方同意了。

左起：蒋英、黄美娴、黄立富，摄于1982年

钱学森一家走下美国轮船，很信任地登上华润的轮船，轮船是流动的国土，他们上船的一瞬间就感觉到安全了，他们已经回到了祖国的怀抱。就这样，钱学森一家换了船，换了登陆时间，也换了登陆地点，华润的轮船载着钱学森一家悄无声息地回到香港。

当美国轮船抵达香港码头时，等在那里的记者大失所望。

接着，华润安排钱学森一家休息，并参观了华润公司。中央派来的接待人员与钱学森顺利会面。

1955年10月8日，张平等送钱学森一家离开香港，前往广州。

还有后续的故事。钱学森回国后，为了招揽两弹一星的人才曾列出一份海外人才名单，他们之中，有的是还在攻读学位的留学生，有的是已经工作的科技人员。华润员工出国做进出口贸易，顺便一一拜访他们，为他们安排行程，出路费，把这些人一一接回祖国。他们中的一些人，也是在公海下船，而后登上华润的船只。

为制造两弹一星，有些材料和零部件需要进口，在国外采购和运送回国的任务也由华润承担。

第三十八章　广交会序曲
——中国出口商品展览会

1957年春季，第一届中国出口商品交易会在广州召开，此后，广交会成为我国的一个著名品牌，吸引着世界各国的商人。广交会为什么能够一举成功，并成为党和国家领导人无比关注的一个重心？我党的工作作风一向讲究先试验后推广，广交会亦是如此。回顾广交会的历史不能不提到它的序曲，那就是1956年元旦在香港华润公司开办的"出口商品陈列室"和1956年秋季在广州举办的"中国出口商品展览会"。

这个话题要追溯到20世纪50年代初期。

在香港，华润公司的写字楼成了一个热闹的地方，常常是高朋满座。这些来宾当中，有港澳商人，也有西方世界的商人。华润与他们建立起很好的合作伙伴关系。尤其是香港中华总商会的朋友，更是络绎不绝。

他们前来主要是谈生意。

华润公司此时代理的出口物资已经超过了150类，千余种，许多商人前来洽谈，还有一个目的，就是"看货"。这是一个很正常、很合理的要求。但在当时，华润公司很难满足这一要求，因为，华润基本上没有样品。

需要建一个商品陈列室，华润出口部意识到了这个问题。

华润出口部经理吕虞堂回忆说："我们在办公楼里挤出一些地方，做了七个柜子，用于陈列商品，七个柜子摆满了各种出口物资的样品，国内七个出口总公司都送来展品。这样，先看货，后签订购买合同，大大提高了出口工作的效率。"

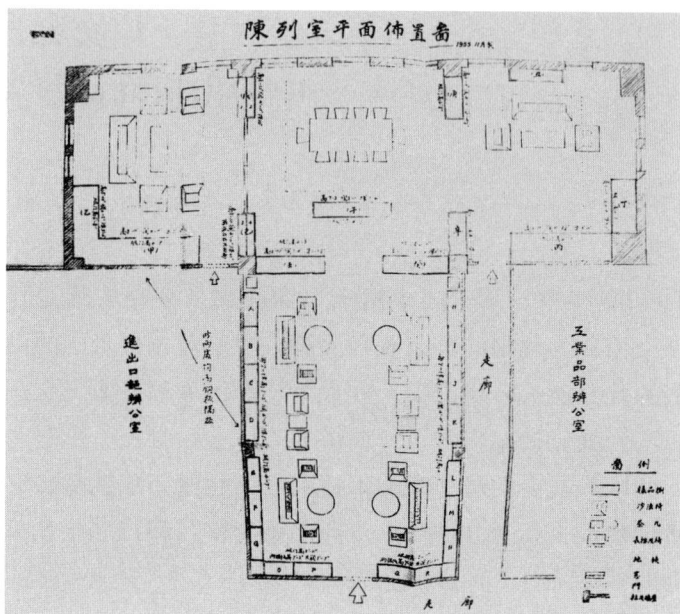

1955年，为扩大出口，华润公司利用自己的写字楼办起了出口商品"样品"陈列室，供港澳和国际商人参观，订购 照片来源：华润卷宗

七个展柜的效应使华润人顿开茅塞：为什么不能办得更大一些呢？为什么不能举办一个大型展览会呢？

张平总经理同意出口部开辟一个展室，试举办一次大型展览，也可作长期陈列室。这张图就是当时的设计方案。

展室装修好后，大家很开心，可是展品不够。华润给外贸部递交了一份报告，希望各总公司提供出口商品的展览样品。外贸部出口局很快寄来了一份展品清单，华润接到清单后，对展品名单进行了初步筛选，1955年9月19日回信如下：

关于陈列样品各事项

外贸部出口局：

你处（55）字第206号函及陈列品种名单均悉。兹复如下：

1、关于陈列品种及数量已初步选定，列表附上。但因我公司对陈列向无经验，仍盼各专业公司根据陈列经验予以修正，惟对品种数量盼能稍多供，以便可经常更换。

2、包装方面，以往样品一般无包装或包装欠美观，即使我在此加工包装，结果亦不好。故此次来样务请各司根据以往经验，设计装好。

3、单独的样品陈列不易达到目的，须有图表以及其他说明来衬托。拟请各公司大力协助，盼将有关的陈列图表及说明等寄我一份。

4、此陈列室拟于1956年元旦正式展出，时间已相当短促，盼将样品于11月底前全部或绝大部分运港。

5、据了解，明年开始我国将有钢铁出口。为事先做好出口准备工作，盼酌配钢铁样品，以便一起展出，并请附说明。

6、对机器及其他不出口的商品，原计划不在此展出。但考虑到此地时有爱国侨胞路过，为加强侨胞对祖国工业建设成就及前途的认识，可否考虑在掌握一定保密原则下，酌配若干种小型机器或模型或图片运港陈列，展品可附标签，注明非卖品。

7、来货均盼注明中英文名称，并附详细规格。

8、各专业公司之出口商品目录虽曾有数十本寄来，但正式展出后可能需要增多，盼各公司多寄二三百本，亦可起一定的宣传作用。……

以上各点妥否，盼指示。

香港华润公司
1955年9月19日

出口局 附件如文（展品清单）①

丝绸公司

丝绸：

花广绫、窗帘纱、印花碧绉、明霞缎、彩条纺、条子碧绉、方格塔夫绸、人丝织锦缎、印花乔其纱、格子碧绉、洋纺、印花双绉、叠花绉、素广绫、彩芝绫、织锦缎、克利缎、新华呢、织锦被面、金玉缎、挖花绢、软缎被面、花卉古香缎、绒地绢、真丝被面

柞绸：

安东柞丝哔叽、青岛柞丝绸、南山柞丝生绸、宁海绸、安东柞丝呢、宁海双丝白绸

制品：

印花手帕、印花领带、印花头巾、绣花床罩、绣花被面、女衬衫、男衬衫、花累缎长晨衣、绉缎花边长舞衣、绉缎花边睡衣

绉丝：

华东白绉丝、粤白绉丝、粤原茧绉丝

双宫丝：

绢丝：

绵球、柞丝棉球

中国土产出口公司

工业原料：

山东烤芋、郴州晒芋、桂阳晒芋、安远晒芋、武鸣晒芋、新昌晒芋、新会晒芋、潞安大麻、湖南麻（青/白）、亚麻、麻延展球、破籽、飞花、油花、红松、鱼鳞松、沙

---

① 由于文件破损，字迹模糊，以下商品名称可能有误。

松、臭松、落叶松、桦木、柞木、椴木、青杨、山杨、赤杨、色木、水曲柳、黄菠萝、胡桃楸、榆木、松香、薄荷脑、薄荷素油、樟脑粉、留兰香油、五棓子、棓酸、单宁酸、白腊、漆腊、黄腊、骨胶、皮胶、鱼胶、贝壳、海螺壳、樟脑、各种香料油、木棉、篱竹、毛竹、嵩竹、钓鱼竿、竹皮、竹丝、竹篾、夏布、砖瓦、桐木

制品：

双喜牌卷烟、恒大牌卷烟、美丽牌卷烟、狮牌雪茄、光荣斗丝

手工业品：

竹筷、竹篮、竹皮凉席、木碗、木筷、毛笔、排笔、水彩画笔、油彩画笔、石砚、墨锭、棕拖鞋、棕帽、麻帽、金丝草帽、花席、凉席、白竹刁绣台布、赤竹刁绣台布、抽纱手帕、麻布绣花、黄半刁绣台布、黄全刁绣台布、白半刁绣台布、白全刁绣台布、白半刁绣枕袋、土布十字花台布、黄冲布十字花台布、鬃绸、景泰蓝、雕漆、福建漆、骨雕、牙雕、宫灯、纱灯、别针、绒鸟兽、料器、活页手册、相片夹、锁匙袋、钱袋、纸扇、骨扇、宫扇、梳子袋、竹友绸伞、竹刻、江西瓷器、陶器、潮汕瓷器、石刻、草帽辫、草鞭提包、黄草篮、草艺、茶杯套、草拖鞋、角梳、手提包、万里斯、手套、罗麻布、黄麻袋、雨伞、羽毛扇、绣花小衬衫、双面绣花屏风、福州漆博古屏风、其他轻便小屏风

食品类：

芋角、芋片、桂皮、桂心、桂通、桂籽、八角、小茴香、辣椒粉、花椒、核桃、桃仁、土豆淀粉、山芋、木薯、芥末粉、猴头菜、熊掌

药材类：

甘草、刍归、黄芪、党参、籽黄、远志、白芍（还有百余种，略）

成药：

川芎流浸膏、五加皮浸膏、半夏浸膏、白术浸膏、何首乌浸膏、姜活浸膏、枸杞子浸膏、元参浸膏溶液、百部浸膏溶液、防风浸膏溶液、金银花浸膏溶液、秦艽浸膏溶液、款冬花浸膏溶液、猪苓浸膏溶液、淫羊藿浸膏溶液、莱眼子浸膏溶液、菟丝子浸膏溶液、银柴胡浸膏溶液、杜仲酊、小茴香浓水、天冬糖浆、麦冬糖浆、党参糖浆、北五味浸膏片、白蒺藜浸膏片、沙参浸膏片、黄芩浸膏片、甘和茶、安官牛黄丸、紫雪丹、凉茶、三达丸、如意膏、止咳丸、活络丸、乌金丸、桔梗丸、人参固本丸、天天补心丸、知柏八味丸、杞菊地黄丸、附子理中丸、藿香正气丸、愈带丸、虎骨酒、虎骨膏、牛黄清心丸、活络丹、万应锭、七厘散、参茸卫生丸、再造丸、牛黄镇痛丸、蟾酥锭

粮油公司

红小豆、绿豆、白小豆、蚕豆、马料豆、白豌豆、花豌豆、白豇豆、青豆、竹豆、白扁豆、黑豆、黄大豆、黑大豆、华北食盐、各种生仁、生果、芝麻、油菜籽、芥菜籽、葵花籽、蓖麻籽、亚麻籽、大麻籽、苏籽、大米、糯米、小米、玉米、小麦、大麦、荞麦、高粱

畜产公司

皮革制品：

皮箱、皮包、皮手套、皮鞋、其他皮革制品

毛皮类：

青猾皮、青黄猴皮、竹鼠皮、花鼠皮、地鼠皮、银鼠

皮、金狗皮、海狗皮、香狸皮

毛皮制品：

　　皮袄、毛皮大衣、毛皮手套、各种油画笔

其他：

　　东方式地毯

猪鬃：

　　天津花鬃、东北花鬃、重庆黄鬃

中进出

　　硫化碱、铅油（厚漆）、调和漆、磁漆、硫酸铜（98%）、甘油、麻黄素、氯酸钾、硫化元、硫化蓝、磷酸三钠、盐酸、乳酸钙、精茶、冰晶粉、油墨、防老剂甲醛、赤磷、若丁、氧化铝、苯胺、纯苯、氯化铵、杀虫剂、活性炭

矿产公司

煤炭（含土矿）：

　　大同煤、开滦煤

　　水泥、铁砂、矾土、生铁、锑品、石棉、砩石块、砩石粉、滑石块、滑石粉、镁石砂、磷灰石、重晶石及粉、长石（湖南产）、瓷土、镁粉、球石、方解石、大理石、腊石、石英、红砂、色土、浮石、澎润土

食品出口公司

肉　类：

　　冻猪肉、冻牛肉、冻羊肉、冻鸡肉、冻鸭肉、腊肠、香肠、猪油

野兽类：

野鸡、沙米鸡、鹌鹑

蛋品类：

鲜鸡蛋、鲜鸭蛋、全蛋白粉、干蛋白、干蛋黄、冰蛋

罐头类：

红烧牛肉、红烧猪肉、原汁猪肉、葱烤羊肉、牛心、牛肝、牛肺、猪心、猪肚、猪蹄、凤尾鱼、葱烤鲫鱼、鲍鱼、蚝肉、对虾、五香黄花鱼、加哩鱼、红烧鲣鱼、鳗鱼、青鱼、鲤鱼、敏鱼、玉稚鱼、菠萝罐头、桔柑罐头、苹果罐头、杏子罐头、桃子罐头、樱桃罐头、梨罐头、苹果酱、杨梅酱、青豆罐头、刀豆罐头、胡辣椒、大头菜、蚕豆板、油焖笋、鲜冬笋、酸黄瓜、番茄沙司、四鲜烤麸

海菜类：

燕窝、鱼翅、海参、鱼肚、干杂贝、蚝干、海菜

糖果饼干类：巧克力糖、饼干

干果类：葡萄干

调味品：味素

鲜水果类：苹果、桔柑、白梨、菠萝、香蕉、柚子

鲜蔬菜类：西红柿、茄子、黄瓜、柿子椒、土豆、白薯、洋葱

酒类：各种酒

五金进口公司

高速工具钢、炭素工具钢、合金工具钢、合金结构钢、炭素结构钢、承插铸铁管、承插叉管、承插丁字管、承插十字管、不等边角钢、一般用无缝钢管、焊接管、镀锌管、方钢、扁钢、角钢、元钢

上海分公司

牛皮箱、马皮箱、猪皮箱、大提包、公事包、皮手套、毛皮手套、女用提包、男皮鞋、女皮鞋、足球、篮球、排球、皮粉盒、皮腰带

北京分公司

人字獍子皮大衣、南腿皮大衣、狸子皮大衣、家兔皮披肩、珍珠毛女短袄、灰鼠皮、大元皮、地狗皮、香狸子皮、虎皮、金狗皮、貉绒皮、花鼠皮、地鼠皮、家兔皮、水獭皮、东方式地毯

天津分公司

天津花鬃、东北花鬃、重庆黄鬃；天津红小豆、山东红小豆、唐山红小豆、内蒙绿豆、张家口绿豆、白小豆、张家口蚕豆、黑豆、长芦盐、芝麻、芥菜籽、葵花籽、油菜籽、蓖麻籽、亚麻籽、小站米、小米、荞麦

广州供给样品

丝苗米、齐眉米、油籼米

黑龙江供给样品

大麻籽、苏籽、松花江米、红高粱、黄玉米

青岛供给样品

各级生仁、各级生果

各省独特展品

礬土（河北省）、方解石（陕西省）、生铁(石景

山）、滑石(辽宁省海城)、砩石（浙江省）、长石（湖南省）、腊石（浙江省温州）、石英（浙江省）、浮石（云南省）、瓷土（江苏省）、方解石（热河省）、色土（黑龙江省）、煤（山西省大同）、滑石粉（辽宁省海城）、煤（开滦）、石棉（河北省涞源）、重晶石（湖南省）、球石（大连）、磷灰石（江苏省东海）、炼锑（湖南省）、铁砂(海南岛)、水泥（启兴）、水泥（上海龙华）、白水泥（上海）、镁砂（辽宁省海城）、轻烧镁粉（辽宁省海城）、红砂（江苏省六合）、澎润土（辽宁省）、大理石、石棉（四川省）、砩石粉（浙江省）

以上展品于1955年10—11月陆续到达，华润全体员工都投入到紧张的布展之中。实物的陈列要讲究，卡片说明要详细，图片要逼真，易腐烂商品还要随时更换。

培训解说员、引导员、接待员，还要设立临时谈判室，以便与客户随时交谈、签订购买合同。

经过精心布置，1956年元旦，华润公司举办的出口商品展正式开幕。展览吸引了络绎不绝的人们，不仅吸引了商人，也吸引了香港普通市民和海外游客。购买合同递增，一些商品的订单超出了我国的供应能力。

这次展览的成功使华润人很受鼓舞，总结报告递交后，外贸部领导也很振奋，国内各进出口总公司和分公司也感受到了展览工作的重要性。大家一致认识到：商人希望"眼见为实"，通过展览，能有效地促进出口工作。

此后，华润领导和员工经常会谈到这样一个问题：能运到香港参展的商品毕竟有限，由于展室小，运费贵，人力不足，在华润举办出口商品展有许多局限，我们能不能在国内举办一次大规模的国际展览会？

外贸部领导也在思考这个问题。

外贸部驻广州特派员严亦峻也在思考：我们能不能举办一个全国性的商品展览会，把外商和华商请进来？

1955年10月，第一届苏联商品展

张平（右，华润总经理）在广州与严亦峻（左）、舒自清商讨召开广州出口商品展览会事宜

览会在广州举行，为期62天，取得成功。1956年3月，捷克在广州举办商品展，也取得成功。

1956年春季，外贸部出口局副局长舒自清来到广州。舒自清1948年底就在华润公司工作，对华润有很深的感情，他和张平是老战友、老朋友，张平从香港到广州看望舒自清，外贸部驻广州特派员严亦峻也来了，三个人在一起谈工作，叙旧，其间又一次提到办展览会的事情①。张平详细介绍了去英国参加工业展览会的细节。三人对举办出口商品展览会充满了信心。其实，这三人分别代表了三方：外贸部出口局、广州特派员办事处、华润公司。这三方的信心，就是成功的前提——外贸部统筹全国外贸系统提供参展商品，广州承办，华润公司负责邀请港澳和海外商人。

1956年6月20日，由严亦峻执笔向外贸部提交了一份报告，建议"今年九十月间在广州举办一次全国性的出口商品展览交流会"，得到外贸部批准。而后，一份由外贸部部长叶季壮上报的文件，交到李先念副总理手上：建议举办出口商品展览会。该建议得到国务院批准。

---

① 采访张平、严亦峻记录。

7月30日，外贸部发出《中国出口商品展览会展品征集方案》，并责成华润公司提供海外客商名单。

华润公司立即成立了两个小组：

一个是"外商小组"，张平亲任组长，浦亮畴、徐鹏飞任副组长，负责邀请外国商人。

一个是"华商小组"，华润公司副总经理何平任组长，五丰行、德信行相关人员全部参加，负责邀请港澳及海外的华商和侨商。

华润与香港商界有良好的合作关系，许多爱国华侨通过与华润做生意，在互利互惠中传达着"希望祖国强大"的共识。中华总商会会长高卓雄、王宽诚等一直是华润的老朋友。华润公司副总经理何平是香港中华总商会常务理事。

华润和香港中华总商会一起编制客商名单和地址：一是世界范围内的中国侨商的商行和地址，二是港澳商人的名单和地址。

除华商和侨商外，还要邀请洋商。华润又通过世界各国驻香港的"商务专员"了解外国公司的信息，编制邀请名单，还专门派出副总经理刘朝缙去日本参加1956年的国际博览会，直接向外国商人进行宣传，并邀请各国与会代表来中国参加交易会。

经过努力，数千人的名单编制好了。

在准备发邀请函的时候，一系列问题出现了，而且都是很棘手的问题，带有政治性和外交性的问题，这是华润本身解决不了的。

第一个问题是：1956年中国正在进行轰轰烈烈的公私合营，对资本主义工商业进行社会主义改造。许多侨商和华商看到内地的亲属都在改造之列，家产被没收，因此很担心：如果回国参加展览会，会不会被扣留？

华润在给外贸部的报告中写道："部分人则害怕，有顾虑。如马先生说：'国内资本主义工商业改造是大浪潮，自己是小石子，如果处在浪潮中一下便给冲走。'他最近把两个女儿送到美国去。香港抽纱业普遍存在顾虑，在国内有联号的公司深恐在运动中影响香港业务，无联号的不敢将原料寄国内加工，怕被'充公'。"[1]

第二个问题：当时与中国建交的国家很少，国外没有我国的大使馆，外商如何办理来中国的签证？

这两个问题被提交到国务院、公安部和外交部。

在国务院的统一协调下，经过外交部、外贸部、公安部、中国旅行社及相关部门协商，答复如下：

1、保证侨商和华商的合法权益，来去自由。

2、外商可持华润公司盖章的邀请函到香港中国旅行社登记，可先进入中国大陆，而后在中国海关办理签证手续。

为了打消海外华商回国的顾虑，华润通过同乡会进行联络，福建、上海等地的同乡相对集中，华润员工主动与两个同乡会联系，宣传统战政策，传递"爱国就是一家"的精神。

侨商和华商信任华润公司，他们请华润公司派人带队，集体去广州。于是，华润公司做了分工，亲自带队，分批将海外和港澳地区的商人带回广州，带他们进入广州，并保证安全地把人带回香港。由华润出面带领，大家都放心了。从档案中我们查到，当时的分工如下：

1、五丰行：负责组织果菜、海产、四时食品、糖果和食品加工厂等行业。

2、德信行：负责组织药材、山货、陶瓷、抽纱、手工艺品、土纸等行业。

3、华润工业品部：负责组织小百货（化妆品）、纸张、文具、纱布、建筑器材（小五金、玻璃）等行业及一些加工厂商。

4、华润出口部：负责组织茶叶、丝绸、油脂、杂粮、大

---

[1] 华润公司档案馆（第三馆）。

《文汇报》1956年10月1日刊登的五丰行广告

米、皮革、煤业等行业。

5、华润进口部：负责组织化工、西药、通讯器材、五金、文化仪器、针织工业等行业。

华润拟定好邀请名单后，报外贸部和中国国际贸易促进委员会审批；审批后，再将确定的名单反馈给华润，这就是正式的邀请名单。华润将港澳地区的邀请名单送到香港中华总商会，委托他们邮寄邀请函；对海外商人的邀请名单，则由华润公司亲自寄出。邀请函达数千份。这些邀请函都具备权威性。

为了扩大展览会的影响，1956年11月初，华润代理国内各公司在香港各大报纸刊登广告。这是我们找到的一部分刊登在《文汇报》上的广告：

世界各地的商人手持邀请函进入香港，到华润联系，再由香港中旅安排，从香港乘火车到深圳，这是当时进入广州的唯一通道。

澳大利亚商人Donald Moir回忆说："火车里非常热，两个小时停了好几个小站，车厢里烟雾弥漫。""火车在边境停下来，大家才松了一口气。拖着行李沿铁轨走了200米，我们才见到几个不苟言笑的中国移民官（警察），他们收了我们的护照，领我们到火车站的一间房子里等待。"他们在里面办理入境的签证手续。到达广州以后，"让我们不可理解的是，很多人都得和完全不认识的人共用一个房间。"①这些记录描写的是1973年的情况，1956年的条件怎么样便可想而知了，一定是更加艰苦。虽然条件不够好，但是，工作人员的服务是热情的。

1956年11月10日，中国出口商品展览会胜利召开。来自世界各地的朋友云集广州，9200平方米的展览大厅水泄不通，开幕当天广州市民及海外商人的参观人数超过1万人次，12日举行烟花电影晚会，参加者约3万人。

香港《大公报》记者毕清回忆道："那时解放牌汽车生产出来不久，第一批五辆用火车运到广州南站，司机开车前往中苏友好大厦，途经文化公园大门前时，被人们围着观看，汽车不能前行，只得停下来。……惊喜、赞美、自豪的心情溢于言表。"②

1956年11月10日，中国出口商品展览会在广州"中苏友好大厦"开幕

---

① 《亲历广交会》，南方日报出版社，2006年，第246页。
② 《亲历广交会》，南方日报出版社，2006年，第204页。

"中国出口商品展览会"洽谈现场

　　《文汇报》1956年11月10日记载："港工商界200余人抵穗，广州车站热闹欢迎之声不绝。王宽诚、庄成宗、王道安、邓典初、胡士澄等相随北上。""我国商展今开幕，广州市面一片热闹气氛，陈列汽车、机车等展品一万三千余种，13个交易团①开始与早到的来宾洽谈生意。""广州的饭店、旅馆大都经过一番修饰。""百多名讲解员已熟悉自己的讲解科目。""朱光市长剪彩，来宾首先进场，昨晚盛大酒会900多人参加。"

　　由于参观人员太多，像过节赶集，根本不适合谈判，华润公司向大会建议：每日要限制进馆人数，而且，"不宜组织行业座谈会，大客户要个别成交"；"建议批发商、转口商多做期货，零售商多做现货"。

　　为了保证商贸谈判的顺利进行，大会不得不做出调整：每天

_____

① 13个交易团分别是：中国丝绸公司、中国茶叶出口公司、中国矿产公司、中国畜产出口公司、中国粮谷油脂出口公司、中国食品出口公司、中国土产出口公司、中国杂品出口公司、中国进口公司、中国五金进口公司、中国机械进口公司、中国运输机械公司、中国仪器进口公司。华润公司是这些公司对资贸易的总代理。

参观人数限定4000人。

第一个星期，港澳客人参观者约5000人，欧洲、日本商家30余个。当时圣诞节即将来临，泰国、菲律宾等国订购了大批工艺品作为圣诞商品。"一西德商人在华签订50万英镑合同后抵港。""港工商界收获大，60余人由穗反港，赞商展美不胜收。""外商赞扬中国商展，认为足与世界各地商展比美。""商展几天内，港澳商人成交最多，18个国家的商人已有交易。"①

1956年秋季举办的中国出口商品展览会具有如下现实意义：

1、它成为广交会的序曲。通过练兵，中央和外贸部看到了举办展览会的好处，从而决定自1957年起，每年举办两次中国出口商品交易会。周恩来总理视察第一届广交会，为广交会奠定了"国家级"的重要地位。

2、它成为一个向海外展示新中国建设成就的窗口，在美国封锁的国际大环境下，这扇窗口发挥了巨大的经济效益，第一届出口成交1754万美元，第二届达到6932万美元，第三届便达到了1.53亿美元。

3、它成为联系世界商人的一个渠道。从此，世界各地的商人源源不断地从这个渠道走进中国，有效地促进了我国进出口贸易的发展。通过与外商、侨商和华商接触，我国的贸易系统学到了大量先进的、合理的外贸管理理念，从这个窗口看到了外面的世界。

4、它也成为与海外政界发生联系的平台，我国领导人经常出席广交会，周恩来曾先后八次亲临广交会，党和国家领导人朱德、陈毅、邓小平、陈云、李先念、胡耀邦等都曾视察过广交会，并作重要指示。同样，许多外国政界人士也曾到广交会参

---

① 香港《文汇报》1956年11月11日、15日、19日。

观，从而由广交会走进中国。中外领导人在广交会进行非正式接触，进而促进了外交。从1957年到1965年，随着亚洲和非洲许多国家的相继独立，九年间，与我国有贸易关系的国家和地区增至124个，与我国建交的国家从25个增加到49个，有效地打击了美国对中国的封锁。1965年，周恩来再次亲临广交会，在这里会见乌干达总理、刚果（布）总统夫人，还与澳大利亚、阿拉伯联合共和国、印度尼西亚、马里、巴基斯坦、柬埔寨、越南等国家和地区的官员和代表团进行了交流。

5、它成为全国13个外贸总公司、省市分公司、全国出口商品生产基地、十大口岸①等各方人士的沟通渠道，大家每年在广州聚会两次，加深了感情，解决了问题，理顺了关系，从而使外贸系统更加具有凝聚力。

6、最后，这是很重要的一点，那就是，从此，新中国才真正懂得了"和平时期的贸易应该怎样做"，通过举办交易会，让供需双方见面，面对商品，亲眼看到商品的质量，再谈判，签订合同，然后有计划地出口。广交会彻底改变了以往通过打电话和拍电报做贸易的状况。华润作为国内各进出口公司的总代理，在签订合同和执行合同等方面，仍起着重要作用。

1956年秋季的广州出口商品展览会成为广交会的序曲。为举办这次展览会，华润人做出巨大贡献，从最初的动议，到筹备，到发出邀请函、带客人前往，以及展览会期间还不断提出改进建议，等等，华润的作用在随后的几十届广交会中得到进一步体现。

---

① 十大口岸包括上海、天津、广东、山东、湖南、湖北、广西、云南、福建，这些省市出口额较大，内河或海运也比较发达。

第三十九章　五十年代华润人的生活

　　1952秋季，华润公司成立"港管委"，多家公司并入华润。同时，中国银行大厦落成，华润公司搬入，总部设在12层①，这座13层的地标性建筑也不经意地提升着华润在香港人民心目中的地位。从这个时候起，华润的身份完全公开化，华润公司作为中国进出口贸易的总代理，吸引着港澳的朋友们，到华润总部做客，到13层吃顿饭，成为一种象征，一种时尚。

　　华润总部不仅吸引着港澳朋友，也成为中资机构员工的家。每逢节日，这里就会举办各种形式的聚会，元旦、春节、六一、国庆，这里都成为热闹的场所，大人孩子都在这里欢笑，大家表演节目、演讲，展示个人风采，也展示华润的凝聚力。更有趣的是，这里还是华润员工结婚的殿堂。

1952年6月1日在新渣甸行大厅华润公司巢永森、许莹举行婚礼

1953年儿童节，华润的孩子们聚会 照片提供：陈渭仪

① 13层是贵宾厅，设有会议室和宴会厅。

1953年国庆节，华润员工在银行大厦写字楼里联欢 照片提供：陈渭仪

1954年国庆 照片提供：张平

1954年国庆，部分华润员工合影 照片提供：张平

1954年国庆 照片提供：张平

1955年国庆演出，演员均为华润员工 照片提供：张平

1955年国庆联欢，跳绳也是一个节目 照片提供：张平

1956年华润国庆招待会 照片提供：张平

1956年国庆，华润员工联欢 照片提供：张平

364

每年国庆节，华润人的窗口就会挂出五星红旗。

杨琳和张平都很注重形象，要求大家出门的时候一定要干净整齐，女士穿旗袍，男士穿西服，周末才可以穿便装。

华润也经常组织大家回广州参观，去工厂，去农村，去学校，感受新中国的大好形势。

华润的年轻小伙子经常不回家，晚上，他们就在华润办公室的地上搭地铺，他们聚在一起学文化，读书练字，互相促进，虽然不富裕，但是，一种积极向上的风气弥漫在华润公司。和钱之光一样，杨琳也酷爱下棋，40多岁的杨琳像个老大哥，坐在那里叫板，小伙子们争着应战。张平则喜欢安静，他坐在那里笑眯眯地欣赏年轻人。

华润把很多青年员工送回国内上大学，上大专，培养他们成才。

1954年，张祥霖被送到外贸学院读大学，他的成绩非常突出①，大学毕业后回到华润公司，不久调到新华社香港分社。戴炳荣、孙琼英也相继回国进修。

谭沛、吕增训被送回国内读大专，1955年入学，1957年毕业，毕业时还受到毛主席的接见，毛主席、刘少奇副主席、周总理、陈云副总理与他们合影留念。

1952年，国务院对驻外人员做出一系列新的管理规定，其中一条是：为了节省外汇，我国驻国外大使馆的工作人员，就任不可以带孩子，大使可以带妻子，其他人员按级别和年限决定是否可带妻子。在北京，国务院和外交部建起了外交部小学，"留守孩子"在这里住校。当然，那时的老师非常好，他们很敬业，把外交官的孩子当成自己的孩子对待。

---

① 张祥霖后来一直在香港新华社（中联办）工作，是中英谈判小组成员，参加了《中英联合公报》的起草工作。著有《一国两制——新挑战与新课题》。

左起：杨明洁（浦亮畴夫人）、孙琼英（张平夫人）、黄士娴（杨文炎夫人）、小关（程文魁夫人）、大关（何平夫人）、朱庭

华润虽然是企业，但是，同样按照驻外干部的规定执行。华润的孩子本来是在香港的，这个时候，要送回国内。还有一个理由，那就是，为了让孩子们接受爱国主义和社会主义教育。1952年，第一批学龄儿童被送回北京和广州。分别的场面可想而知。

杨琳的小儿子被送回了北京，一个人在学校住校，杨琳委托钱之光和刘昂做孩子的监护人，周末时，孩子可以回到钱之光的家。

张平的几个孩子都回到北京，平时也住校，周末由他的广大华行的老战友龚饮冰夫妇当孩子的监护人，负责国内生活。

送回广州的孩子多数由华润驻广州办事处做监护人。

把孩子们送回内地，大人可以无牵挂地、全身心地投入工作，又节省了上学和生活所需外汇，好处不少；可是，孩子是父母的宝贝，随后的思念成为华润人刻骨铭心的记忆。张平的妻子孙琼英回忆说："孩子回国后，想孩子，担心他们生病，担心他们不会照料自己的生活。那时，不能打电话，只能写信，邮局很慢，很难熬。后来，我们多次提出调回国内工作，直到1960年底才调回。"

好在那时的校风很好，孩子们虽然不在父母身边，但基本上得到了比较好的照顾。

上个世纪50年代，在香港新宁道，何平与俞敦华两家住隔壁，为了节省外汇，他们两家共用一部电话，客厅中间的墙壁上开一个方格，像个窗口，电话就放在格子里。何平结婚晚，孩子不到上学年龄，还留在身边，淘气的孩子们经常爬过窗口到对方家里玩①。这个故事一则看出当时公司的节省，二则也反映出同事间的友谊。

何小兰说："那时，经常有叔叔来家里住，爸爸让我们叫'苹果叔叔'什么的，后来才知道，他们都是华润的交通员。"他们送信经常往返于深圳和香港之间，那时交通不便，当天很难返回，住旅馆要花外汇，就住在同事家里。

"华润像一个小解放区"，孙琼英的这句话有很高的概括力，

50年代后期公司属下四部门负责人合影，左起：麦日平、周德明、王富凯、刘洪涛

① 采访何平的女儿何小兰记录。何小兰曾在香港特别行政区筹备委员会工作。父女两代人都为香港平稳发展和顺利回归做出了贡献。

她所表达的不仅仅是一个工作环境问题，更是一种认同感。华润员工在华润有"家"的归属感，因此，大家工作在一起，为祖国的外贸事业而奋斗，很开心。

这里有一个对比性的事件，发生在1962年。我们把这件事写在这里是想提出一个问题：1938年以来，几十年过去了，为什么华润的干部没有一个叛逃的？

关于香港中国银行副经理×××①叛逃后
我在香港的外贸机构所采取的措施向中央的报告

恩来、陈毅、先念同志并报中央：

根据恩来同志的指示，我们对香港中国银行副经理×××叛逃后，估计他对我在香港的贸易工作可能发生的危害和破坏，进行了检查和研究。现将我们检查的情况和已经或者正在采取的措施报告如下：

对我在香港贸易工作可能发生的危害的估计：

1、由于×××了解我外汇情况，敌人有可能利用我外汇紧张加以造谣污蔑，借以破坏我对外信誉。我对外虽有约二亿美元的欠款，但主要是购粮的延期付款，都有合同规定。两年来，我们对延期支付的粮款都按期偿付，已建立起良好的信誉。对此，如果敌人妄想利用这一点阴谋破坏，是不会得逞的。……

2、我在香港设有华润公司、德信行、五丰行、华夏公司，共有职工567（其中由内地派出的258人）。按职务分：经理（局级以上干部）8人，部经理（处长级干部）35人，科长级干部99人，一般职员425人。

---

① 此处略去名字。

我们对这支队伍的政治质量一直比较重视。去年，在中央组织部和广东省委的领导和支持下，组织专门工作组，又进行了一次比较全面的干部培训工作。……综合上述初步检查，×××的叛逃对我香港贸易业务和机构，可能会引起一些损害，估计不会太大。

为此，我们已告香港贸易机构的负责人，结合此案对当前工作和干部工作进行深入检查，发现问题，及时采取措施，防止敌人破坏。

中共对外贸易部党组

1962年12月21日

华润公司的干部队伍是一支忠于党、忠于祖国的久经考验的钢铁队伍，作为华润一员，大家都有一种自豪感：每天经手的商品都关乎国计民生，从这些商品中能感受到祖国的进步和变化。华润，一头连着祖国，一头连着世界，这个极其重要的岗位容不得私心，容不得野心，更容不得贪欲。

老经理杨琳在华润时，他的账目非常清楚，赢得中央特别会计室的赞誉；张平也是如此，他一向以精细著称，他要求大家公私分明，决不把自己的消费作为公事报销。

在一个公私分明的集体里，良好的风气得到发扬。因此，"华润就像一个小解放区"。

何平后来曾说："一生中最开心的时期是50年代，解放了，人与人之间的关系很单纯，大家都一心一意地拼命工作，心情最好。"①

下面我们抄录一份1957年华润公司的"营业费用统计"，从这些数字中可以看出华润人的节俭，更可以体会到他们的严谨。

———————————

① 采访何小兰记录。

电报费：174461.39元

长途电话费：53919.39元

邮费：25349.98元

应酬费：47135.50元

广告费：54038.38元

薪金：1380063.47元

房租：667426.30元

膳食：207266.24元

茶水：2543.83元

水电：14812.71元

车辆：7465.79元

牌照：1860.37元

1954年元旦公司储运部合影。后排左起：李威林、蔡新、李显忠、李俊伟、陈柱、王道顺，前排左起褚寇庭、小谭、梁北海、张子厚

那时做贸易主要靠电话、电报，所以，这两项支出较高。

那时华润没有自己的住房，上级也不允许自己盖房、买房，因此，租房金额较大，仓库、商场、职工宿舍都靠租房解决。

在艰苦的条件下，在厉行节约的氛围中，华润人凭着对祖国的热爱，对党和人民的忠诚，忠实地履行着自己的义务，每天经手大把货币和大批物资，可是，华润人经受住了考验。

第四十章　对台贸易

1956元旦在香港华润公司开辟的出口商品陈列室和1956年秋季在广州举办的中国出口商品展览会吸引了世界各地的客商，这一年的出口额明显上升，创造了出口工作的一个里程碑。

在这个过程中，有一个很尖锐的问题出现了：如何对待台湾籍商人？在展览过程中，一些台湾籍商人来到华润，很恳切地提出，希望到展览会上看一看，更希望与华润开展进出口贸易。

张平等华润领导敏感地意识到：这是开展统战工作的一个绝好机会。大陆与台湾多年来处于敌对状态，蒋介石还在叫嚣反攻大陆。如果能凭借贸易建立联系，对和平解放台湾是有利的。但是，如何保证台湾籍爱国商人不会受到国民党当局的迫害？还有，从另一个角度想，谁敢说来者不是蒋介石派来的特务呢？既要开展贸易，又要防止敌人的破坏，可见，如何对待台湾的商人，这绝不仅仅是一个贸易问题，还是一个政治问题。在1956年11月20日上报给外贸部的报告中，华润将"对台贸易"问题提了出来，从文中可以看出，他们对对台贸易的态度是肯定的，但也有一定的顾虑，强调了谨慎和保密的问题。"谨慎"强调的是防止敌人钻空子，"保密"则是为了保护台湾商人的安全，以防遭受台湾当局的迫害。

对台湾贸易方案

利用港澳，展开对台湾贸易，这是争取和平解放台湾的一个组成部分。……但由于过去我们与台湾方面联系不广，加上台湾方的军事封锁，出入境限制与邮件检查，使我对台工作增加很大困难。利用港澳对台贸易，进一步密切我与台方的关系，借此传达我和平解放台湾的政策，透露我"爱国一家，共同对外"的要求，表明我"相待以诚"的态度，消除台方对我的各种顾虑，是有重大政治意义的。这也是我展开对台贸易的主要目的。

对台方的限制政策，我们应采用"先买后卖"、"多买少卖"、"只买不卖"，或转到别的地区"此买彼卖"等贸易政策，以冲破台方的限制。……

附件：

一、《台湾经济贸易情况》

二、《香港经营台湾生意的商号名单》

华润公司

1956年11月20日

同一天，华润还递交了一份《关于开展对香港厂商工作的方案》，方案中详细分析了香港厂商的现状：许多香港商人受到美蒋恐吓，不敢与大陆做生意，国民党军队的残余势力在香港还很嚣张。因此，开展对台贸易，团结港澳厂商，这是一个问题的两个方面，具有相辅相成的作用。华润制定了多种措施，以保证互惠互利，让商人们"爱国赚钱"。

关于开展对香港厂商工作的方案

香港现有工厂4000多家，工人45万名，全年产值逾10亿港元，其中以棉纺织业为主。香港工业制品70%以上是外销，遍及50余个国家或地区。

全部香港工业投资估计有12亿港元，80%为华人资金。其中多是在解放战争前后由国内逃港的。……

受美蒋分子威吓破坏，厂商对我仍顾虑不少。因此厂商组织——"中华厂商会"在解放初期虽曾挂我国旗，两年后便不挂了。现仍保持中立态度，也不挂蒋旗。

对香港厂商采取团结的方针，可通过原料供应、订货、收购、便利资金周转等方式，有计划、有重点、有步骤地和他们发展业务关系，从而使他们进一步倾向祖国、依靠祖国，做到"爱国赚钱"。……

华润公司

1956.11.20

1956年11月20日华润提交的这两份报告都得到了外贸部的认可。1957年2月15日，外贸部下达《对香港华润公司1957年工作的几点意见》，文件中第四个问题专门论述"对台湾贸易活动的方针"，肯定了华润的对台贸易方案。文件中说：华润公司"在贸易上要争取同台湾方面的人士建立联系，以减少对立情绪，增加了解，配合和平解放台湾的工作"。同时，文件中也特别提到：在"香港本地推销我工业品时，要注意推销方式，避免引起香港当地工业发生过大的矛盾"。

中华人民共和国对外贸易部

对香港华润公司1957年工作的几点意见

……

四、对台湾贸易活动的方针：

我们对台湾贸易的方针是：通过贸易配合和平解放台湾的任务。在贸易上争取同台湾方面人士、特别是同台湾实力派人士建立联系，以减少对立情绪，增加了解，配合和平解放台湾的工作。目前我们对台的直接贸易还不可能，因此主要是通过香港，以间接或直接的方式同在香港的台湾办庄和其他台湾商人进行业务联系，通过和他们的

373

联系逐步地同台湾方面的有力人士挂钩。在贸易上要积极
促成我出口商品的交易，在进口方面，可酌量购买，如台
糖和樟脑等。

......

中华人民共和国对外贸易部

1957.3.15

外贸部1957年初对华润公司的"几点意见"比较好地处理了几
个棘手问题，如：

1、华润公司的责任：通过外贸工作开展统战工作，华润是
一个贸易机构，不是政府机构，在政治和外交上，华润的作用只
是一个桥梁。在任何时候，任何场合，华润的身份只是一个贸易
机构。华润的使命就是做贸易，通过贸易做统战工作。

2、鼓励华润开展对台贸易。此后，华润与台商开始接触。
华润人还记得，1950年，华润神杖轮在台湾被扣。七年后，为了
祖国的统一大业，华润人不记个人恩怨，又开始了对台贸易。

3、希望华润在香港推销大陆工业品时，不要影响当地工业
的正常发展。后来，华润对香港的工厂主给予了一定的方便，
直到改革开放前，香港工业的发展没有因为大陆工业的发展而
衰落。

就这样，华润利用自己身在香港的便利条件，在1957年就冲
破台湾当局的封锁，主动与台湾商人建立新的贸易关系，宣传大
陆"和平解放台湾"的政策。

当然，这些贸易还是以比较隐蔽的方式进行的，多是经过港
澳商人进行的。公开的对台贸易是在1979年开始的，在"华润零
售的发展"一章中会讲到。

第四十一章　全国外贸局长会议

1957年12月，我国召开全国外贸局长会议。这是一次重要的大会，我们在采访中，许多老前辈都提到这次会议，他们说：这次会议是外贸工作的一个里程碑，从那以后，在全国人民的心目中，外贸工作的地位得到大大提高，人们开始有意识地重视外贸出口工作，出口商品生产基地接连建成，迎来了一个新局面。从这时起，人们意识到：出口商品是最好的商品。

我们查找了当时的文件，1957年12月6日上午，朱德副主席讲话，下午陈毅副总理讲话，13日周恩来总理、薄一波副总理到会看望大家，可见对大会的重视程度。

朱德在讲话中分析了"出口额下降的原因"，他说："内销和外销的矛盾没有得到正确的解决。这个矛盾可以有两种解决法，一种是首先充分地满足国内的需要，然后组织出口，这样做的结果是减少了外汇收入，削弱和推迟了建设项目，不利于发展同兄弟国家的经济合作，也不利于发展同友好国家的经济合作。另一种解决法是统筹安排，在照顾国内基本需要的情况下，尽力争取出口，换取外汇，以加速我国社会主义的建设，并且促进同各兄弟国家和友好国家的经济合作。很明显地，在以上两种做法中，我们当然应当采取后一种。"

陈毅的讲话很长，很具体，他强调说："通过对外贸易可以打开对外局面，对外贸易所起的作用是经济作用，也是政治作用和外交作用。以前我们是先搞外交，后搞贸易；现在我们要先搞贸易，再搞外交。在外贸和文化上发生一些联系，外交关系就接踵而来。"

在朱德和陈毅讲话以后，与会者进行了充分的讨论。12月10日上午，再次举行大会，华润公司总经理张平发言。

香港华润公司张平经理的发言纪要

一、香港的经济贸易情况

今年香港对外贸易变化的特点是：在出口退缩的情况下进口仍有大额的增长，进出口总值仍超过去年水平。……

今年东南亚各地流入香港的资金比去年增加。这是因为马来亚、印尼、泰国、菲律宾、南越等地政治、经济动荡，华侨资金逃港。由于市场资金充裕，人口增加，今年香港本销市场续有增大。

二、东南亚各国的经济贸易情况

今年东南亚经济贸易情况比较混乱，……黄金外汇降至历史上的最低水平。

在人民购买力低落的同时，外国货物仍然不断地涌入东南亚市场，以致货物堆积如山，曼谷、西贡、马尼拉、仰光及印度各港口都很拥挤。

东南亚各国政府为了补救财政经济状况的恶化，加强了奖出限进的贸易管制，增加贸易上的障碍。如印度尼西亚自6月起实行输出证制度，以外汇奖励刺激出口，进口须以两倍半以上的市价收买输出证，由于成本增加，进口受到极大限制。

三、我对香港及东南亚市场贸易情况

我对香港及东南亚出口历年都有增长。这说明我国货物绝大部分距离当地市场容纳量的饱和点还很远。……

从香港本销市场来看，出口额还能够扩大。就拿食品来说，香港市场的我货容纳量，猪每年可达60万头，牛每年可达7.7万头，鸡每年可达720万只，塘鱼每天可销12万斤，我们都没有达到这个水平。工业品则距离更远。

……

以上说明，从现有基础上再扩大香港、星、马的市场，以及开辟加拿大、澳洲、非洲新市场是完全有条件的。

四、对改善出口工作的几点意见

1、关于满足市场需要，保证货源正常供应问题。一年来我们对于满足香港市场需要、改善货源供应方面有了不少改善，但仍存在一些问题。如食品类的猪、牛、羊、家禽等，自1954年以来，每年都有脱销现象发生。……

2、商品的品质、规格和包装问题。我国货因为品质、规格、包装等不适合市场需要和客户消费者要求的情况很多。……广州出口的钻石牌自行车轮胎，本来品质很好，刚出口就打开销路，最近因用旧钢绳加工，轮胎边的钢丝易于折裂，客户要求退货，包销户也不想再包销。其他品质差的商品如高音喇叭、平板仪、55式打字机、绘图板、寒暑表、计算尺、标本、电影放映机等。

3、经营方式问题。我们应有长期经营的思想，要扎好根子，要在国外找代理商，要放手使用和培养代理商。……我们对代理商有不放手的现象，有的代理期限太短，由于时间短，代理商有顾虑，因此代理以后不作广告，不安心推销，这对我们是不利的。

4、对执行合同的严肃性问题。例如上海杂品出口公司第三季度有21份合同没有按期交货，天津杂品出口公司第三季度不按期交货的有11份；又如，售给香港永安祥和文记的湖南毛巾被，合同规定只有一个规格，交货却有5个规格；售给泰国广京公司的蚊帐布，合同规定要方格的，第一批到货有部分是无格的，客户当即提出意见，但第二批到货中仍有无格蚊帐布。这样，客户借此拖延信用证及不执行合同的逐渐增加。

5、统一对外问题。

6、调查研究工作。（略）

张平的发言基本上是用数字和事实说话，很有说服力，他介绍了香港和东南亚市场的情况，一再说明，华润对扩大出口充满信心，并提出了6条改进建议。这些建议看起来是老生常谈，但是，过去，华润所有的建议主要是递交给外贸部的，能看到的人很少，这次不同了，这次是大会发言，与会的各省市自治区的外贸局长和进出口公司的经理们都听到了，而且还讨论了，因此，影响就扩大了。

12月13日，周总理接见与会代表，并作简短讲话，他说：我们的对外贸易占国际市场贸易总额在1%以下，是与我国人口不相称的，但与我们的力量还是相称的。……今年我们出口65亿元，占资本主义市场贸易额的0.5%，明年80亿元，可能增到0.6%。但是世界总贸易额不可能有很大增加，因为市场容量有限。……我们反对"大进大出"。"大进大出"是不考虑人家，不考虑客观规律。客观规律是还有帝国主义存在，而且贸易是双方的。你要卖，但人家不买，不能光靠倾销、竞争性的价格。因此"大进大出"的口号不正确，"大跃进"的口号也不对。大跃进也要符合客观规律，要有客观可能加上主观最大努力。"力争上游"也要有个"上"，主席说过，不要力争空游，不能争到没有水源的地方。对外贸易不能一下子增加40%—50%，在以后几年也不可能这样"跃进"。明年增长到80亿元就很费劲。

周总理的讲话实事求是，指出外贸不能大跃进，不能低价倾销，他突出了一个"上"字，讲究实效。

1957年12月14日大会闭幕式，叶季壮部长发表讲话。

1957年11—12月的全国外贸局长会议有效地提高了大家对外贸工作的认识。此后，在全国范围内，外贸工作得到重视，进出口工作得以稳步发展，没有出现大跃进的混乱局面。

为了保证出口货源，经国务院批准，我国开始逐步建设出口商品生产基地，到1960年初，五大类出口商品生产基地先后建成。

第一类：综合性的多种商品的生产基地，主要有三个：

1、海南岛热带亚热带作物生产基地，主要发展"五料"，即油料、香料、饮料、用料、食料。种植面积从69万亩发展到530万亩。

2、国营农场生产基地。包括黑龙江的密山、合江和新疆农场三大垦区。

3、珠江三角洲食品生产基地，主要生产活猪、家禽、蔬菜、水果等，供应香港。

第二类：单一商品的生产基地，比如辽宁的苹果等。

第三类：专厂、专矿，比如纺织厂、水泥厂、矿区等。

第四类：农副产品加工基地。

第五类：出口商品包装材料生产基地①。

从以上基地大致可以看出我国当时对做好出口工作所做的努力。值得一提的是，其中包括了包装材料生产基地。

1961年，在紧靠香港的深圳，建起了货站、冷藏库；深圳清水河仓库投入使用。

这些基础建设有效地提高了出口产品的质量，减少了出口

---

① 中央档案馆资料（外贸部时任副部长雷任民讲话）。

养鸡场

养鸽场

鸭梨基地

损失。

　　"出口商品生产基地"的建设进一步保证了出口商品的质量，在60年代以后，在我国人民的心目中逐步形成了这样一个印象：出口商品就是最好的商品。以至于在很长一段时间里，人们不认品牌，却认"外贸服装"和"出口转内销"商品。

第四十二章　国货公司

　　华润公司作为对资贸易的"总代理"，一方面经营代理业务，另一方面，华润也有"自营"业务，而且营业额在逐年扩大。50年代，华润自营的主要渠道是零售，华润旗下的中国国货公司是主力。

　　说起华润零售的起源，充满传奇色彩，可以追溯到抗日战争时期的上海，追溯到"用国货抵制日货"那个爱国热情高涨的年代，更有趣的是，还与杜月笙有关系。

　　我们采访了一些在华润零售任过职的领导和员工，他们每一个人都对华润零售充满了感情，他们说：零售工作很辛苦，赚的是辛苦钱，可是，华润零售的全体员工很自豪，因为，他们的历史上写满了"爱国"二字，他们在祖国发展的各个历史时期都发挥了不同的作用，在团结港澳同胞和海外华侨方面，他们的作用是巨大的。

华润老前辈周颂远先生在1938年就加入中国国货公司，老人家就是公司的活字典。他曾经写过一篇文章，详细回忆了中国国货公司的发展历程。

中国国货公司起源于"九一八"事变后，上海实业界有识人士提出"自产、自销"，经"国货"与"厂商"共同努力，于1932年8月在上海成立了中华国货产销协会，并得到金融界之支持。

周颂远

第二年，国货产销协会扩充为国货联办处，推行链条式经营：工厂供给商品——银行调剂金融——国货零售公司负责推销产品。在三年半期间内，先后筹设了中国国货公司11处，包括镇江、徐州、济南、温州、郑州、福州、西安、昆明、重庆、广州、长沙等地，均取名中国国货公司。

"八一三"事变后，京、沪相继沦陷，香港成为大后方。当时，中国国货联合营业公司的蔡声白总经理在港，随即发起组织香港中国国货公司，暂定资本为港币20万元。1938年11月19日召开筹备会议，推选杜月笙为董事长，郑铁如、李道南、蔡声白为常务董事，杨介眉、吴蕴初、倪士钦、史久鳌、潘述庵、许颂年、马泽民、阮维扬、周文治、唐寿民、叶兰泉为董事，马寿南、黄绰臣、叶才友为监察人，聘任胡士澄为经理。

香港中国国货有限公司于1938年11月20日开业。租用德辅道中24号为店址，面积约4000平方呎^①，职工人数不到90人，设有棉织、内衣、服装、袜子、鞋帽、化妆、钢瓷、五金、饰物、文玩及食品等商品部。1939年，商场面积扩大到6000余平方呎，职工人数亦增至160人。

这是香港的第一家国货公司，头三年得到蓬勃发展。

1939年7月，在九龙油麻地上海街208号再租三间门面，作为九龙分公司。

1940年1月中在澳门新马路19号租得铺位一间，面积约1200余平方呎，3月17日开张。

至此，中国国货公司在港澳已拥有3个门市商场，总面积计8400余平方呎，职工人数达到240余人。

1941年初，董事会建议将资本额扩充至5万股，计港币50万元。资金充实后，旋在香港旺角、澳门板樟堂街再开两家分店。

---

① 1平方米约等于10平方呎。

公司在"反法西斯陈列橱窗比赛"中荣获冠军。

1941年11月20日，公司成立三周年。为隆重庆祝，公司举行大减价大赠送，并印特刊赠送，介绍公司经营方针、发展情况，广为宣传。各商场张灯结彩，装饰一新，十分热闹。

该年度营业额较上年度增长了30%，可算是公司初期业务的鼎盛时期。

1941年12月初，日军偷袭珍珠港，太平洋战事突起。12月8日，日军进攻九龙，九龙、旺角两分店被抢劫。港岛总店随即将贵重货物打包。12月19日香港停电，商场全部停业。

日军占领港岛后，总店随即被封，货仓存货亦全部被日本海军强行掠去。

在那些日子里，职工昼夜不回家，手握木棍保护总店，大家忍饥挨饿，毫无怨言，誓与总店共存亡。

战火停息后，胡士澄经理四出奔走，托人向民政部申请，希望早日复业。1942年3月9日，公司得以揭封启业。

由于物资缺乏，环境恶劣，大部分居民被迫离港，市面一片萧条。加之金融管制，日伪政府强行使用军票，港币一贬再贬，物价暴涨，居民生活更为艰苦，商场冷冷清清。公司营业时间改为每天五小时，惨淡经营至1945年8月，日本投降，香港光复。

沦陷期间，公司常务董事、中国银行经理郑铁如建议胡士澄经理购入港币及新港币，先后购入港币约60万元，新港币约25万元，为公司增添了不少资产。战后资产总值达到港币180万元。

1947年初筹组"合记公司"，专营布匹进出口业务。继又筹组"合成公司"，专营棉布进出口业务。两公司均有良好业绩。

1954年，在华润公司协助下，在总店分出二楼作为展厅，将国产的新产品公开展览。展品丰富，吸引了大批顾客前来参观，这对宣传国货及本公司业务起到了推动作用。1955年销售金额比上年度增长四成以上；批发方面更为蓬勃，其中棉纱布匹及棉织品类等国货商品，都能保持旺销。化妆品在本港取得用户承认，其后运销新加坡、泰国、婆罗洲等埠，尤以销往泰国为多，旺季时月销金额达30万港元。蝴蝶牌衣车①运销新加坡及沙捞越，非常热闹。唱片外销，亦为数不少，印尼商人购唱片以万计。

1956年以后，平均每年营业额有50%以上增长。

1958年4月30日，董事会决定参加由华侨发起的、以经营国产百货批发业务为主的中国中发股份有限公司②，投资港币30万元；而中国中发有限公司亦投资我公司股份30万元。

1958年初，中国国货联合营业公司在上海纳入公私合营，香港国货公司的股份委托华润公司全权代表，华润随即增加投资，并担负公司决策领导任务。同时，联营公司推荐陈德华来港，出任副经理。

董事会决定于1958年11月20日公司创业二十周年时举行庆祝，除大赠送两星期外，并于19日下午举行酒会，招待各界人士1000余人。

从国货公司的变迁不难看出中国历史的多灾多难。在30年代，我国民族资本已经在致力于"生产领域、销售领域、金融界"的合作，这些资本主义的萌芽本来是可以带动经济良性发展的，可是，国民党政府腐败无能，军阀混战，日寇入侵，致使举国上下民不聊生。

1949年全国解放以后，香港的中国国货公司开始接受华润"港管委"的领导。中国国货公司的股份多数是公股，分别属于上海、香港中国银行、交通银行、金城银行等。随着新中国的诞生，这些银行回到人民怀抱，这些股份也成为"国有"资产。但是，华润并没有将其变成"红色"企业，还是保持着原来的"灰

---

① 即缝纫机。
② 中发公司为华润旗下的"灰色公司"。

色"模式，华润当时的管理主要是为其提供货源，改变因货源不足而萧条的局面，使其成为一家真正的国货销售公司。

我们在档案馆还找到了一些档案，这些文件记录了华润公司对中国国货的管理和增资，抄录如下。

报香港中国国货公司情况

对外贸易部：

香港中国国货公司公股占90%。该公司在港已有20年历史，对当地百货批发及零售商均有一定关系。1954年前经营港制品有亏损，改营我国产百货后情况好转，1955年纯利13万余港元，1956年纯利26万余港元，平均每月营业额约3万港元，批发与门市比例为60%与40%，两年来对推销国货起了一定作用，但经营保守。……

我现提出下列意见：

1、公司董事会由3家银行主持，他们久已有意将此机构移交我贸易机构管理……我公司拟派员参加董事会，对外不改变国货公司原来的灰色面貌。我意增加我司何家霖（即何平）、刘朝缙为代表。

2、国货公司现有人员约100人……此外中层业务干部我处拟派批发部副主任一名，会计一名。

3、国货公司资本90万港元……目前该公司资金周转不灵。我意在派去会计人员后，由我公司担保其向银行经常透支30至50万港元专作批发放账用，国内的D/A50万港元额度仍照旧。……

上述意见请速予审核批示。

华润公司

1957年3月29日

1958年，香港中国国货公司成立20周年，全体员工合影

报告得到批准，1957年华润第一次派干部进入中国国货，华润公司副总经理何平开始参与该公司的业务管理。1958年营业额达到1150万港元，净利润45万港元。

1959年华润对中国国货公司增资100万元，保证了公司有足够的现金流，零售业务得以迅速发展。

在初步完成了对国货公司的增资后，华润决定新开一家公司，专门经营工艺品。

华润以工艺品为资本，与五位港商王宽诚、郑栋林、赵如璧、陈其昌、刘浩清一起成立了另一家"灰色"的零售公司，命名中艺（香港）有限公司。1959年1月注册，4月4日开业，专门销售工艺品，商品包括首饰、雕刻、高档家具、地毯、古玩、中式服装等。这些商品在港澳和东南亚影响很大，由于商品档次较高，成为千家万户的装饰品，也成为圣诞节的礼品[1]。

---

[1] 1966年，华润对中艺公司进行股份收购，成为第一大股东，派任总经理，并邀请霍英东入股，1967年中艺星光行开业，是当时香港乃至世界最大的工艺品商场。1968年再次全面收购，中艺成为华润旗下全资子公司。

在档案馆我们找到了一份外贸部给华润公司的文件，从中可以看出当时中艺的情况。

关于对中艺公司经营意见

香港贸易工作委员会①：

11月18日函悉。所报中艺公司今后经营意见，我们原则上同意，在销货有保证和加强掌握的前提下，对资金与商品方面可给予该公司适当的支持。

1、报告中提到中艺公司扩大销售后，每月销售额约在20万港元以上，但费用开支占销货额的25%以上，这个比例太大，要努力缩减费用开支。

2、在销货和付款方式上我们一般不用D/A和寄售办法。对中艺公司可以作为照顾采用这种办法……但应注意按期收款。

3、我国工艺品品种花样繁多，仅靠一家不能全部解决问题，因此除适当照顾中艺公司以外，对其余老客户也应兼顾，防止由于我支持中艺公司而影响与其他客户的关系。……

以上希研究酌情办理。

中华人民共和国对外贸易部

1959年12月30日

华润零售业发展势头很好，分析原因，一是经营有方；二是国内出口物资日渐丰富，而且质量大大提高；三是华侨的支持，他们始终把购买国货与爱国联系在一起。

华润作为新中国对资贸易的独家代理商，有得天独厚的优越

---

① 华润"港管委"后改名为"香港贸易工作委员会"。

条件：国内把最好的商品用于出口，出口渠道在华润。当然，华润全体员工也不辱使命，忠实地贯彻了"国家利益高于一切"的原则，利润上缴国库，华润员工只拿工资，那时根本没有奖金。

那时，在零售和外贸工作中，也有"打假"的故事。

华润在香港和东南亚销售新华牌自行车，销量大，影响也大。有一家公司用自己的自行车零配件冒充新华牌的零件，以华润公司的名义散发广告。经调查，这家公司不是爱国公司。华润把这件事情上报到外贸部，并拟稿准备登报揭穿这个骗局。外贸部很快就批准了华润的意见。

复关于登报揭露敌人①伪造我商品宣传册寄发各地问题

华润公司：

关于敌人伪造我新华牌自行车商品宣传册，并用华润公司名义寄发各地问题，同意你公司的意见，以你公司名义在香港报纸发一声明，进行揭露。

声明稿已代你公司拟好，如有不妥之处，请加以修改即可送报社发表。

此声明在报纸发表后，可剪一份寄给中国新闻社，请他们考虑以报导方式转发各地华侨报纸。

附件：郑重声明一份。（略）

中华人民共和国对外贸易部

1959年10月23日

以国货公司为基础，以中艺公司为特色，华润零售业在香港立足，并在60年代得以迅速壮大。

---

① 那时美蒋对大陆的封锁还没结束，我们把亲近台湾和美国的公司称为敌人。

六十年代的华润

20世纪60年代是一个多灾多难的时期，中苏友好关系破裂、三年自然灾害，加上"文化大革命"，我国的经济、生产、外贸都受到巨大冲击。

在这个时期里，华润与祖国人民共患难，与香港人民共患难：

通过"进口粮食"解决内地城市居民的粮食供应；

通过"三趟快车"保证香港市场的繁荣稳定。

"文革"时期，国内大乱，华润在周总理和外贸部的领导下，为保障外贸事业的正常进行，进行了不懈的努力。

此阶段负责人：

丁克坚（1961.1—1971.12），董事长兼总经理。

第四十三章　灾害之年进口粮食

进口粮食、出口粮食是华润公司的一项经常性工作，从解放初期到1959年，我国每年都少量出口一些大米和杂粮，进口一些小麦，为的是"调剂品种"。

在华润公司档案馆，我们找到了大批关于粮食贸易的卷宗，比如：

1958年2—7月：《购加拿大小麦函件》《关于小麦装船问题》《关于货到岸如何付款事》《关于进口加拿大3号小麦（散装）合同》《进口加拿大小麦12000吨合同》《进口加拿大小麦9000吨合同》《进口加拿大小麦12500吨合同》；

1958年3月21日：《进口南非玉米函件及合同》（1—6卷）；

1958年5月14日：《购澳大利亚8500吨小麦合同》；

1958年3—7月，与这些档案存放在一起的，还有5份租船协议，大概是为了运这些粮食。

1959年以前，粮食进口数量不大，上面提到的1958年，进口量加起来不过几万吨。

可是，调剂品种的情况在1960年发生了质变。由于自然灾害等原因，此后进口粮食成了关系到城市居民"生存"问题的大事情。

1960年12月，眼看着就要过年了，几个省市自治区向中央发出紧急求援电报：本省粮库存量不够城市居民过年的口粮。

国务院就此事展开调查，很快发现：缺粮的现实远比估计的情况严重得多：全国的库存小麦不够京、津、沪三大城市的居民过年包饺子。

粮食问题关系到国家稳定与否的大局。1960年暴露出来的粮食紧缺实际上是1957年反右和大跃进导致的必然结果。

外部，中国与苏联正在开展论战，苏联撤走专家、撕毁合同，两个社会主义大国成了对立国。而此时，美国等西方国家对中国的封锁远没有结束。

内部，反"右派"，高举三面红旗，人民公社化，赶英超美等等，革命代替了生产，高喊口号代替了踏实劳动，建立新中国所焕发出的劳动热情受到极大伤害，国民经济一落千丈。

为了粮食问题，党中央紧急成立了三人领导小组，毛泽东主席亲点周恩来、李富春、李先念抓粮食进口。中央第一次不得已做出这样的决定：从西方国家进口粮食，1961年进口数量为150万吨。

国务院副总理陈云同志拿到文件，他认为，150万吨远远不够，他建议，把150万吨改成250万吨。周总理看到修改后的进口计划，问道：这个数字是谁修改的？汇报的同志说："是陈云副总理。"周总理说："陈云办事稳妥，按他的意见办。"[①]

随后，外贸部立即成立了粮食进口工作领导小组，叶季壮部长亲自挂帅。

1960年12月16日，中央粮食进口工作领导小组给华润公司下达命令：

华润公司：

1、立即同澳大利亚粮食局联系，争取12月25日前成交小麦10万吨。

---

① 电视纪录片《周恩来》。

2、立即派二人去加拿大，争取在明年1月10日前成交一批，及早运回。①

……

几乎同时，华润公司成立了粮食进口工作组，派专人立即奔赴加拿大和澳大利亚。

中央已经看出，进口粮食的现状不是一个在短时间内就能改变的现实，可能在几年乃至更长的一段时间里，我国粮食供应的缺口都将依靠进口来补充。为了统一协调粮食进口工作，外贸部办了一份《粮食进口工作专报》，作为中央首长和外贸部领导了解粮食进口情况的通报，只印25份。通过专报，国务院领导每天都能及时了解到粮食谈判、签署协议以及粮食运输的动态。

进口粮食工作需要多个部门合作协调，在"中央三人组"和"外贸部粮食进口小组"的直接领导下，香港机构进行了分工：

华润公司负责出国考察和对外谈判；接替张平同志新任华润公司总经理的丁克坚同志②，还没来得及熟悉香港的街道，又回到北京，接受任务。

华夏公司负责运输。租船业务的直接负责人是外运公司的刘双恩，他曾是华夏公司的第一任总船长。

香港中国银行负责外汇筹集和结算。

实际上，这三个部门都在香港的同一个大楼里办公，大家彼此都非常熟悉。

为了进口粮食，为国家分忧，为人民解难，华润人开始与时间赛跑。在经历了冲封锁、反禁运那样的攻坚战以后，在1960年他们又肩负起这样一个特殊使命。

---

① 华润公司档案馆（第二馆）。此章引文同。
② 丁克坚来华润之前任外贸部机关党委书记。

　　1960年12月30日，周总理出访缅甸。1961年1月8日访问快结束时，周总理嘱咐随行的外贸部副部长雷任民，让他去香港，看看华润、华夏、中银有什么困难：能不能买到粮食，能不能解决粮食运输问题，能不能解决外汇支付问题[①]。

　　雷任民来到香港的中国银行大厦，召集大家开会，认真地分析可能遇到的问题，最后，三家公司各自表态：

　　华润说：没问题，我们一定保质、保量、价格合理地签订购买合同。

　　华夏说：没问题，我们一定保证运输。

　　中银说：没问题，外汇虽然紧张，但是，我们一定准备好购粮所需外汇。

　　与西方国家进行购粮谈判的工作就全部交给了华润公司。

　　1960年12月，华润总经理张平调回北京，任中国粮油进出口总公司副总经理，也分管粮食进口工作。

1960年12月，张平、孙琼英调回北京工作，华润公司部分员工在香港尖沙咀车站为其送行

---

① 中共中央文献研究室编：《周恩来年谱一九四九——一九七六》中卷，中央文献出版社1997年，第384页。

丁克坚　　　　　　　　退休后的徐鹏飞

　　华润公司新任总经理丁克坚在北京接受任务后，火速回到香港，并迅速组成了两个谈判小组，丁克坚亲自挂帅，巢永森等配合，主谈人员是：

　　以浦亮畴、徐鹏飞为主，负责同澳大利亚的谈判工作。

　　以俞敦华、刘朝缙为主，负责与加拿大方面的谈判。

　　把粮食进口国选定为加拿大和澳大利亚是有理由的：其一，这两个国家都是农业大国，1960年粮食大丰收。其二，加拿大在北半球，澳大利亚在南半球，粮食收获的季节不同，这样也便于我国均衡采购，均衡到货。其三，华润与这两个国家早有联系。

　　1960年，我国同澳大利亚和加拿大都没有建立外交关系，此前华润与这两个国家只有间接的贸易往来，所以，第一次谈判非常重要：不能暴露我国缺粮的现实，以防西方世界的粮食市场趁机抬高粮食价格。万一粮食涨价，受影响的不仅仅是中国人民，还包括其他非产粮国。

　　就像大战来临之际，行动计划和保密措施是至关紧要的。

　　外贸部派陈明从北京来到深圳，坐阵指挥，在华润深圳办事处，红色电话成为华润与外贸部、与中央保持联系的信息通道，每天必须汇报一次。

　　巢永森回忆说："在香港通电话不利于保密，所以，华润每天派人去深圳汇报，这么多人饿肚子嘛，进口粮食成了我国当时的头等大事。"

第一阶段工作重心：力争稳住世界粮食市场的价格。

为了不刺激国际粮食市场的价格上涨，华润负责谈判的人员摆出"从容"的姿态，对外广泛宣传：进口是为了"调剂粮食品种"。1959年在浮夸风的形势下，我国确实制订了一个"1960年大米出口计划"，没想到，这个计划起到了很好的迷惑作用，那就是：用出口掩护进口。当时一吨大米的价格大约等于两吨小麦。

吕虞堂回忆说："我记得有这样一件事，华润公司副总经理何家霖说：何不出口一吨大米换两吨小麦，大米5万吨，能换10万吨小麦。加上芝麻3万吨，菜籽2万吨，这样能省下一大笔现汇，又能迷惑外界。"

在调剂品种的掩护下，谈判工作紧张有序。

《粮食进口工作专报第二号》1960年12月21日这样记载：

总理指示：春节前必须运回国内，小麦（包括面粉）25至30万吨。

香港华润公司来电：到12月19日止，购妥澳大利亚小麦24万吨。

12月23日，澳州小麦主席戴斯台尔在墨尔本宣布：已售给中国小麦24万吨，价值500万澳币，他表示对这笔交易十分满意。香港各大报纸转载了这一消息。

在250万吨进口任务中，有50万吨是转口阿尔巴尼亚的，为了减少运输成本，华润公司决定在法国购买一小部分，不必运回中国，直接从法国运到阿尔巴尼亚。

华润派人去法国谈判。

法国商人趁机抬高小麦价格。

华润公司宣布：暂时停止与法国商人的谈判。

谈判是一种比智慧、比心理的较量。"穿越东半球的航线"一直存在，我们可以从中国运粮食到阿尔巴尼亚。运粮船队很快就出发了。法国商人的猜想受到了打击，他们搞不清中国的情况。

美国对中国的封锁还没有解除，而中国自己此时正在走向关起门来过日子的时期，中苏关系也在恶化。

就在第一批粮食进口协议签订之后，中央再次修改粮食进口数量。1961年1月中央决定：1961年国内进口粮食的任务增加为400万吨。1960年12月29日《专报第六号》记载：

中央书记处指示：明年上半年共计进口粮食160万吨。
3—5月平均每月到货争取达到30—35万吨。

关于1961年的粮食进口计划，在不到两个月的时间里，接连增加数量，从最初的150万吨，到250万吨，到此刻的400万吨，这说明，我国缺粮的现实真的非常严峻。

西方世界似乎发现了我国缺粮的现实，华润公司的俞敦华、刘朝缙抵达加拿大不久，1960年12月30日美联社发表电讯："一个共产党中国的贸易代表团已到加拿大来进行三个月到四个月的访问。""在这个两人代表团到达蒙特利尔的同时，北京《人民日报》报道，大陆中国受到'严重的灾害'。"（专报第七号）

华润人用"调剂品种"为理由暂时掩护缺粮的情况，以大米出口为掩护，谈成了第一批进口粮食的价格，这笔生意很重要：它为以后大批进口粮食制订了一个基础价格，此后，即使对方知道我国缺粮，也不可能大幅度提高价格（那时粮食市场还没有采用交易所方式）。

就在华润公司开始谈判的同时，华夏公司开始大量租船，一个月后，1960年1月19日，已经租妥运粮船49艘，载运量55万吨。

刘辛南回忆说："60年代初期，三年自然灾害进口粮食，当时我在租船部，最紧张，大家没有节假日。我们做的期租船，载重量达到400多万吨，主要就是运粮食，跑澳洲和加拿大航线。"

1961年2月2日零时35分，春节前夕，第一批从澳大利亚出发的运粮船抵达我国港口。随后，几乎每天都有运粮船抵达我国的港口。在世界公海上，每天都有若干艘万吨轮满载着粮食从加拿大或澳大利亚驶往中国方向。

第二阶段的谈判重心是：设法缓解缺少外汇的局面，争取延期付款。

既要扩大粮食进口，又要节省外汇，这是当时谈判的难点所在。下面这个例子足以说明当时的华润人是如何精打细算的：

> 从加拿大进口面粉，需要用面袋子装面，袋子的价格计算在粮食价格内，这样，每吨面粉增加32先令。华润负责谈判的代表经过协商，降为23先令；为了节省外汇，我方又提出，从第二批开始，不在加拿大买面袋，而是用我国自己的面袋。①

第一批进口合同执行后，1961年2月16日，加拿大小麦局派局长助理和东部口岸经理抵达香港，2月20日，澳大利亚小麦局总经理亦抵达香港。华润公司在香港与他们开始了第二轮会谈。其间，华润公司分别宴请两国代表，并请他们观看国庆10周年的纪

---

① 华润集团档案馆（第三馆）。

录影片。看完电影，澳大利亚代表表示希望访问中国。华润立即向中央汇报，3月中旬，澳大利亚小麦局总经理潘锐德一行应邀到北京、上海进行了访问。

延期付款谈判确实很困难，加拿大、澳大利亚、西德各有各的管理理念，各有各的条件，各有各的性格特点，谈判不可一概而论。为了知己知彼，华润公司作了大量调研工作。

1961年9月21日，华润公司致信中国银行，建议从伦敦中国银行选派一位熟悉欧洲金融的负责人来香港，给华润公司介绍情况，内容包括：

1、英国及西欧国家贸易外汇管制条例及其特点；

2、伦敦市场的金融情况，包括银行业务的各种方式、费用率、存放款的利率、票据贴现的一般途径；贴票公司的组织及经济能力；贴票公司与英伦银行的关系及贴现办法；市场票据贴现的具体做法及最大额度；除伦敦外其他地区贴现的可能性、做法及贴现率等；

3、伦敦市场外币买卖的具体做法（包括远期、即期）；

4、西德粮食出口商通过伦敦银行垫款的具体做法。除北欧银行外尚有哪些银行能做这类业务。

5、英镑币值趋势。

此前我国的进口物资主要是工业用品，粮食进口很少，所以，华润人跟西方国家的粮商很少来往。在彼此还不够了解的情况下谈大额欠款和延期付款，如果没有他们本国政府的批准和支持，几乎是不可能的。

延期付款的谈判从1961年2月一直谈到了秋天。这是一场立体、宏观的大战役，从下面这份文件反映出来的事实看，那个时候，外贸部和华润公司在商业保密和给对方提供"判断依据"等方面，可谓"宏观、大气"，这些领导人在分析问题时，考虑到了方方面面。

1961年11月13日，秋季广交会闭幕了，成交额比较大，但是，考虑到我国正处于灾害时期，可能完不成这些合同，外贸部部长助理傅生麟和广交会部分同志向卢绪章副部长建议：成交额不公布。文中这样写道：

卢副部长：

交易会来电话请示：历届交易会闭幕时都对外发表出口成交数字，此届交易会在研究是否还对外发表。

1、如果继续公布，今后出口成交数字下降我们就很被动。 2、公布出口成交数字易引起兄弟国家对我们的误解，我们每次成交1亿多美元，他们是十分羡慕的，可能说我们对资主义国家出口多了。

卢绪章11月13日批示：

我意，这次还是公布为好，因为今后我大量购粮，敌人正在造谣我支付困难。加、澳等资本家也多方猜测我支付能力。这次交易会成交还不坏，公布了，对外有利。因此，所提一、二点理由比较起来是次要的。请林副部长核。

林海云11月14日批示：

我同意绪章同志的意见，并已请示叶老①，同意与往年一样公布。

从以上批示中可以看出，在领导人心中，购粮已经成为一个

---

① 指叶季壮部长。

中心任务，其他一切活动都要尽力为购粮创造条件。

巢永森回忆说："谈判中最难的是什么？是延期付款问题。我们确信一个情况，就是，1960年澳大利亚大丰收，粮食卖不出去，澳大利亚政府急于想把粮食卖出去。"

华润代表中国政府，请求澳大利亚政府出面，然后，两国政府共同出面，请澳大利亚银行帮忙：由银行先垫款给澳大利亚农民，我们再延期付款给银行，并支付相应的利息。

在华润和澳大利亚政府的努力下，银行同意垫付粮款，进而问题又来了：

第一，延期付款期限：对方坚持6个月，我方要求9个月；

第二，利息问题：对方要求利息为6厘，华润坚持利息为4厘。

经过反反复复的谈判，最后，华润争取到的延期付款条件如下：

与澳大利亚，装船后先付货款10%，6个月后付40%，一年后付50%。

与加拿大，装船后先付货款25%，9个月后付75%①。

合同签订以后，在执行过程中，华润公司代表中国，始终严格遵守合约，按时还贷，保持了良好信誉。

巢永森说："华润信誉好，因而才能争取到优惠条件。合同要求多少天付款，我们肯定付，信誉好。除了澳大利亚和加拿大以外，我们还在阿根廷买了一些小麦，阿根廷对中国很友好。"

第三阶段的谈判重心是：签订长期的粮食贸易协定。

争取在3—5年内相对稳定价格，中国不会因粮食增产而减少购粮，对方不能因粮食欠产而提高价格或减少供货。

为了签订长期的贸易合同，中央决定，派华润总经理丁克坚

---

① 利息前后期有变化，此处略。

出访加拿大。巢永森回忆说："我陪丁克坚总经理去了加拿大，财政部长接见了我们，此人后来做了加拿大总理。通过进口小麦，我们也让他们买我们的东西，比如，买我们的纺织品，增加配额，抵粮款。这次访问取得了很好的效果。"

丁克坚的此次访问取得圆满成功，在双方签订贸易合同的当天，加拿大电视台、电台、报纸广泛报道了签字仪式。香港电视台、电台也转播了。

5月，加拿大小麦局同我国签订了约束性不太强的长期协议，初步规定了1961年6月1日至1963年的贸易数额及价格。

澳大利亚和加拿大作为粮食出口国，中国作为粮食进口国，大家都忠实地履行了贸易协定，在贸易活动中加深了彼此间的了解，也增进了国与国之间的友谊。

巢永森说："1960年底到1962年初，经过一年多的努力，我们完成了1961年粮食进口计划，跟加拿大、澳大利亚也签订了长期供货协议，争取到了延期付款，这样中央就高兴了，外贸部通知丁克坚和我，随叶季壮部长去中央汇报，李先念副总理接见我们，请我们吃烤鸭，两只烤鸭，算是奖励。"①

通过进口小麦，中国同澳大利亚和加拿大增进了了解，也建立起较好的贸易关系，互访增多。1962年3月8日，澳大利亚驻港高级商务专员柏德逊来到华润，他对丁克坚说：他已经接到澳大利亚贸易部通知，派他前往新西兰任高级商务专员，将于7月间离港。政府通知他，在继任人来港后，要他偕新任专员一同访京。此外，柏德逊提出，要求华润邀请他参加春季广州交易会。华润公司上报外贸部后，很快得到批准。

1962年春季，外贸部决定，派出贸易代表团出访澳大利亚和加拿大两国，主要任务是推销我国产品。

---

① 采访巢永森记录。

我们在档案馆找到一些文件，摘要如下：

对外贸易部：

澳大利亚驻港商务专员柏德逊告知：我赴澳小组事已正式通知澳大利亚小麦局、羊毛局准备接待。现奉政府指示，盼能早日告知我小组名单及具体安排。并说澳政府对我代表团再次访澳是高兴的，此次盼能加派了解羊毛技术及燕麦脱谷方面的代表，以便进一步交换意见。

以上请示复。

华润公司

1962年3月17日

华润公司：

17日电悉。同意由徐鹏飞率领贸易小组赴澳大利亚。华润可选派推销纺织和轻工的同志参加小组。国内派李裕丰（上海工艺品进出口公司经理），王兴隆(中国纺织品进出口公司代表)，王妙法(翻译)三人参加。李等三人拟在北京英代办处申请赴澳签证。请通知澳驻港专员协助。如一切顺利，估计李等4月10日左右可抵港转澳。为争取时间，徐等可先行赴澳。

赴澳小组的主要任务是以轻纺工业品和手工艺品为重点，积极组织推销，发展客户关系，确定我商品代理，建立推销网，扩大我对澳出口。小组留澳时间可长一些，以做好工作为原则。具体意见将由李裕丰面告。

外贸部

1962年3月27日

1962年5月14日，我国赴澳大利亚小组在华润公司徐鹏飞率领下到达墨尔本。澳大利亚小麦局总经理潘锐德到机场迎接。之后，代表团就开始了紧张的贸易谈判。

他们一边谈判，一边随时向外贸部请示汇报。

对外贸易部：

赴澳小组已于14日到达墨尔本，到达墨尔本时由澳小麦局总经理潘锐德亲自到机场迎接，所带商品样品海关均免检放行。澳组到后曾访问贸易局、商会及与我业务有关的大银行、商行、代理商等，均表现友好热忱。

我手工艺品澳州代理"远东贸易公司"拟在墨尔本最大的百货公司内举办临时性的工艺品展览，各口岸所发展品到货还不多，现澳组正与远东公司进一步研究展品内容及展出计划。

华润公司
1962年5月23日

就在赴澳大利亚小组抵达墨尔本后第5天，1962年5月19日，赴加拿大贸易小组在华润公司副总经理李任之和德信行经理谢鸿惠率领下到达蒙特利尔。小组经温尼泊机场时会见了加拿大小麦局长麦克纳马拉。

由于出口谈判需要国内各进出口总公司和各口岸的配合，外贸部发出了一封这样的电报：

上海、河北、广东、辽宁、山东、福建外贸局，各进出口总公司，抄华润公司：

赴澳贸易小组于5月14日到达墨尔本，电挂TRADCHIN。小组领队徐鹏飞。

赴加贸易小组于5月19日到达蒙特利尔，电挂LIECIRECO。小组领队李任之。

　　各总公司、各口岸应与小组加强联系并给予积极支持，对小组提出的问题要迅速处理及时答复，对加、澳两地主要客户的函电应抄告小组。

外贸部
1962年6月7日

　　赴澳大利亚小组于7月31日离澳返港，在澳访问两个半月，共成交100多万美元。

　　赴加拿大小组共成交97万多美元，贸易小组于8月24日离开多伦多，经温哥华返香港①。

　　写到这里，还有一个问题需要单独提出来，就是：美国是小麦生产大国，在1961年，中国是否从美国进口了小麦？这是一个很严肃的政治问题，关系到冷战时期的中美贸易关系。就这个问题我们采访了多位还健在的当事人，包括华润公司总经理张平、华润公司参与购粮谈判的巢永森、徐鹏飞等，他们都很确切地说：没有，1961年没有从美国购粮，原因很简单，就是美国对我禁运，我们绝不会向美国屈服。

　　相关文件也证实了这一点，文件中说："美国对我禁运，我不会向美国购买粮食。"②

　　直到1973年中美关系缓和以后，中国才开始购买美国的粮食。

　　从1961年起，中国一直是粮食进口大国，三年自然灾害后，形势刚刚好转，"文化大革命"开始了。十年"文革"使我国的国民经济滑到了崩溃的边缘。到70年代，我国进口粮食的数量已经超过1000万吨。最多时曾达到1600万吨③。

---

① 1970年加拿大与我国建立外交关系；1972年澳大利亚与我国建立外交关系。
② 华润公司档案馆（第二馆）。
③ 进口粮食的谈判工作，60年代主要由巢永森等几位华润人承担，1969年，他们被下放到河南五七干校，在离开香港前，华润委托巢永森把谈判工作移交给中国粮油公司。

中国作为一个人口大国，如果不能自己解决粮食问题，靠进口吃饭，那么，世界粮食市场的价格一定会因中国采购而一路飙升，这对于那些非产粮国如古巴、瑞士等，无疑是增加了人民的负担。所以，从这个意义上讲，中国的粮食问题，是一个关系到世界局势的大问题。

从解放前开始，华润公司就进口棉花，解放后，华润第一任董事长钱之光出任纺织工业部部长，纺织部一直派专人常驻华润，在华润的"纺织品部"工作。

从60年代初开始，华润又担负起进口粮食的使命。

在那些年里，为解决祖国人民的"穿衣"和"吃饭"问题，华润人作出了极大的努力。

第四十四章　灾害之年保证香港市场供应

　　三年自然灾害给中国人民造成的灾难是难以诉说的，当我们理性地记录华润公司进口粮食的工作时，我们的心一直在颤抖。完全可以想象得到，在那个年代，在全国各地，有多少人在挨饿。对一个6亿人口的大国来说，一年进口500万吨粮食，那只是杯水车薪。

　　同样，中国大陆的灾难波及香港，五丰行的出口物资越来越少，蔬菜、水果、活鸡、生猪、鲜鱼等鲜活冷冻食品，由于大陆货源不足，不能保证香港市场的供应，而这些商品，由于容易腐烂，也很难从国外进口。假如从东南亚进口，必将是物价昂贵，会大大加重香港人民的生活负担。

　　1960年12月，国务院在成立了粮食进口小组一周后，又成立了港澳出口工作小组，该组成员包括：周恩来总理，陈云、陈毅、李富春、李先念、谭震林副总理及国务院财贸办公室、外事办公室、外贸部相关厅局负责人。

　　12月21日，粮食进口小组印发《粮食进口工作专报第一号》；

　　12月29日，港澳出口工作小组印发《对港澳出口工作专报第一号》。

　　第一个小组的任务主要是指挥进口粮食，第二个小组则主要是指挥对港澳地区的出口。这两个组所做出的决定，主要执行者都是华润公司。

　　保证对港澳地区的出口，其目的有两个：一是保证香港人民的生活需要，不能因为国内的自然灾害而影响了香港市场的供应；二是增加外汇收入。我们今天无法估计两者孰重孰轻，或许，两者本来就是不可分开的，同等重要。

我们在采访香港人时了解到，香港的老人们很感激大陆，他们清楚地知道，大陆人民是勒紧裤腰带来保证香港供应的。如果不是这样，那么，香港人民也将遭受巨大灾难。

同样，大陆要进口粮食，需要大量外汇，在美国封锁、苏联"变修"的情况下①，香港和东南亚地区成为我们获取外汇的主要市场。

大陆与香港，本来就唇齿相依，两地的人民，从来都是患难与共的。

华润公司及所属的五丰行、德信行等公司，还有24家下属的"中"字号公司，比如中国国货、中发贸易公司、中孚行贸易公司、中艺公司等，制订出口计划，安排货源，保证及时卸货，及时运往市场等，各环节都在加班加点。

据统计，到1960年底，华润公司的长期客户情况如下：华商2100户，侨商350户，外商336户，此外，拉丁美洲客户18家。这些客户是华润公司联系香港市场、通往世界市场的渠道，也是华润公司在港数十年所编织的贸易网络，这是华润的财富。

我们从以下"专报"中不难看出，为了保证香港人民的"菜篮子"，那时的出口有多么艰难。

对外贸易情况简报

对港澳出口工作专报第一号②

对外贸易部编印　　1960年12月29日

中央对外贸易指挥部在12月15日批转了我部"关于在

---

① 中苏贸易以易货贸易为主，但是，中苏关系恶化一定程度上影响到中欧贸易。
② "情况简报"共印30份，报送周恩来总理。

新年和春节期间对港澳副食品出口计划的报告"。按照这个计划，从12月15日到1961年2月15日，两个月内对港澳出口副食品和小土产计划总额是1485万美元。

最近十天出口副食品和小土产230万美元。

对港澳出口工作专报第二号

对外贸易部编印　　1960年12月29日

从12月15日到28日，13天的出口累计是335.1万美元。

主要商品出口情况如下：

品名	单位	修订计划	到28日完成数	占计划的%
活猪	头	171500	17666	10.3
活牛		19570	2480	12.6
活家禽	万只	250	29.48	11.8
鸡蛋	万斤	128.5	4.58	2.5
鸭蛋		254.9	28.9	11.3
塘鱼	吨	3800	399	10.5
蔬菜		26830	3421	12.7
苹果		1200	501	42
橘柑		8785	3989	45.4
腊肠		398.5	35	8.7
腊肉		388	36	9.3
黑瓜子		266	80	30
红瓜子		92	22	23.9
椒干		360	43	11.9
黑木耳		56	30	53.5
松香		500	60	12
蜂蜜		17.5	10.8	61.7

活猪到货情况仍未好转

据中南外贸局12月29日报告：12月16日至28日，对港澳出口活猪共18632头，平均每天1433头。其中：湖南出口10622头，完成84.9%；广东5489头，完成47.7%；广西1632头，完成17.2%；福建889头，完成19.7%；湖北计划2000，尚未收购上来。

塘鱼因我到货少香港市场价格猛涨

近几天，我对港澳供应的塘鱼，每天平均到货20吨，仅为过去到货量的一半。由于到货减少，价格已由每吨2200港元上涨到2500港元。

对港澳出口工作专报第三号

对外贸易部编印　　1961年1月7日

12月15日—31日，对港澳出口副食品共计180万美元。

深圳活猪库存空虚

据付生麟同志1月5日来电话反映：最近我对港澳出口活猪每天只有400—500头。深圳存栏活猪现仅有200头，库存几近于空。

对港澳出口工作专报第四号

对外贸易部编印　　1961年1月9日

……活猪、活牛、家禽、塘鱼、蔬菜出口情况仍未好转。

据中南外贸局1月9日电话汇报：1月1日至5日，对港澳出口活猪，平均每天只有711头；活牛，平均每天出口117头；家禽5天共出口35741只（其中鸡2415只，鸭31313只，鹅2013只），平均每天出口7418只，仅为香港市场每天需要量的12.4%；塘鱼，平均每天出口13.2吨，只占每天供应计划的30%；蔬菜平均每天出口223.8吨，只占每天供应计划的45%。

货源情况：

活猪：据中南外贸局1月9日电话汇报：

各省报来一季度收购活猪估计数字如下：广西4万头，占一季度出口计划的71.9%；湖南5万头，占一季度出口计划的70.4%；福建5万头，占一季度出口计划的50%；广东现有库存9000头，但都是小猪，目前不能出口。

塘鱼：目前缺乏饲料，大鱼少，小鱼多。草鱼每条重约一市斤，扁鱼每条重约半市斤。冬天天冷，打捞困难，产量减少。近半月来平均每天出口20吨左右，尚不足每天计划出口量的一半。

爆竹：广东急需进口制爆竹用原料（硝酸钾和白银粉），共需外汇9400美元。

对港澳出口工作专报第九号

对外贸易部编印　　1961年2月3日

一月份对港澳出口副食品共524万美元，占第一季度计划2000万美元的26.2%。主要商品出口情况如下：

……

蔬菜出口续有好转，活家禽出口增加；

活猪、鸭蛋供货减少。

各地供货情况：

云南核桃、笋干超额完成出口计划（产品数据略）。

湖北、陕西积极安排货源（数据略）。

河北冻家禽、红枣、核桃、蜜枣、土豆、黑瓜子超额完成出口计划。

对港澳出口工作专报第十号

对外贸易部编印　　　1961年2月7日

2月1日至5日对港澳副食品出口44万美元。从1月1日至2月5日，36天的出口累计是568万美元，占第一季度计划2000万美元的28.35%。

活猪出口稍有好转；

活鸡、活鹅出口减少，活羊继续无货。

对港澳出口工作专报第十一号

对外贸易部编印　　　1961年2月10日

2月6日至8日副食品出口情况：活猪出口续有好转，鸭蛋、塘鱼、活家禽出口开始增加，鸡蛋出口减少。

各地供货情况：

江苏冻家禽已超额完成调出计划，猪肉制品春节前将近完成计划。贵州茅台酒积极安排包装不日即可发往口岸。据贵州外贸局2月7日电告，一季度计划对港澳出口的茅台酒20吨，已备好货21吨，其中已调到贵阳站11吨，在产地的10吨也正积极包装，不日可全部发往口岸。中南区抓紧春节前对港澳副食品供应。

对港澳出口工作专报第十二号

对外贸易部编印　　1961年2月12日

2月9日至10日，两天对港澳副食品出口共36万美元。从1月1日至2月10日，41天的出口累计是672万美元，占第一季度计划的33.6%。

对港澳出口工作专报第二十二号

对外贸易部编印　　1961年6月24日

端午节前后，我青岛啤酒在香港销售量猛增，由5月份平均每天销售100箱增加到500箱，打破历史最高纪录，但由于我货供应不及时，曾一度脱销。到6月21日止，共销出4437箱，如供应及时，销售量可达6000箱以上。

以上《对港澳出口工作专报》详细记录了1960年底至1961年春节期间大陆对香港的出口情况，字里行间透露出的是一种"焦急"的情感：不能让香港人民在过年时买不到食品，不能因缺货而使香港市场发生混乱，不能提高物价增加香港人民的负担。要让香港人民过好年。

这些专报以5天甚至2天为单位上报。在香港，华润秘书处和研究部派专人负责统计、汇总，然后，用电话报告外贸部，那时候还没有传真机；外贸部根据电话记录安排打印，铅字排版，油印，只印30份。当晚，周恩来总理和其他领导人就都看到了。

这是在大陆受灾的时期，一方面是大陆商品紧缺，一方面又要保证香港市场供应，在这种不得已的情况下，国务院领导才作出这样的特殊举措。

从"专报"的记录中，我们读出了国家领导人对香港人民的关怀，也读出了各省市领导对出口工作的重视，更读出了大陆人民的爱心和善良，那些出口的猪还没长大，那些出口的鸡鸭鹅是他们自己舍不得吃省下来的，那些出口的鱼是渔民饿着肚子在风雨中捕捞的。

从下面这份报告可以看出，那时，我国的外贸事业有多么艰苦，工作人员是多么"贫穷"。

关于参加广州交易会工作人员的服装问题的请示

国务院财贸办公室：

自1957年以来，每年春秋两季在广州举行中国出口商品交易会……今年秋交会将于十月十五日开幕，时间为一个月。近年来，我参加交易会的各地工作人员（参加谈判或经常与商人接触的约1000人）都感到服装的缺乏，对外接触不便，但又因个人布票有限，添置困难。

鉴于交易会是个外交场合，来宾很多，不少同志经常参加谈判和接待工作，同商人接触频繁，同时广州的气候同北方有所不同，天气热，衣服要经常更换。服装不整齐不但有失礼貌，而且在政治上也会带来不良影响。因此，我们意见，对参加交易会的工作人员，特别是经常与外商接触的工作人员的服装应适当地解决一下。解决办法：

（一）按临时出国人员的规定办理，发给必要的布票但费用自理；或者（二）从外贸库存不合适出口要求的服装中提出一部分衬衣、衣料，作价售给经过审查确实需要增添衣服的同志，不收布票。

以上是否可行，请批示。

中华人民共和国对外贸易部

1962年9月18日

国务院财贸办公室复参加广交会工作人员的服装问题

对外贸易部：

关于参加广州交易会经常与外商接触的工作人员，其中有些人的服装的确有困难而本人又无法解决者，经过审查后，可以从外贸库中提出一部分不合出口要求的衬衣、衣料作价售给每人，限购一套。对于与外商极少接触或不接触者，不予解决。

国务院财贸办公室

1962年9月29日

读这样一份报告和批示，我不知道读者们会不会辛酸，会不会流泪！我们的祖国就是在这样的情况下开展出口贸易的，外贸工作者就是在这样的情况下保证香港副食品市场供应的。

第四十五章　争夺市场份额·把出口商品的定价权交给华润

　　销售量与价格，这是一对永远无法安宁的矛盾体，相互影响，相互制约。价格高，或者价格低，都可能影响销售量，对长期经营者来说，更是如此。

　　如果卖货的人没有定价的权利，要由远在千里之外的人来定价，那情形会是怎样的呢？那时的信息工具又是那样落后。

　　华润在总代理的初期，就经历了这样的过程。那时，华润对资出口的商品，从副食品到轻工产品，都由北京的总公司定价，当国际市场行情发生变化时，华润没有权力随行就市，而是要打报告，向北京作出请示，要求改变价格。在这种文件往返中，失去了最佳时期。

　　本章对"争夺市场份额"和"定价权力"两个方面进行记录。

　　20世纪50年代，大陆商品在香港的市场占有率排名第一。可是，到1961年，这种形势发生了一次变化，4月份，我们从第一降到了第三。

　　原因很简单：三年自然灾害时期，我们出口的商品越来越差，越来越少。我国是勒紧裤腰带搞出口，而其他西方国家，经过十五年的战后恢复，工业、农业、科技都发生了巨大变化。我们的商品无法与西方国家的商品竞争，尤其是收音机、缝纫机、自行车等轻工业品，质量本来就不如西方国家，而我们的售后服务又几乎等于零，那时，我们好像还不懂什么叫售后服务。

　　刘桂明回忆说："早期我们的出口产品主要是土特产，好像是1956年开始，轻工产品的出口增加很快。上海生产的'红灯牌'收音机刚出口时很受欢迎，是5个管的，正面是丝绸包装，丝绸上绣的是天安门，体积不大，音色也好。香港市场销量很大，出口泰国，开始是100台，后来达到2000台。可是，好景不长，用了一段时间，灯管坏了，买不到配件，也没有修理点，泰国就停止进口了。"

《对港澳出口工作专报第16号》记载："美国对香港的经济扩张日益加强，目前正在插手农副业。美国资本集团计划投资500万美元（约合港币三千万元），在九龙设一规模巨大的养鸡场。"香港《大公报》也报道了这件事。来到香港的不仅仅是商品，还有实业投资，这给华润，给中国大陆，提出了更大的挑战。

对外贸易情况简报
对港澳出口工作专报第十八号

对外贸易部编印　　　1961年5月10日

情况反映：1、水泥缺包装用纸，影响出口；2、香港客户要求尽快改进抚顺中块煤的质量；3、钢材规格不齐，影响对外交货；4、天津白兔漂白府绸正品率低，对港欠交22500匹。

在香港市场，进口国别比重发生显著变化：

美国由第三位跃居第一位；

我国由第一位退居第三位。

1961年5月10日，华润公司总经理丁克坚怀着焦急和不安的心情向中央报告这条消息：4月份华润在香港的市场占有率退居第三，美国跃居第一。在华润人看来，这场争夺市场的战役不亚于抗美援朝战役的继续，这样的失败是丢人的。

华润人要把丢失的市场夺回来。

可是，丢失市场的原因不在华润，主要原因在于我国出口货源不足。

1961年6月10日，华润就市场份额问题向中央汇报。摘要如下：

一、最近三年来香港市场总的情况是：进口逐年增加，增长幅度颇大；我国出口减少，美、日大大增加。

二、1960年香港市场17大类商品分国别进口情况：副食、土产：我国仍占优势，美日尾随直追；绸缎、纱布：日本占首位，与我竞争激烈；五金，机械：英国出口最多，我国出口有限；化工医药：美国开始领先，我国相差甚远。

三、我国出口的30种主要商品在香港市场上的变化情况：猪、鱼、绸缎仍占优势，牛、蛋、精糖比重下降；本色布我同日本各占一半、染色布、花布日本仍然领先；自行车、胶球鞋销路未能打开，缝纫机、收音机销路反而缩减。

6月10日，这份很详细的分析报告交到了周总理的手上。

华润人一向不服输，有拼命精神，在外贸部的大力支持下，在各省市自治区的支持下，一个月以后，他们的市场份额又回到第一。

为了进一步稳定成绩，华润人想了很多办法。下面的例子就是证明。

其一：华润建议中国机械进出口公司派人到香港，为我出口商品提供技术服务。机械总公司于8月14日请示外贸部，文中说："橡胶机械是对资出口机电产品重点商品之一，几年来，在香港逐渐打开销路。为了巩固市场、扩大销路，华润公司一再要求派出技术人员赴港作技术服务。……华润反映，客户急需技术指导以便安装使用，我们认为，应该予以迅速解决。"

其二，为了扩大出口，1961年，华润公司协助国内总公司在香港举办了多次商品展览，其中包括：工艺品展、花瓶名画展、扇子展、酒类商品展、毛织品展等。展览不仅吸引了香港居民，也吸引了世界各地的商人和游客；不仅促进了零售，也使批量定购的合同得以增加。

从售后服务到举办展览，这些举措都带有全局观念，华润人思考的问题不仅仅是华润内部的事情，还包括国家和外贸部的大局。售后服务还是一种先进理念的引进，在1960年困难时期，在国内难以顾及之时，华润有责任提出建议。

在文件中我们看到，华润公司1961年工作重点是："改善商品品质、规格、包装，均衡出口，准时交货。""重合同，守信用，坚持按时、按质、按量交货。"这是1961年的工作重点，更是融入华润人骨髓和血液的工作作风。

对外贸易情况简报
对港澳出口工作专报第二十三号

对外贸易部编印　　1961年7月4日

五月份我货输港重占首位，美国退居第二位。……①

对港澳出口工作专报第二十四号

对外贸易部编印　　1961年7月14日

今年上半年我对港出口仍占首位，但同美、日、英的差距越来越近。

---

① 据香港海关统计，华润公司占香港进口贸易额的第一位，直到1968年"文革"期间退居第二。

对港澳出口工作专报第三十四号

对外贸易部编印　　1961年10月10日

日本中、小企业积极准备扩大对香港出口，九月下旬在香港举行规模很大的商品展览会。

对港澳出口工作专报第三十七号

对外贸易部编印　　1961年11月6日

台湾伪冒金华火腿运港销售。

对港澳出口工作专报第四十四号

对外贸易部编印　　1962年4月10日

我鸡蛋改进包装后普遍获得市场好评

今年3月中旬我鸡蛋开始进入生产旺季，到港货较多，每天销量9万到11万斤，比3月上旬增加一倍。同时由于今年全部改用纸箱和木箱包装，破损率大大降低，平均好蛋率已达到98%左右。这不仅减少了损失，而且使小贩易销有利，因此普遍得到商人的好评。不少因我蛋包装不好而转营外蛋的零售商，最近又纷纷转营我货。

1959年以来，由于我蛋货源不足，出口时多时少，以致日本、泰国鸡蛋大量涌入，我蛋在香港市场上所占比重，从1958年的98.61%，下降到1960年的29.44%。恢复我蛋在香港市场上的优势地位，还需要经过一段较长时间的斗争。

对港澳出口工作专报第四十九号

对外贸易部编印　　　1962年9月10日

香港铁路一度中断，我及时采取措施，出口未受影响。

国产商品在香港的市场占有率又回到了第一，但是，还存在着很多不确定因素，比如，价格问题，定价问题已经成为一个掣肘的敏感问题。

从1953年初，华润公司就提出了价格问题。华润指出：

1、我国商品的价格不能够随行就市，限价太死，常常背离国际价。我常因价格上百分之一二之差而失却成交机会。　2、易货出口的商品有倾销现象，低价急售，破坏市场。

华润多次呼吁改变这种状况，可是，在计划经济体制下工作的人们，不能理解华润人的苦衷，更不能接受市场经济的资本主义经营理念。

当竞争残酷到"敌进我退""你死我活"的时候，大家终于不得不接受这个现实，开始思考改变。

1962年3—4月，外贸部召开全国外贸经营管理会议，各省市的外贸局长和进出口总公司的经理们出席会议。会议总结了1961年进出口工作，并讨论了1962年工作计划。

就在这次会议上，第一次对价格问题做出了如下决定：允许华润公司对出口香港和转口他国的商品在价格上"机动掌握"。这是在计划经济时期，我国领导人顺应海外市场经济的重大举措。那时，在人们的观念里，"机动价格"就是资本主义。

在这样的背景下作出这样的决定，因此，此项决议具有重大历史意义。

国务院外事办公室：

……

三、关于港澳贸易机构在价格掌握权限方面的问题。

为了使我港澳贸易机构可以灵活地根据国外市场情况，扩大推销我出口商品，已经明确我港澳贸易机构在价格掌握上，应有较大的权限：（一）凡对港澳本地销售的商品的价格，都由我港澳贸易机构掌握；（二）对在港澳成交而转口到其他地区的商品，除几种主要商品的价格由国内公司提供一个幅度外，也由港澳机构根据各地区市场价格，机动掌握。

中华人民共和国外贸部

1962年4月10日

价格问题历来是最敏感的问题，过去主要由国内定价，由于国内不能及时了解外国的市场行情，所以，价格有时偏高，造成商品积压；有时又偏低，给国家带来损失。华润公司一再提出：请国内为商品制定一个价格幅度，在一个上限和下限的范围内，可以灵活变动。

如今，外贸部交给华润的权力不是一个幅度，而是一个定价权。从1962年4月10日华润得到这个权力以后，实际上增加了压力，从此如履薄冰：华润领导更加关心商品的价格问题；华润业务员人人都要熟悉价格；华润的研究部有一段时间成了"市场研究部"，简称"市研部"，其功能之一就是跟踪世界市场的商品价格，为出口商品的定价提供参考值。

有了权力，同时就有了压力。华润人在实践中摸索出一套制定价格的规律，总称为：稳价多销；并根据不同商品，按不同的方法定价：常规商品的价格相对稳定，俏手商品的价格随行就市，批量销售的商品打折让利等。

掌握价格主动权是扩大出口的一个重要砝码。

据华润公司资料统计，1961年我出口商品分布的国家和地区主要包括：星马①、婆罗州、金边、泰国、印度、巴基斯坦、菲律宾、缅甸、印尼、锡兰、日本、越南、寮国、加拿大、中近东、欧洲、南美、澳洲、非洲。

就在华润为争夺市场份额而千方百计挖掘自身潜力的时候，另一个有利因素不期而至，那就是，钱之光领导的纺织工业部决定派技术人员来华润工作，目的是了解海外市场，了解花色品种，以便改进国内设计。

华润公司：

　　国务院财贸办公室为提高出口纺织品质量和印染水平，决定由纺织品工业部派3人驻华润公司，了解国外市场需要和花色品种流行趋势，进行设计工作，指导国内生产。这些人员准备在10月中旬去港，时间暂定为一年。去港手续如何办理，对外是否可作为你公司工作人员，或作为聘请专家，工资如何发给，请将意见电告。

对外贸易部

1961年9月25日

钱之光是华润公司的第一任董事长，对华润感情很深，建国以来，纺织工业部与华润公司的关系一直极为密切，对资的进口设备和出口产品主要是通过华润来做，如今，钱部长想得更远了，他要派人来华润，让技术人员到贸易前线来，学习战略战术。

此后，来华润"培训"的人员一直不断，国内许多部门都曾

---

① 即新加坡和马来西亚。

派人常驻华润，包括科技部门、研究部门、工业部门等。

香港是一所国际性的"大学"，华润也成了一所综合性的"大学"，这里有国内所需要的很多信息，能为学员提供良好的学习机会。

由纺织部开启的"进修"之风从此吹来一片绿洲。通过培训，国内的干部们开始了解什么叫市场经济，人们对华润的理解也在加深。

第四十六章　三趟快车的终点站——五丰行

我国第一批出口商品生产基地建好以后，出口商品的货源得到改善，随之而来的问题是：如何保证运输？当时国家运力极其紧张，排队等车皮，经常是车皮没排到，蔬菜、水果已经烂了，鱼、鸡等鲜活商品已经死了。据文件记载：1961年从湖北某出口基地装了一车皮活猪，由于列车编队不及时，运抵香港后70%中暑死亡；同车运到的486只鸡，到香港后只有16只是活的。不但没有赚到外汇，还要花外汇去火化处理，造成双重浪费。

1962年春节前夕，铁道部、交通部、外贸部联合发文，就出口物资的运输问题做出指示，摘要如下。

关于做好对港澳地区出口货物运输工作的指示

东北铁路办事处，上海铁路总局，各铁路局，沿海各港务局，广东航运厅，各省、市之自治区对外贸易局，各进出口总公司：

……对港澳出口货物的特点是品种繁多、数量零星，特别是应市的鲜货商品多。因此，对港澳出口货物的运输工作，是一项繁重的、复杂的、细致的任务。各有关单位必须高度重视并且认真做好这项工作。特别要注意避免由于运输安排不好而延误对外交货时间和由于运输途中管理不善而造成货物腐烂、病残、死亡等损失，以确保国家的外汇收入。为此，特作如下指示：

一、对港澳出口物资必须及时开运，不拖不欠。

二、在运输换装过程中，各地外贸与运输部门，要切实做好保管工作。

三、在海运方面，外运公司要安排足够的小型期租船，从北方各港定期往来港澳。

现在春节将近，正是对港澳出口的旺季。对供应港澳的物资必须保证优先发运，同时，各单位应当认真总结过去对港澳出口物资运输工作的经验和教训，并按本指示的精神，妥善安排当前的工作。

铁道部　交通部　对外贸易部

1962年1月20日

三部联合发出这样的指示，只能暂时缓解对港澳出口用车"春节优先"的问题，春节过后，运输问题依然是一个大问题。请看这些电报：

请速解决出口港澳大米车皮

中央粮食部、中央对外贸易部，抄送柳州铁路管理局、中国粮油食品进出口公司：

我区三月份经由铁路出口港澳大米900吨，其中南宁站600吨，柳州车站250吨，玉林站50吨，全部发运广州南站，要车计划已提送柳州铁路局，至今未批，无车装运，影响任务完成，望速解决车皮。

广西粮食厅　广西外贸局

1962年3月23日

请解决车皮问题

交通部运输总局、外贸部、商业部、铁道部抄报国务院财贸办公室：

青港至25日6点港存糖4800吨，"珍珠滩"待卸7400吨，计12200吨，目前仍无车皮。

青岛港务局

1962年5月25日

请协助解决两列机械冷藏车

中央外贸部，抄中国粮油食品进出口公司：

截至6月3日，我省加工好鲜蛋达48万斤，其中信阳站存12万斤，开封站存10万斤，商丘站存13万斤，许昌站存13万斤，有的已存10天之久，中南要求10号前完成55万斤任务。目前天气炎热，既无冰又无冷藏车皮，同时又没储存条件，请协助火速解决两列机械冷藏车，以利任务完成。

河南省外贸局

1962年6月4日

请速解决运输出口水泥火车皮的报告

外贸部、铁道部并报国务院财贸办公室：

我江南水泥厂已存水泥7000余吨，另烧制半成品1.2万吨，仓库存满。每日需棚车25—30个车皮，万请速派车发运。

江苏省外贸局

1962年6月7日

请解决出口大豆车辆问题

对外贸易部，抄送东北局财委、经委，中国粮油食品进出口公司：

11月份我省出口大豆任务5万吨，到15日完成1.2万吨。进度迟缓。原因是铁路给车少，尤其棚车不足。11月

14—15日向哈尔滨铁路局共请车105个，批准36个，实装29个。望紧急洽商铁道部，增加对我省出口大豆所需车辆。

黑龙江省对外贸易局

1962年11月16日

我们摘录这些报告，就是想告诉大家，那时，我国的运力极其紧张，铁路、公路、海上运输都很弱，已经严重地制约了经济的发展。

为了解决出口香港物资的运输问题，1962年春，经国务院批准，铁道部、交通部、外贸部共同协调，从武汉江岸站开出一列快车，经由沿线各出口商品生产基地至深圳，专门运送出口香港的商品。1962年3月20日，751次快车从武汉江岸出发，行程1254公里历时53小时，满载着运往香港的出口商品，开进深圳。

这就是三趟快车的第一趟。

但是，一列火车还远远不够。

在751次快车开行100列时，国务院决定：在上海、郑州加开两列快车。

1962年12月11日，753次快车从上海新龙华站开出，全程1952公里历时81小时，驶向深圳。

755次快车从郑州北站出

三趟快车路线图

发，全程1749公里历时79小时，抵达深圳。

751、753、755三趟快车，全称为"供应港澳鲜活商品三趟快运货物列车"，由外贸部"三趟快车"领导小组牵头，由内地各粮油进出口公司组织货源，由铁道部组织运输，由华润公司在香港组织销售。

这是一项大工程，更是一项复杂的、合作性和计划性极强的工程。三趟快车的开通，把沿线的工作全部串联起来了，不知有多少人参与其中，为之辛苦，为之忙碌。

其一，货源地。各省的粮油进出口公司要按照生产计划和出口配额组织货源，就近装车；牛、猪、鸡、鸭、鹅等，无比麻烦。此外，商品供应还要均衡适量，有计划，不能少，少了就不能满足香港市民的日常需要；也不能多，多了就会造成积压。

1968年9月"文革"期间，五丰行写给外贸部的报告 照片来源：华润档案

其二，运输。铁道部按照纵向三条线路沿途接挂各地的车皮，然后集中于京广、沪杭、浙赣等干线，发往深圳。沿线各站都要协助，为牲畜加水，打扫卫生，还要防止偷盗①。从1962年开始，即使在"文化大革命"时期，三趟快车也从未中断过，更没发生过

---

① "文革"时期，由于商品紧缺，扒火车偷盗事件时有发生。

大的失误。

其三，销售。三趟快车抵达深圳以后，大陆派出的货物押运员不能随车进入香港，港英政府派出火车头到深圳，对车皮重新编组，由华润人押运开进香港。货车进入香港火车站后，华润公司组织卸车。为了保证商品的鲜活率，卸货不能过夜。

香港红磡火车站站台很小，没有专门的汽车运输渠道。为此，华润公司与港英政府联系，扩大站台，增加货场，挖山修路，开辟出两条专线，供卸货汽车通行。

在以往十几年的营销过程中，华润逐渐培育了一个庞大的销售网络，相对稳定的客户达到2700余家，分别销售蔬菜、水果、水产品、鲜活食品、粮食、油料、冻肉、腊味、罐头食品、糖果、酒类等。列车一到，这些客户就来了，在华润的组织下，把货物尽快地批发出去。

华润公司不仅负责销售，同时还要根据市场变化为出口商品生产基地和货源组织部门提供相关信息，哪些商品供不应求，哪些商品供大于求，要求他们及时调整产品的种植数量和生产数量。品种那么多，大到生牛、活猪，小到大葱、大蒜，要合理调配比例不是一件容易的事情。比如节日供应，清明节前市场对活鸡的需要量剧增，端午节前则需要鸭子，中秋节前需要月饼，等等，都要事前计划好，通知国内各出口基地。华润还要及时反馈商品质量的信息，及时通报哪些商品与外国商品形成了竞争，如何改进，如何提高竞争力。

1964年5月21日起，铁道部又加开了一列不定期的757次快车，专门运送东北、华北、西北的鲜活商品，北京的水蜜桃、宣化的葡萄、天津的大白菜、兰州的白兰瓜、新疆的哈密瓜等商品，都能及时出现在香港市场上。

三趟快车运往香港的"活口"中，生牛占很大比重，初期对牛皮的处理存在浪费现象。华润发现问题后，建议中国畜产公司回收牛皮。五丰行出面，与香港工商局洽谈，该局同意我将销港的食用生牛收回牛皮以供自用。下面这份报告是畜产公司于7月28日上报外贸部的。

关于销港生牛收回牛皮事

据香港华润公司反映：我每年销往香港食用牛约9—10万头（其中水牛约1/3），并称"五丰行曾与香港当局初步洽谈，该工商局已同意我将销港的食用生牛收回牛皮以供自用的办法"。华润公司认为：目前国内为了改进皮鞋质量，增加外汇收入，有意进口国外牛皮革制成皮鞋复出口，而香港当地的制革技术较内地略好，加工费也低廉。同时，目前香港皮厂由于外国货竞争激烈开工不正常。因此，将收回的牛皮在港加工，既可暂时解决我底面革质量问题，又可团结香港厂商。

我公司认为上述建议从经济和政治方面考虑对我有利……我们同意华润公司的建议。如按上述做法，下半年预计可收回牛皮3—4万张……收回牛皮在港加工价格低廉，仅及国外牛革进口价的三分之一。是否可行，请核批。

中国畜产公司

1960年7月28日

这样，通过回收牛皮，在港加工皮革，而后制成皮鞋再出口，好处颇多。

据不完全统计，1953—1959年，经华润销往香港市场的内地商品额达70.47亿港元，1960—1969年达到193.8亿港元。因此说，大陆与香港唇齿相依，香港的稳定与繁荣离不开大陆的支持，新中国的建设与发展也与香港紧密相关。

三趟快车基本上满足了对香港人民的副食品供应，但是，香港还是一个缺水的地方，淡水供应严重不足。随着香港人口的增加，缺水加剧。港英政府不得不采取淡水管制。

香港1952年6月9日的《文汇报》是这样记载的：

1、夏季苦热 臭汗淋漓 市民希望放宽水制

2、水的威胁何时了 市民又为争水打架 昨晨"水的官司"又有三宗

每逢干旱缺水，华润公司就派出轮船，从珠江运水到香港。

1958年5月，港英政府财政司司长高斯惠和工商局有关负责人来到华润，与张平等华润领导协商可否通过大陆为香港供应淡水。

张平就供水等事回北京请示汇报。

中央的态度很明确：只要对香港人民有利，马上办理。

可是，港英政府内部出现了争论。有人建议：建一座海水淡化工程来解决港人用水问题。可是，这样的工程耗资巨大，英国方面议而不决。

1963年，香港出现百年不遇的旱灾。

港英政府实行定时供水，严重时，长达四天供一次水，香港人民苦不堪言。1963年6月20日《文汇报》刊登打油诗："四天供次水，万众尽惶惶。煮饭常无水，冲凉更冇行。"①

面对这种情况，华夏公司出动8艘轮船，每天24小时从广东珠江口运淡水到香港②，卸到水库里。轮船昼夜不停地往返于内地和香港之间。

郑炽南回忆说："1963年那次运水，张恒德负责，他原来

---

① "冇"，在粤语中意思是"不"或"没有"。
② 采访韦志超记录。

是船上的报务员，工作很认真。我们黎明前就到公司，深夜才下船，两头只见月亮。8条船24小时运，运了好几个月。"①

1963年底，港英政府终于做出决定：引东江水进香港，同年底，工程正式开工。1965年3月1日，东江水开始供应香港，从此，香港缺水的局面彻底改变。

三趟快车的开起，东江水的引入，这两项措施解决了香港人民的生活难题。

我们不该忘记，香港人更不该忘记，这两项举措的落实，是在大陆极其困难的时期，大陆人民是饿着肚子支援香港的。

---

① 采访郑炽南记录。

第四十七章　加强与国内各口岸的合作

　　到1962年秋季，华润紧急进口粮食的战役告一段落。此后，粮食进口工作走向正常化，按计划进行。

　　对华润来说，新一轮的"和平时期"正在到来，进口粮食这场"特殊战役"结束了，今后如何有计划地发展对资贸易，如何遵守合同，如何与国内各口岸、各总公司合作，这些问题又提到日程上来。

　　华润公司想到了走访和沟通。

　　丁克坚总经理把华润的部门经理召集到一起开会，然后组成了四个小组，派大家回国，出差！这可是好事情。此前，为了节省开支，华润人很少回国出差，许多问题都留在广交会时解决，可是，广交会人太多，事情太杂，并不能安心地坐下来解决问题。

　　这次，丁克坚一下子派出4个小组，走访了6个口岸，参观了80余个工厂和仓库。

　　平时在电话里熟悉的声音，平时在电报里熟悉的名字，这回见到了本人。都是老朋友，华润人和口岸的人一见如故，通过交流发现，大家都是热血热心肠，都在为祖国的外贸事业流血流汗。

　　在这个前提下，什么都可以沟通。

　　走访结束后，华润向外贸部提交了一份总结报告，题目是《四个小组访问各口岸的总结报告》：

　　华润在1963年6月底7月初先后派出了4个小组（纺织品、轻工产品、工矿产品、茶叶土产）赴京、津、沪、穗、青岛、大连等口岸，参观了工厂、加工场、仓库等80余处，同生产部门举行了专业座谈会。各小组也介绍了外销市场情况，彼此沟通，解决了不少问题。

这次访问收获很大。

通过此次访问，华润的干部对国内口岸在认识上有所提高，对生产上存在的困难，也有了直观的认识。过去对国内要求多，具体协助少。通过沟通，对产销结合起到一定的作用。口岸公司及生产部门因对外销市场情况了解不多，不知道应该生产什么，或生产什么花式品种，因而商品往往不能适应市场的需要。如青岛石刻，已积压了30多万元，但厂方还在继续生产。如雨伞，几年来均因规格问题销不开，此次和生产部门面谈后，他们了解到雨伞的尺寸长短问题，很容易就解决了问题。又如松节油加工生产樟脑粉，以往生产部门以为不需要黏性，致不能压成樟脑饼，经华润介绍情况后，生产部门表示要增加黏性反比取消黏性容易，因而也获得了解决。以上事例说明不少问题，只要沟通情况，商品中问题就容易解决。

经过访问还解决了一些具体问题，比如：

1、核对出口计划、检查合同、落实货源。有些计划内的品种因货源缺供，经过研究挖掘其他货源来弥补。通过检查对已落空的约1083万美元的商品，经双方研究后，拟定了弥补办法，可挽回损失1041万美元。如棉布完成计划有困难，以部分丝绸类商品来弥补。

对欠交合同也作了逐个核对，对确实不能交货者，与客户洽商改换可供品种或撤销合同；对客户不按期开证者，说服客户如期开证，如客户确有困难者，适当照顾改换品种或撤销，这样大大提高了合同的可行性。如纺织品，已核实合同达90%以上。

在与口岸核对合同时，发现上海某纺织品公司有几十万美元的服装订单还压在经办人的办公抽屉里，未联系生产部门布置生产。通过检查、核对，起到了促进作用。

2、改进品质、规格，增加新花式。有关品质、规格问题，经小组介绍外销市场的需求情况后，引起生产部门的重视，如元钢BSS高拉力规格货源，长期未解决，经小组面谈，得到解决；4公厘玻璃生产也获得安排；销新加坡、马来西亚的镀锌铁丝1500吨，厂方已专料生产，并保证品质；黄铜卷片争取到每条35公斤重，已符合香港市场适销规格；吉林新闻纸品质亦有改进，最近到货反映良好；工艺品问题，经小组介绍适销品种（如玉器大件不好销，中小件好销），已引起生产部门注意。

3、解决了一些价格方面存在的问题。部分商品的价格如机械、化工等在我分工地区以内者，授权给我们随行就市灵活掌握，便于抢先成交。某些土产品价格经研究后，统一了看法，明确了调价意见，对秋收产品作价问题也分别交换意见，进一步酝酿在秋交会前确定价格。轻工业品的转口价格，口岸公司与香港机构交叉经营者，为对外统一步调，已明确了联系办法。

4、解决了部分悬案。如1959年转口泰国元钢损失3万港元，此次研究后金矿总公司同意赔款，了结了此案；销香港及新加坡的轮胎等广告费，拖延已久尚未清付，此次与沪司洽商后已同意即付；其他如元钢100吨转证过期，制钉铁丝180吨的品质索赔，水管零件迟交索赔以及土产、京果、山货等零星索赔案都获得了解决。

各口岸公司对华润也提出了要求和意见。

1、要求华润加强推销，争取完成全年出口任务。

2、要求华润加强调查研究工作，除提供商品市场变化与发展情况外，特别要提供竞争产品的情况，如样品、样本、技术资料等。

此次走访解决了不少实际问题。这是华润公司第一次派出这么多人回内地进行沟通，也标志着华润工作重心的一次转变：50年代中期，为了打破封锁和禁运，华润人走出国门，开辟市场，广交朋友；到1963年，在我国走出自然灾害的困境后，华润回到国内，了解货源，帮助生产厂家提高出口产品的质量。

华润人立足香港，不论是出国，还是回国，这一切，都是为了发展我国的外贸事业。

第四十八章 "文革"初期的外贸

"无产阶级文化大革命"给我国带来的灾难是多方面的。

1966年上半年，在"文革"开始前，我国外贸形势很喜人，从德信行分拆为两家公司的例子可以看出，商品分类更加细化，也更加合理。而且，公司在招兵买马，增加人数就意味着业务量的扩大。

1966年5月5日外贸部报告国务院外事办公室，就华润公司增设公司、增派干部问题作出请示。

1、将德信行分成两个公司，一个经营茶叶土产，仍用德信行的名义；一个经营陶瓷、抽纱和工艺品，设新的公司。

2、将华润公司的纺织品部分拆，另成立一个新的纺织品公司。

3、为适应分工细和新设公司的需要，要求增加39名干部，即处长3人，科长18人，业务干部18人。

廖承志5月10日批示：

拟同意外贸部所提三点意见。请李先念副总理核阅。

李先念5月11日批示同意。

从德信行中分拆出工艺品部，德信行还是以经营土特产品为主，工艺品成为外贸出口的主打类产品之一，出口量迅速提高。

从华润公司纺织品部分出来的公司叫华纺公司，专门经营纺织类产品。此时我国的纺织品出口量已经很大，纺织品机械的出口量也在迅速提升。我国的纺织工业在钱之光的领导下，实现了跳跃式发展。纺织工业部与华润公司的联系也更加密切。

1966年5月31日，外贸部和国务院对华夏公司的发展也提出计划：

关于在香港建立船队情况和今后发展意见的请示报告

先念同志：

1958年，香港华夏公司（我在香港的一个运输企业）开设了一家轮船公司——香港远洋轮船公司。……现在已有大小船舶21条，载重量14万5千吨。这支船队的建立，对于配合完成外贸运输任务起了积极作用，特别是最近几年在承运对越南和古巴的进出口物资中起了重要作用。

目前，挂五星红旗的轮船在航行区域上还受到一定限制。因此，在发展国家远洋船队的同时，继续发展这种船队是有利的。……

经与香港华润公司和华夏公司研究，打算在第三个五年计划期间，继续以利滚利的办法买进23条轮船，载重28万吨。这样，到1970年，香港远洋运输公司将拥有大小船舶43条，42万多吨。必要时我们再利用银行一些周转资金，争取发展到50万吨。……

以上意见妥否，请指示。

中共对外贸易部党组

1966年5月31日

这份报告得到李先念的批准。

华夏公司在迅速发展，而且是"利滚利"式的，这支船队航行在世界海域，它所经营的航线有一些是中国远洋运输公司①所不能走的航线。

就在我国的外贸事业飞速发展的时候，1966年下半年，"文化大革命"开始了。

1967年4月15日，在第21届广交会即将开幕之际，红卫兵以"打倒封资修"为借口，围攻会场。交易会的展品中有一些工艺品，包括弥勒佛、才子佳人塑像等，红卫兵要砸烂。同时，红卫兵还揪斗了广交会的老干部，对前来"支左"和维护秩序的解放军也进行围攻。

13日后半夜，就是14日临晨，周总理致信毛主席："对广州交易会虽有5点指示发出，但据黄永胜报告，情况紧急，而军管会又难于控制。""如不立即劝阻，对明日开幕，极为不利。我现定今晨7时同黄永胜同志飞广州，亲往解决此事。"

14日临晨7时，周总理飞广州。

华润老员工李威林回忆说："那天下午，通知我们晚上有会，不要出门。我们就等着。晚饭后不久，集合，去会场。是周总理来了！我们大家都很激动。周总理接见广交会的工作人员，华润的工作人员都来了，还有红卫兵代表、工宣队代表。周总理是来调解矛盾的。"

周恩来在讲话中说："明天开幕的交易会，应该看成是一个新的战役，要保证把这个会开好。对解放军这个集体，要尊重、信任，不能把批评解放军的大字报贴到外面去。干部是党和国家的宝贵财富，他们的丰富经验也是我们需要的，要让他们站出来，不然，我们的工作就难以继续。"②

周总理在广州停留至19日，与广州市各群众组织的代表座谈

---

① 中国远洋运输公司之轮船挂中国国旗，还受到限制。
② 中共中央文献研究室编：《周恩来年谱一九四九——一九七六》下卷，中央文献出版社，1997年，第145页。

四次。多次同党、政、军负责人谈话，并到交易会产品陈列现场了解情况。

李威林回忆说："那时候的确太左了，对港澳商人，还有外国友人，参观广交会的时候，广州的红卫兵组织他们跳忠字舞，观看样板戏，还要求人家戴毛主席像章，强迫人家定购《毛主席语录》，假如不定购像章和语录，就不卖给其他商品。有时候还组织外商读毛主席的书，唱语录歌曲。"1967年秋季广交会发行毛主席像章80多万枚。当然，这里不排除一些商人的"自愿"因素，在"狂欢"的日子里，商人们也感受着兴奋。那几年来宾人数不减反而不断增加，就很能说明问题。

我们在档案馆里看到一份重要文件，记录了1967年春季第21届广交会期间发生的事件：海外敌对势力派遣特务间谍混在来宾中，以合法的商人身份搜集情报，进行反革命宣传。美蒋特务居然把定时炸弹运进了会场，人民解放军和公安部门还发现了50余磅炸药。排除危险后，广交会领导及时把情况报告给国务院。此后，广交会安检工作更加认真，达到了机场的安检水平。

这是外贸部提交给国务院的《1967年春季中国出口商品交易会工作总结》，摘录如下：

李先念副总理并周总理：
    现将《1967年春季中国出口商品交易会工作总结》报上，请审阅，如有不妥之处，请指示。

对外贸易部
1967年6月13日

    东风万里，红旗招展。毛泽东思想阳光灿烂辉煌。闪烁着毛泽东思想光辉的一九六七年春季中国出口商品交易会，在我国无产阶级文化大革命的凯歌声中，已于五月十五日在广州胜利闭幕。……

我们的伟大领袖毛主席对办好这届交易会十分关心，十分重视，通过中共中央、国务院、中央军委、中央文革小组于四月十三日给我们下达了《关于开好春季广州出口商品交易会的几项通知》，总理带着毛主席的这个最高指示，亲临广州，接见广大革命造反派和革命群众，进行了广泛深入的传达贯彻，并且参观展览馆，做了重要指示。……

这次交易会，规模之大，来宾之多，是历届交易会所不能及的，参加交易会的有来自五大洲62个国家和地区的贸易界朋友、华侨和港澳同胞，共7800多人。

大会赠送参会每个来宾一枚毛主席像章和一本《毛主席语录》。国际书店售给外宾毛主席像章80万枚，各种版本的毛主席著作十六万七千册……

1967年春季中国出口商品交易会工作委员会

1967年6月13日

这是一份具有鲜明时代色彩的文件，我们摘录在这里，是为了让后代人了解当时的社会背景，体会当时的极左倾向。

在十年动乱这样的形势下，广交会没有停办过。

在十年动乱这样的形势下，三趟列车没有停运过。

在十年动乱这样的形势下，出口商品生产基地、各进出口公司以及运输系统的干部职工顶着"左"倾思潮的压力，在"洋奴""媚外""卖国""特嫌"等大帽子的重压下，坚持生产，保证出口。

同样，华夏公司的海运工作还在进行中，可是，问题很多。

华夏公司下属的"灰色"公司——香港远洋轮船公司，它的几十艘轮船所挂的国旗都是外国旗，船上的主要船员也是外国

慶祝中華人民共和國成立十七週年

国庆十七周年联欢 照片提供：陈渭仪

"文革"时期华润宣传队在演出 照片提供：谢淑芬

人。当这些"外轮"运货到中国港口后，面对的情景是这样的：
1、中国港口的干部职工在开会、学习，每天向毛主席画像"早请示晚汇报"，该卸船的时候码头上没人干活，造成轮船在海上等候，由于等候天数过长，运费大大增加，浪费严重。2、强迫外国海员学习毛主席语录，戴毛主席像章；强迫轮船进入中国海域后挂中国国旗。

外贸工作就在这样的形势下，艰难地进行着。根据国家建设需要，1967年要从西欧进口废铜40万—90万吨。由于废铜货源有困难，计委要求华润在西欧购买十条左右旧船用以装回所买FOB废铜，然后在国内拆船。

由华夏香港远洋公司在西欧购旧船并负责将废铜运回，连船带货在中国港口交五金矿产公司。华润在香港购旧船拆废铜不变。远洋公司要相应做好船员准备工作，以便届时派赴欧洲接船。

华润公司在香港的工作正常进行，相比较而言，受到的冲击比国内小得多。当然，也非风平浪静。像国内一样，华润也成立了毛泽东思想宣传队，排练样板戏，在香港、澳门、广东等地演出。宣传队很专业，也很大，多的时候达到几十人。

外贸系统与全国一样，老干部被批斗，才子佳人图案的工艺品被砸烂，佛像雕塑被说成是迷信，扔进垃圾堆。

这还不算，更左的事情还在接连发生。1968年春季，在人民币根本不具备在国际市场流通的情况下，在人民币还不是自由结汇的货币之时，在军管会领导下的中国银行和外贸部向国务院提出《关于在春季交易会上对港澳地区贸易中试以人民币计价和结算的请示》。

针对这一情况，华润公司进行了有限度的抵制，华润向中央和外贸部如实反映了香港商人的态度。文件中说：

今年春季交易会后期决定对香港地区试行以人民币计价签

约，在会上共有19户签订了人民币343.85万元的合同。我客户对这一做法，从目前反映来看，一般兴趣不大，如时光丝绸老板说"根本兴趣不大，在交易会是服从大道理"。

从已开证的情况来看，基本上是按照现行人民币兑港币的牌价开证，很少与银行预结远期人民币合同，其原因大致是（1）客户不愿意承担订远期人民币合同的4厘利息费用；（2）一般认为英镑和港币短期内不会贬值；（3）目前我交货不正常，往往要延期交货，负担远期汇率及手续费太大。

在交易会后，我各单位除了德信行继续做过两单人民币计价合同，计10.3万元外，均未做人民币计价或保值合同，基本上是恢复交易会前的做法。

华润的看法是，人民币是世界上最稳定的货币，享有崇高威信，是肯定的，但是，在国际市场上它还不是可以在外国银行自由结汇的货币，要打入国际市场需要经过全面的研究和安排（包括技术性的问题），从经济上来说，对我是没有什么好处的，因为，在国际金融市场不是激烈动荡的时候，商人不愿多付利息而去结定远期人民币，如果动荡激烈，商人会结定远期人民币，将贬值损失转嫁到我银行身上。因此，从保值上来说，我们订个保值条款就行了。

关于保值条款的做法，当地客户一般没有意见，但做转口生意的办庄，则认为订保值条款风险大很难做生意，因为他对外成交人家不肯保值。此外，对保值究竟保到什么时候，我们讨论的意见是倾向于信用证保到开证日，D/P D/A保到发货日，这一点与银行是不一致的，从实际上来看，一定要保到结汇不易行通，同时也会影响成交。

华润的报告得到上级的重视，在周总理和外贸系统干部职工的共同努力下，有限度地抵制了"极左"的压力。此后关于结算货币问题，文件中写道：可由商人自行选择结算货币，美元、英镑、港币、人民币等均可。

国内很乱，香港也不平静。

1967年，香港"反英抗暴"不断升级，香港人民要求港英政府改善人民生活质量，工人和海员罢工带动了整个香港，学生也纷纷停课，参与其中。

港英政府出动警察抓捕，许多人被警察扣押。

在这样的形势下，左派势力要求华润停止与英国商人的贸易往来。华润总经理丁克坚认为，华润在1938年就与一些老牌英商建立起贸易伙伴关系，合作愉快，不可以因此中断。为此，华润请示外贸部，建议不可以全部停止与英商的关系。

军管会领导下的外贸部做出如下答复：

华润公司：

12月16日电悉。

为了配合目前反英抗暴斗争，对香港英商贸易一般仍暂不做，但由于特殊情况，对个别英商也可适当做一些。据此，对"和记"，具体买卖可做一些，但包销合约暂时以不签为宜；对"怡和"，除大米一项，考虑到香港居民生活需要和涉及香港配额进口等问题，可以继续出口以外，其他商品仍暂不做。

对外贸易部
1968年1月15日

只要留了口子，工作就好做。既要坚持大局方针不变，又要有一定的灵活性，前提只有一个，那就是不能影响国家的利益，要顾全大局。

国内、香港一片混乱，国际形势也充满动荡。

1967年，苏伊士运河中断，这条运河是我国海运的一条主要通道。

以色列在美帝策动和支持下，向阿拉伯国家发动武装侵略。塞得港代理和我驻英代办处商务室6日电，苏伊士运河已中断航行。

挪威政府禁止挂挪旗船只开往叙利亚、黎巴嫩、阿联①、以色列、红海北纬廿三度以北港口。意政府亦有类似通知。

据伦敦代理告，卡萨布兰加②港引水船船员、拖船员6日下午起对英旗帜进行抵制。港口当局正研究这一情况。

我程租船凡未订明绕航好望角条款者，船东均提出绕航，加价每吨20先令至40先令不等。西欧西非来华船舶，多选择绕航，华润不得不考虑补贴船东每吨若干先令。

期租船船东及船长来电，多引用租约21条，声称拒绝进入该危险地区。华润紧急采取以下措施：凡欧华航次而未过直布罗陀或已进入地中海者，均调头绕好望角。凡华欧航次者，继续按亚丁方向航行，如届时运河仍不通行即绕好望角。

苏伊士运河东岸（西奈半岛）已被以色列军队侵占，运河已封闭。在运河中间的伊斯玛利亚以南6公里处炸沉大小货船各3艘；一艘客货船横倒在运河塞得港以南5公里处。苏伊士以北的"塔湖"地区停放着未能通过运河的13艘美、英、丹麦等国货船。

我们这样不厌其烦地介绍国内、香港、世界的形势，就是为了一句话：在"文革"初期，不论国内和国际形势多么严峻，华润公司的外贸进出口工作没有乱。

五丰行依旧在供应香港市场。

华润公司进出口部和德信行依旧做着进出口业务。我国在

---

① 即阿联酋。
② 即卡萨布兰卡。

六七十年代完成了一系列震惊世界的重大项目，如两弹一星等，里面都有华润人的贡献。

华夏公司及其香港远洋轮船公司更是功不可没，这些船成为中国通向世界的主要渠道。在相当长的时间里，援外物资、出口物资和进口物资主要由他们承运。

第四阶段

七十年代的华润

1971年林彪事件以后，党中央和国务院在恢复经济、发展生产方面作了大量努力，但是，由于受到"四人帮"的干扰，70年代的形势变化多端。

在复杂的斗争中，华润人坚持自己的信念，坚守着长期以来所形成的判断是非的标准，那就是：对祖国是否有利，对香港人民是否有利？正是因为有了这样的是非标准，华润人冲破了"左"的束缚，大胆实践，与"四人帮"进行了坚决斗争，保证了进出口业务的正常发展。

这一时期，华润人开展了几项具有突破性的工作：

1、在香港买地，建油库，建仓库，建宿舍。

2、利用交易所，用期货保护现货，节省外汇。

3、稳定出口商品价格，与"涨价就是爱国"等"极左"倾向作斗争。

4、为香港进口石油，进而在能源领域为香港的稳定做贡献。

此阶段负责人：

张光斗（1972.1—1981.10），董事长兼总经理。

第四十九章　为香港提供石油

苏伊士运河的意义绝不仅仅在于它是航运通道，更重要的是，它连接着盛产石油的中东地区。

1970年初，埃及与苏联签订协议，苏联把40部导弹发射器和100架战斗机开进苏伊士运河，又帮助叙利亚完成了导弹基地的建设。此举把美国第五、第六舰队置于被围状态。中东再次陷入战争局势。

为了争夺石油能源，苏美两个超级大国在中东寻找自己的战略合作伙伴，在苏联、美国的操纵下，埃及、叙利亚与以色列形成了对立的双方。

苏美在中东地区的争夺极大地影响了世界石油的供应，石油价格攀升。香港的能源供应成为一个敏感的问题。

此时，我国内地因开发大庆油田和胜利油田，石油供应基本上实现了自给。

1971年底，香港华孚公司总经理杨良鋆来到华润，建议华润与内地联系，向香港出口部分石油，他主动承担起与港英政府沟通的任务[1]。

刘浩清等香港老板也来到华润，同样提出可否从大陆出口石油到香港的建议。当时，我国的大庆油田名震海内外。

华润公司领导认真讨论了这件事。

他们分析：几十年来，通过五丰行，大陆基本上满足了对香

---

[1] 采访杨良鋆记录。

港市场鲜活冷冻食品的供应；通过引东江水入港，则满足了淡水供应；但是我们一直没有涉及主要能源的出口，虽然出口煤炭，可是近几年，煤油在逐步取代煤炭，用量在减少。香港对煤油的依赖度在提高。如果能在香港建立起我们自己的油库和油站，这无疑对稳定香港具有重大战略意义。西方帝国主义企图把香港变成"臭港""死港"的可能性又减少了一分。

华润请示国内，得到批准。

于是，华润委托刘浩清作为石油出口的总经销商。刘浩清本人资金不足，华润工矿部的曲健民出面，约霍英东加入，华润公司副总麦文澜推动了霍英东和刘浩清的合作。霍英东和刘浩清联合成立了"侨民有限公司"。

1972年1月6日星期四，第一批"光明牌石油"500桶装上小木船"粤河011号"，从广州黄埔港出发，进入香港九龙长沙湾协同码头[1]。

香港仁信公司负责人胡逸生先生说："当时的总经销是侨民有限公司，具体负责人是刘浩清先生。火水[2]销售的市场分配额为：仁信公司40%，华孚公司60%。我们的客户有80间。因为我们有销售煤炭的网络，最终用户是工厂、酒楼、大排档等饮食业。"

香港商人张永珍[3]也成为石油经销商之一，她的"大庆石油公司"的名字是在华润员工聂海清的帮助下起的。

石油出口缓解了香港市场的紧张局面，更主要的是，这是一个信号，它告诉香港人民：华润公司开始涉足能源领域，西方国家利用香港转嫁能源危机的企图破灭了。

香港人排长队购买火水的场面至今历历在目。华润员工叶

---

[1] 这是新中国第一次出口石油。
[2] 即煤油。
[3] 张永珍曾任香港中华总商会副会长、全国妇女代表大会代表。

丽珍回忆说："10元钱能买4罐火水。早晨一上班，我就开始接听电话，订单，中午客人来排队，我一家家发提单，提单需要老板签字，华润派出一位老板坐在那里专门负责签单，手都签到酸。"

石油运输属于危险性很大的行业，石油储藏更是一件涉及生命安全的大事。限于储藏条件，华润出口石油的工作一直进展很慢，基本上是采用灌装，随到随卖，不存货。1972年出口量仅为3329吨。

1972年初，华润总经理丁克坚调回国内，张光斗继任华润公司总经理[①]。

1972年11月，华润公司向外贸部提交了一份报告：提出在香港建一座15000吨的油库，在澳门建一座5000吨的油库，买地建库共需资金230万美元。此外，为便于海上加油，需购买油轮4艘，需用资金60万美元。外贸部批准后，报告国务院：

关于拟在港澳修建油库的请示

国务院：

遵照李先念副总理关于要加强对港澳市场供应工作的指示精神，我们对港澳增加出口石油问题进行了研究。现将情况和意见报告如下：

据调查，1971年香港进口各种石油产品386万吨（约值一亿零七百万美元），其中属于飞机、轮船、汽车、电力公司等方面的用油约320万吨，属于市场民用的煤油、船用轻柴油、润滑油等约66万吨。目前，港澳石油都被英、美六大石油公司所垄断。

要实现石油出口，需在港澳尽快解决油库、油驳问

----

① 张光斗来华润前任中国化工进出口公司总经理。

题。经与有关方面研究，拟在香港修建一万五千吨油库，约需用汇210万美元；在澳门修建五千吨油库，约需用汇20万美元；另外为了在港澳渔船区加油，需要购置五百吨油驳四只、拖轮一只，约需用汇60万美元。以上共需用汇290万美元。所需外汇拟由华润公司向国家银行申请外汇贷款，以后在增加出口石油的收汇中偿还。

为了迅速增加对港澳的石油出口，拟在上述设备未建成前，根据可能，暂由华润公司就地租用或购置一部分油库。

以上意见妥否，请核批。

外贸部

1972年11月8日

余秋里同志1972年11月11日批示：

在港澳建油库的事，迟早要办。拟同意外贸部所提意见。妥否，请先念副总理批示。

李先念副总理1972年11月15日批示同意。

1972年"文革"还没有结束，由于"四人帮"的干扰，这份经过副总理批示的文件被搁置起来。理由只有一个：香港是中国的领土，我们怎么能花钱购买自己的领土？当"极左"思潮混淆了"领土"和"土地"的概念的时候，买地建油库的事情就变成了政治问题。

张光斗在北京开完会，回到香港。他与港英政府协商，建议划拨一块地，港英政府回答：划拨不行，但可以价格低一些，象征性地购买。

内地和香港各坚持自己的道理，两种观念僵持不下[①]。

1973年10月，第四次中东战争爆发。

这次中东战争引起了第一次世界范围内的石油危机。

香港发生石油荒。香港石油市场主要是由美国和英国的石油公司供应。在石油危机的情况下，他们对香港的供应量大大减少，价格却大大提高。

香港市场石油供不应求，车辆无法运行，许多工厂陷于停顿，轮船也因油料不足而不能远航。更重要的是，香港居民做饭都成了问题。当时，许多香港人是靠煤油烧饭的。

英国和美国的石油经销公司如美孚、壳牌、BP等先后减少了对香港的石油出口。

香港的一些老牌石油经销商转向华润。

这些经销商自己拥有小型油仓5个，海上加油船20艘，油罐车116辆。有了这些条件，华润出口石油的数量有所增加。1973年达到3.3万吨，比1972年增加了10倍，但是，1971年香港石油使用量为386万吨，华润的出口量还不足1%。出口量的局限不在货源，而是设施。

1973年秋季，港英政府官员来到华润公司，请求扩大国产石油出口香港的数量，并且表示：愿意以合理的价格出售青衣和沙田两块地皮，协助华润建油库。1974年1月，再次拜访；2月，一份正式文件交换到华润。

可是，国内的形势不见好转。

这是香港布政署给华润公司的一份签署文件：

① 采访聂海清记录。

华润公司

麦文澜副总经理：

1、你或会记得1974年1月11日在你公司，在你与助理工商处长麦理觉先生的非正式会谈中，他提到：香港政府正在考虑，在环境和社会方面等事项能有完满解决的条件下，供应南丫岛的一块土地，以兴建一座大型的炼油厂及石油化工综合厂。正如麦理觉先生已告诉你的，我们已收到政府顾问克利玛·华纳公司关于亚细亚蚬壳公司申请南丫岛土地与建炼油厂的一份报告。报告详情已发表。该顾问关于建议炼油厂与石油化工厂的第二份报告亦已收到，并正在研究中，不久将可发表。

2、现在距离制订一个是否进行或如何进行这个计划及拨地事宜的最后决定或者尚有一段时间。但毫无疑问，无论何人被选来开展这计划，都将尽可能取得中国原油的供应。我们亦已从这两家可能的企业者那里收到这方面的非正式通知。其中一家甚至认为：从中国取得原油供应是在香港经营任何炼油厂的一个非常重要的因素。

3、香港政府也欢迎至少炼油厂的一部分原油是来自中国这种局面。

4、麦理觉先生曾向我汇报你最近与他关于这桩事的会谈。按照这些情况，我欲在此确认香港当局渴望，在你方及炼油厂双方接受的基础上，探求中国原油供应计划中最终能提供给炼油厂多少石油的可能性。

5、现在估计，计划中的炼油厂初期的每天炼油能力为200000—300000桶，即相等于大约每年1000万公吨的原油需要量。我们希望知道你的同事在原则上是否有意供应该需油量的一部分。我想附加一点，计划中的工程，其中的石油化工综合厂将会生产超过本港短期内所需求的石油化工产品，所以有可能出现剩余可供出口。假若中国有意购买其一部分，相信这种交易亦似值得考虑。

6、香港当局将高兴与华润公司或你推荐的其他有关方面商讨上述各事。本人并希望在你有便时，与你会晤商谈此事，或提供你或你的供方需要的有关材料。

布政署经济司

钟士JONES（签署）

1974年2月27日

从这份文件中我们依然能强烈地感受到这样一个信息：香港能源问题已经成为港英政府的一个焦点难点，而解决这个难题，需要中国大陆的支持。他们知道，把香港的能源问题全部交给外国企业，那是没有保障的，危机来了，他们首先自保，弃香港而不顾；只要华润参与，就可靠了，华润代表的是祖国，华润会把香港人民的利益永远放在首位。

我们在华润资料里找到了一份这样的文件：

江青电话记录：1974年4月4日上午，外交部转告，贯彻江青同志指示，港英不得搞两个中国的精神，考虑借此机会施加压力以扩大我们的影响，以我华润公司副总经理个人意见的形式，口头答复对方。

（略一段）仅做原则表态，不承担义务。

"四人帮"的意图很明显，他们就是要用"政治"干扰经济工作，成事不足破坏有余。

香港人民在石油危机中苦熬，港英政府都在考虑改变缺油现状，而江青一伙却只考虑"政治"，根本不顾人民利益。

周总理生病，1973年5月邓小平出来主持工作，邓小平请陈云同志协助管理经济和外贸。他们在"四人帮"的阻力下艰难地开展工作。

1974年7月1日，陈云同志与外贸部负责人谈副食品出口问题。就在这次谈话中，陈云副总理谈到华润，他说："要把华润公司扩大，使它变成'第二外贸部'，让它到外国去设公司、仓库。这样搞可能会有个把人叛变，出一点毛病，但不要怕，胆子要大一些。"①

陈云同志在这次谈话中赋予华润以很高的权力：

第一，他提出，要把"华润"变为"第二外贸部"，这是相信华润的管理能力。在北京，当时的外贸部已经成为江青一伙的眼中钉，处处受阻，决策艰难；而华润在香港，受江青一伙的干扰会少一点，把一些事情交给华润办，效率会提高。

第二，他赋予华润以走出国门建仓库和办公司的权力。他深深知道，华润公司作为企业，身处香港几十年，却很少有"投资""基建"等企业行为，没有投资怎么能发展。

陈云的这次讲话具有振聋发聩的意义。

就在陈云讲话两个月后，1974年9月，华润再次向外贸部提交了在香港建油库的报告，并提出购买美国公司的一座现成油库，因为自建油库周期太长，香港市场等不及。

关于购买香港美资标准石油公司油库的请示

国务院：

根据华润公司报告，香港美资标准石油公司由于已在香港青衣岛建造更大的油库，愿将其在香港丫鹰州的油库全部设备（包括地皮）卖给华润公司。该库共有二十三个油罐，容量约二十万吨。有一座码头，可停泊四只油轮，

---

① 《陈云年谱》，中央文献出版社，2000年。

最大可泊六万吨的油轮。对方开价五百五十万美元，分期付款。

我油自一九七一年开始对香港出口，现尚无油库，目前租用油库较困难，自己建油库也要两三年后才能使用。如能买下标准石油公司的现成油库，对巩固我石油在香港的市场阵地和进一步扩大推销是有利的。

由于该油库是美国私人企业在香港的资产，我华润公司对外是在香港注册的私人企业，如以华润公司的名义购买，从政治上考虑还是可以的。

鉴于以上情况，我们意见，只要该油库检验质量合格，售价合适，可以由华润公司向标准石油公司购买该油库。购置油库的资金可由国内分期拨付或由华润公司在香港贷款解决。

以上意见妥否，请批示。

外贸部　外交部

1974年9月20日

购买油库的报告经历了繁琐、严格的"审批"过程，仅仅2000万港币的外汇投资居然惊动了当时的国家副主席。文件先由外贸部和外交部"会签"，然后上报国务院，李先念副总理很快"签批"，之后又上报王洪文、邓小平、华国锋、余秋里等时任领导"圈阅"①。

报告最后得以批准。

华润马上行动，迅速购买了丫鹰州油库。华润终于有了一个属于自己的油库，该库容量20万吨，码头可同时停泊四艘油轮。

1974年，华润出口石油27万吨，比1973年增加9倍；1975

---

① 华润集团档案馆（第一馆）。

年，出口石油超过62万吨。

华润经销商胡逸生说："我们最成功的项目是和愉景湾航运公司的合作，为往来中环和愉景湾的飞翔船供油。"

由于出口量增加，华润公司的石油供应面也逐渐扩大，开始主要是民用石油、海上船只加油等，后来涉及工业用油、交通用油和航空用油。

华润员工姜伟回忆说："运输油开始由储运部负责，华润万通搞了两条油轮，500吨，专门接火车运来的石油，从湖南到红磡，接了油再运到油库去。一晚上来32个车皮，分两次，每列16个车皮。"

姜伟

他说："有一年，丫鹰州后山着火，报火警，消防车都去了。华润好紧张，我们的油库就在附近，我们所有员工都不下班，守着油库，防止火势蔓延过来。好在没有影响到油库。"

就在华润购买油库的同时，那份被搁置两年的建油库的报告被解冻。这与陈云同志7月的讲话有着密切关系。

关于拟派油库考察设计小组赴香港的请示

国务院：

为了发展我石油对香港的出口，国务院于一九七二年十一月八日曾批准我部在香港建造油库。……

为了保证在香港建造油库的工程质量和节省外汇开支，油库的设计、监工、验收由国内有关部门承担。拟于今年十月份先由商业部派出一个小组赴香港进行考察设计，小组由五至六人组成，在港澳工委领导下由华润公司负责具体指导进行工作，在港停留三个月左右。

以上意见妥否，请批示。

外贸部　外交部　商业部

1974年9月26日

经过考察小组和华润公司的精心设计，初步制订了建造油库的新方案。1975年3月，报告递交到外贸部。

在香港建造油库的报告

……

经过商业部设计院设计小组来港实地考察后，现提出青衣岛和沙田两个油库的初步方案。

已购买的丫鹰州油库容量约20万吨。该库容建在小岛上，只可用油船通过水上运输，陆路不通。陆上需用油品不能通过公路发放，故该库主要作贮存库用。我们本着节约的精神及业务的确实需要，在青衣岛建一座中小型水陆运输的中转及经营库，总容量约四万吨，并建一座可泊一万五千吨油船的码头。沙田建一座小型陆运的经营库，总容量约七千三百吨，主要是贮存铁路来油之用。润滑油调配加工等工作，希望能在国内解决。如国内确有困难，则润滑油罐及调配加工间等设备，拟作第二期工程在青衣岛或者在沙田建造。

建青衣岛及沙田油库目前估价约720万美元（由于通货膨胀、美元贬值和物价上涨等因素，实际建造资金可能会超过此金额）。

建库时间初步计划：1975年内做好设计、备料等工作。1976年上半年动工建造。1977年底争取第一期工程完工投产。

附：（1）我公司基建小组和设计小组会谈纪要一份。

华润公司石油化工部同人合影 照片提供：王光

华润石油经销商业务交流团赴日本考察 照片提供：胡逸生

纪念国产石油销售香港十五周年，华润石化公司与部分经销商合影
照片提供：王光

（2）总平面布置图二份。

（3）设计说明书二份。

华润公司

1975年3月20日

之后的建设工作进展顺利，青衣油库和沙田油库破土动工。

在青衣油库和沙田油库两个工程完成之前，由于已经购买了丫鹰州油库，加上经销商的储油条件，华润在基本满足了香港民用市场的石油供应以后，开始通过香港将石油转口到亚洲一些国家，如泰国、菲律宾等，这些国家同样经历着石油危机带来的苦难。

1974年菲律宾"油荒"加剧，马科斯总统夫人秘密来到香港，亲自到华润公司商量向菲律宾出口石油事宜。华润把这个情况连夜报告中央。经国务院批准，华润开始向菲律宾转口石油。不久，两国建立了外交关系。

这次出口协议同时也体现了以"外贸"促进"外交"的精神，这样的例子还有很多。

当时华润还没有远洋"油船"，向菲律宾运油事宜交由港商承担。一连几年，风雨无阻。

1976年初，华润成立了嘉陵公司，购买了4条油船，专为海上轮船加油，很快，嘉陵公司的油船达到50余艘。

为了加强专业化管理，1976年12月，华润公司成立了相对独立的石油化工部[①]，叶丽珍等成为最早的石化部员工。

叶丽珍

——————

[①] 石化部业务分工以石化类产品的进出口为主，包括进口西药。

第五十章 外贸促进外交

我们曾经写道，在万隆会议上，我国代表团提出的"和平共处五项原则"得到世界所有爱好和平的人们的拥护，这次成功的外交活动展示了新中国的外交政策和外交风貌，此后，有效地推动了外贸工作的展开。

1957年12月，陈毅在讲话中提出了"用外贸促进外交"的方针。

1956年自张平出访欧洲各国后，华润派出的代表团走遍了除美国以外的各大洲，包括加拿大。

华润与世界的联系在不断扩大，朋友遍天下，贸易关系遍天下，因此，世界各地的朋友来到香港，都会到华润来看望朋友，或者来商谈贸易。

通过华润的联系，使外国官员与中国政府接触、交流，这在很长一段时间里也是华润的工作之一，这是在中国被封锁的情况下由特定历史时期决定的。

《对外贸易情况简报》半月工作专号第一期

1962年8月16日—8月31日：奥地利驻香港商务专员斯伏波达要求访京事，已报国务院外办批准同意。初步拟于10月底或11月间来访，他曾向华润公司表示，他来京后，除同促进会、外贸部接触外，并拟要求见我外交部长，理由是：

1、我驻瑞士商务参赞今年访奥时，奥外长曾予接见。

2、我外交部长接见他后，他回国对中奥关系促进做工作效果会更大。

《对外贸易情况简报》半月工作专号第四期

1962年10月1日—10月15日：

*加拿大驻香港商务专员汤姆逊通过华润公司要求来华参加秋季广交会，我部已同意其来访。

*据华润公司电告，国际羊毛秘书处主席，澳大利亚羊毛处主席威廉根明年三月来华访问。

*西德驻香港前领事高德，9月24日通过西德商人向华润公司提出，他得到西德政府的授意，拟来我国参加秋季广交会，并同我国贸易负责人商谈中国同西德的贸易问题。我方已予以婉拒。

1962年10月25日，华润公司上报外贸部："侨商反映李光耀谈拟组代表团访问我国。""李光耀最近自伦敦返星后，曾邀请中华总商会会董谈话，并在小型宴会上表示：为了输出橡胶，要他们组织代表团访问中国，也可到东欧或苏联去，他可立即批准。并说，做生意要有卖有买，橡胶可以谈，中国货及东欧电器设备也可买。""星当局批准波兰贸易代表二人访星马后，又第一次批准越南贸易代表三人访问，看来与社会主义国家贸易态度似有转变。"

香港一直是世界各国关注的焦点，到1972年6月，已经有54个国家和地区在香港设立领事馆或相关机构。各国驻港领事馆的商务专员跟华润的接触都很多，他们知道华润是代表祖国的。华润与商务专员定期举办活动，或者茶座、酒会。

华润利用每年"国庆酒会"的机会，在香港招待港澳同胞和国际友人。酒会的规模很大，1972年参加酒会的朋友达到3862人，1973年3777人；1974年建国25周年，华润酒会邀请的客人超

1973年12月至1974年1月工矿部小组访问新加坡洽谈
业务　照片提供：周德明

1974年1月访新加坡小组与当地社会人士合影　照片提
供：周德明

过万人①。

华润每年都邀请国内艺术团体和体育代表团来香港进行表演
和比赛。

尼克松访华后，在世界范围内出现了"中国热"。在1971
年华润公司的总结中写道："尼克松访华公告发表后，墨西
哥、阿根廷、委内瑞拉、巴西等国官员在香港与华润接触，随
后到我国访问和洽谈贸易。菲律宾、新加坡、马来西亚官员也

---

① 华润集团档案馆（第三馆）。

通过华润联系，组织商业代表团到我国访问。印尼、泰国等国也通过贸易活动试探我国对他们的态度。美国人士采取多种方式与华润接触，要求访华，要求参加广交会，来华润公司拜访者达500余人。"

1972年，华润利用自己的出口商品陈列馆在香港举办展览13次（包括专业性商品展览6次），参观人数达85万人次，其中外国人士超过4万人次。

1972年对资贸易迅速增加，转口贸易也大幅度提高。

1973年，华润全年出口量比1972年又增长了42.2%，进口量也有所提高，常规商品不算，大额商品包括：进口橡胶24万吨，废船7艘，废铜6.8万吨，砂糖40万吨，木材19万立方米，服装面料58.3万码，毛纱979吨。

要单独记录的是，在1972年，由于澳大利亚受灾，粮食减产，1973年我国从美国第一次进口小麦20万吨。这是一个变化，预示着中美关系在贸易层面上已经打破了僵局。1973年4月29日晚，在国务院会议厅，周恩来、王洪文、陈云、华国锋、余秋里等听取外贸部汇报，白相国部长，李强、周化民副部长分别汇报了贸易工作。李强说："去年底澳大利亚欠20万吨小麦交不了货，我们决定买美国小麦20万吨。"①

就在这次汇报中，周总理问起：哪几个地方有电传了？

周化民在回答中说了三个地方，他说香港机构安装了电传。

华润研究部的信息设备得以更新，购买了电传。从1973年开始，华润与内地的信息传递实现了"当天抵达"。

随着"中国热"的升温，恢复中国在联合国的合法地位的梦想终于变成了现实。

在中国代表团赴美国参加联合国大会的前夕，中央责成华润

---

① 华润集团档案馆（第三馆）。

公司研究部搜集整理有关联合国的资料，华润研究部昼夜整理、撰写，在很短的时间里完成相关专题报告数十篇（总计120篇，包括台湾和美国等专题），在报告中介绍了联合国的职能、变迁、机构、成员国情况，等等。

另一个振奋人心的好消息相继传来：美国宣布，在朝鲜战争中冻结的华润资金全部解冻。这个消息令华润人激动不已，彻夜难眠，巢永森等老前辈更是留下了激动的眼泪。20

广大华行部分资产在朝鲜战争时期被美国冻结，故保留公司名称。此为1961年商业登记

多年过去了，战争遗留问题终于得以解决。就是为了这一天，华润公司下属的广大华行、合众公司、南新公司的名称一直保留着。

随后，英国也解冻了华润的资金，同时，损失物资的赔偿工作得以展开。

请协助核实关于香港华润公司橡胶受损案

华润公司：

去年十月英国方面提出讨论财产问题……为此，我有关部门需对中英财产情况进行清查摸底，准备谈判资料。

有关香港华润公司橡胶受损案（简况见附件），请你公司协助核实案情。

有关该案的资料和意见，请尽快报回。

中华人民共和国对外贸易部

1973年8月13日

前面提到，1974年7月1日，陈云同志曾在讲话中说：要允许华润到国外去建公司。华润公司立即行动，根据最迫切的工作需要，选择了两个国家。

我驻港贸易机构派小组到加拿大和黎巴嫩调查
关于在当地设机构的事宜

根据对港澳出口座谈会的精神，为了进一步发挥我驻港澳机构在新形势下的作用，建议由驻港贸易机构于今年底或明年初派出两个小组分赴加拿大和黎巴嫩两国进行调查。

两个考察小组在外活动均以华润公司名义，成员可以由华润、德信、华远、五丰根据需要派人参加，每组约4—5人。

以上当否？

香港华润公司

1974年（文件损坏，日期不详）

关于同意派考察小组赴加拿大和黎巴嫩进行调研的批复

华润公司：

同意你公司于今年底或明年初派两个考察小组分赴加拿大和黎巴嫩两国进行调查研究，同意报告中所提的调查内容。……

中华人民共和国对外贸易部

1974年11月25日

华润公司组团出国考察，经过反复论证，后来在中东的巴林设立了全资附属子公司——万博公司。该公司在中东地区建立起大批贸易关系。

在中美关系走向正常化的初期，由于世界冷战格局的影响，中国与美国做贸易并不是那么容易，或者说，中美贸易不是中美两国之间的事情，它牵涉到国际问题。

1975年，在香港的一家美国石油公司来到华润，介绍说：他们公司在菲律宾有一家炼油厂，希望华润向菲律宾出口石油时，能够同时卖给他们这家美国公司一些石油。就此事，华润请示外贸部，外贸部又请示国务院。

关于拟对香港美商德士古石油公司销售胜利原油的请示

国务院：

今年我对资计划出口原油1100万吨，目前已对日本签订合同780万吨，对菲律宾签订合同50万吨，尚余270万吨待销售。据我华润公司了解，香港美商德士古石油公司希望我供应胜利原油，供其设在菲律宾的炼油厂使用。

为了扩大我原油销售途径，拟对香港美商德士古石油公司销售胜利原油，讲明只供民用。数量开始时不要太大，今年销50万到100万吨，不订长期协议。

妥否，请批示

外贸部 外交部

1975年4月28日

小平、春桥同志[①]：

对香港美商德士古石油公司销售胜利原油问题，经我们商量，拟同意。考虑到：最近印支形势起了很大变化，同美国做一点买卖不会引起印支国家对我国有意见；同时，因数量很小，又按国际价格，也不会引起阿拉伯国家的反应。

---

① 文件中名字指邓小平、张春桥、李先念、纪登奎、华国锋。

妥否，请批示。

先念　登奎　国锋　5月3日

外交无小事。菲律宾政府通过华润购买石油50万吨，现在，德士古又购买50万—100万吨，而且也是用于菲律宾，这会不会引起菲律宾政府的误解和不满？外贸部通过电话给华润公司布置工作。

电话记录稿

华润公司经理室：

请即约见菲律宾驻香港总领事或领事，转达李强部长给菲律宾工业部长帕特尔诺的以下口信，内容如下：

菲律宾共和国工业部长维森特·帕特尔诺阁下：

我高兴地忆及，阁下去年九月和十一月两次来北京访问期间，我们双方就进一步发展中菲两国贸易问题进行了友好的商谈，并达成了协议。现双方的有关进出口公司正在顺利地按协议执行。阁下对我国的访问，为促进中菲贸易的进一步发展做出了积极的贡献。

我友好地告诉阁下，香港德士古石油公司打算向我香港总代理华润公司购买我国的胜利原油，有可能运至菲律宾加工提炼。考虑到我们双方的友好关系，华润公司已向德士古石油公司表示：我国同菲律宾有友好贸易关系，菲方两次向我国订购相当数量的胜利原油。根据你公司介绍，菲方进口中国的胜利原油是在你们的分公司提炼的。这一次我们双方如能达成原油交易，我们希望你公司必须考虑到如下一点，即：不要使中菲双方的正常石油贸易和菲方在你公司提炼胜利原油受到影响。

鉴于我们双方已建立起来的友谊和友好贸易关系，我特地把上述情况告诉阁下。

顺致崇高的敬意。

中华人民共和国外贸部部长李强

1975年5月15日于北京

电话记录稿

外贸部：

二十日李文学副总经理向菲律宾驻港领事R.L.DIAZ转达了李部长给菲工业部长PETERNO的口信。DIAZ感谢李副总经理向他转达李部长的口信，表示立即将李部长的口信转告给菲工业部长PETERNO，相信PETERNO部长一定很高兴。DIAZ说，从中国进口的原油是在菲国营炼油厂加工的（原是美孚和亚细亚合资炼油厂，去年为菲政府购买），愿意立即了解厂名并转告给我方。

华润公司经理室

1975年5月21日

从这些例子中不难看出，华润公司在以外贸促进外交的工作中所作的努力以及所起到的桥梁作用。

第五十一章　利用交易所　用期货保护现货

　　到20世纪70年代初期，我国已经是一个进口大国，尤其是棉花、食糖、化肥等商品，我国对国际市场的依赖性很强。

　　那时我国是计划经济时代，年终做计划，次年初开始实施计划。在伦敦和纽约交易所，各国商人已经掌握了我国采购的大体时间表：春节前，我国基本上是计划审批阶段，不会有大的采购行动，此时交易所上述商品的价格呈下跌趋势；三月，我国的外汇使用计划基本上出台了，采购人员也该行动了，这时，交易所的化肥、食糖等我国即将采购的商品价格呈大幅度上升趋势。

　　我国作为进口大国，细小的一个举动都能刺激国际市场价格飞涨。

　　1973年4月，国家决定进口47万吨原糖，通知中粮公司和香港华润马上落实，由华润对外谈判，国内中粮公司成交。

　　外贸部给华润限定了最高价和最低价，经过了解国际市场，华润判断这个谈判价太低，于是派曹万通回北京汇报。李强部长说："一定要设法买进。"他原则上同意华润采取灵活措施。

　　当时国际市场上糖的交易量只有1000万吨左右，主要出口国是巴西。为了避免刺激国际市场砂糖价格上涨，华润公司决定通过新加坡商人郭鹤年，在伦敦交易所完成这次交易。

　　此前，我国一直把交易所和股票市场视作资本主义的象征，告诫华润：不许经营股票。

　　可是，在世界范围内，交易所此时已经成为大宗商品的正常渠道，我们不利用，吃亏很大。华润就此多次上报外贸部，希望给以一定的灵活度，以避免我国进口采购花冤枉钱。可是，"文革"还没有结束，这个突破口很难跨越。

购买47万吨原糖，如果这个消息传出，国际市场的原糖价格一定会迅速上涨，我国就会损失一大笔外汇。华润人不愿看到这样的损失出现在自己的工作中，关键是，这个损失是可以避免的。

通过向李强部长汇报，华润总经理张光斗有了信心，他知道，李强部长理解华润，也支持华润，只是不能明说而已。

华润请来了新加坡华侨商人郭鹤年[①]。

郭鹤年回忆说："那天，华润的林中鸣和朴今心与我联系，让我安排一个秘密地点会谈，不要去酒店。我就安排在我的浅水湾的公寓里，他们在那里告诉我要利用交易所买糖的事情。"

这是一个保密性极强的工作，不能走漏半点风声：其一，走漏风声即意味着价格上涨；其二，走漏风声就意味着"四人帮"一伙可能会出面阻挠。

郭鹤年完全理解华润的处境，他虽然不在国内，但是，华润每年都组织爱国华侨回国观光，并选代表回国参加北京的国庆酒会，郭鹤年几次见到周总理，他对国内的阶级斗争很了解。

郭鹤年，嘉里集团董事长，
华润公司早期合作伙伴

为了避免刺激国际市场砂糖价格上涨，郭鹤年和华润负责此项工作的人员悄悄地奔赴英国。

为了专心做好这件事，郭鹤年还暂时停止了自己公司的业务。

他们先在伦敦砂糖交易所购买期货26万吨，平均每吨82英

---

① 采访郭鹤年记录。郭鹤年是嘉里公司董事长，香格里拉酒店是其下属公司。

镑，然后向巴西、澳大利亚、英国、泰国、阿根廷等国家购买现货41万吨，平均每吨89英镑。消息传开后，纽约、伦敦砂糖交易市场大幅涨价，达到每吨105英镑，华润遂将期货抛出。

从这笔生意中，他们赚得240万英镑。

这是一次漂亮的战役，张光斗和参与此项工作的人员都欢欣鼓舞，虽然不敢张扬，他们还是举办了一次聚会，那次，大家都醉了，包括郭鹤年，他回忆说："那天夜里，我不记得几点离开华润，也不记得谁送我回家，怎么进的家门。"

还有一个现在看来很好笑的细节，就是在吃饭前，郭鹤年说："巴西那家公司很感谢我，给了我一笔钱，算业务费用。"他问华润领导："我是自己留下，还是交给你们？"

华润领导收下了这笔本该属于郭鹤年的钱，连同此次贸易中的其他收入，全部交给了国家。

国家缺少外汇，华润人珍惜每一分外汇收入，这已经成了习惯。

他们收下了郭鹤年的业务费，然后，回报以友谊，他们请郭鹤年喝茅台酒。他们把郭鹤年当作老朋友，当作爱国商人，回报以政治待遇，请他到北京参加国庆招待会。

利用交易所，正如大家所料，这件事被"四人帮"知道后，引起了极大麻烦。有些人借机攻击华润，也攻击李强部长，说这是"资本主义"。大家压力很大。

我们在华润档案馆看到这样一些纪录，张光斗总经理传达"中央精神"，其中一段话是这样记录的："在一次小型汇报会上，某领导说：白相国的问题是夺权。外贸部不突出政治。还有两个难题：李强是中央委员，林海云是老红军。"①言外之意是想打倒他们，只是难办。

---

① 白相国任外贸部部长，李强和林海云是外贸部资格很老的部领导。

就在华润领导面临危机的时刻，1973年5月，邓小平复出，同时，中央委托陈云同志主持外贸工作。

为了解外贸情况，陈云召集外贸部和进出口总公司分别汇报工作。1973年7月14日，陈云听取华润公司和五丰行汇报。参加汇报的有华润总经理张光斗，副总经理张政，华润德信行经理乔文礼，华润五丰行副经理曹万通。

曹万通回忆说："那天是姚依林副部长带我们去的，是在陈云的家里，陈云的秘书在场，我们几个人围坐在茶几周围。陈云身体不好，夏天还穿着马夹。开始他只是听我们说，最后才讲了一些很肯定的意见。"

曹万通

华润首先汇报了4月进口糖所引起的麻烦。

究竟能不能利用交易所，对于这个十分敏感的问题，陈云立即做出答复，他说："利用资本主义交易所是一个政策性的大问题。""交易所有两重性，一是投机性，二是大宗交易场所。过去我们只看到它投机性的一面，忽视了它是大宗交易场所的一面，有片面性。我们不要怕接触交易所，可以利用交易所。""利用交易所仅是保护性的措施，以免受损失。"①会后，陈云同志专门起草了一份报告，建议中央批准进口工作利用交易所。

在这次汇报中，陈云还请华润的四位同志从国际市场出发谈一下黄金储备和外汇储备的问题。华润的同志长期在香港工作，

---

① 《陈云文选》，人民出版社，1995年。

信息比国内灵通些。他们四人坦率地发表了一些意见，认为黄金看涨。

陈云听完之后，说道："今后金价仍会看涨，美元还要继续烂下去。我们外汇储备较多，存银行要吃亏，除进口一部分生产所需物资外，可考虑买进黄金。"此次汇报之后，陈云就购买黄金一事向中央打报告，中国银行买进了大量黄金①。

陈云对"交易所"这个敏感问题的论述具有明显的超前性，尤其是他对"利用交易所"的论述，大大推进了进出口贸易的前进步伐，使华润在香港有限度地突破了计划经济的束缚，也有限度地突破了"资本主义道路"这顶帽子的束缚，率先接触市场经济，锻炼了干部。

那天谈话以后，华润一行人回到香港，华润领导在小范围内作了传达。之后，华润公司大胆地利用交易所做原糖、棉花等大宗商品进口，为国家节省了大量外汇。

五丰行总经理朱晋昌回忆说："考虑到对国家有利，又没装

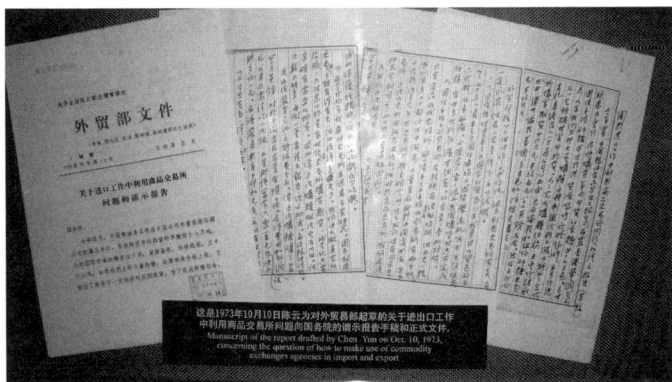

1973年10月10日，陈云为外贸易部起草的文件，就进出口工作中利用商品交易所问题向国务院的请示

① 《陈云年谱》，中央文献出版社，2000年。1979和1980年，我国财政出现赤字，靠出售这笔黄金得以部分补偿。

到我们自己的口袋里，干。"这位陕西汉子以他特有的精明，领导五丰行一个小组开始做起用期货保护现货的生意。这是一个全新的生意模式，也是有一定风险的生意模式，可是，华润不做空手道，我们是真的采购，所以，在保护现货方面起到巨大作用。

1973年以后，华润开始利用纽约交易所购买粮食，并派人长驻纽约。我国购粮人员以商人的身份与美国商人打交道，结交了一批贸易伙伴和朋友。此外，许多大宗商品采购，如棉花、橡胶、化肥等，也都开始利用交易所进行。

1973年我国棉花欠收，10月12日，陈云在广交会听取汇报，汇报的同志说："进口棉花加工棉布出口的创汇率可以掌握在55%以上。"陈云说："订购棉花要抓紧，现货不好买就买期货。"①按照陈云的指示，经国务院批准，当年进口棉花850万担。

1974年7月4日，陈云同外贸部负责人再次谈起"交易所"的话题，陈云指出："对去年利用国外交易所买糖是否剥削了工人阶级剩余价值的问题，我想了一年。恩格斯讲过，交易所是剩余价值分配的场所。我们利用交易所，只是不让资本家得到全部的超额利润，并没有剥削工人阶级的剩余价值。"②

从这些谈话中不难看出，陈云在1973年提出"利用交易所"有多么艰难。身为国务院副总理，为了避免"四人帮"的阻挠，他不得不给大家找一个理论依据，让大家在理论上和思想上有所准备。

尽管压力很大，华润公司还是坚持下来了。曹万通回忆说："当时能坚持下来，关键是陈云下的这个结论，如果没有这个结论，后面就不敢做了。我们利用期货市场一直坚持以'保护进

---

① 华润集团档案馆（第三馆）。
② 《陈云年谱》，中央文献出版社，2000年。

口'为前提，绝不买空卖空。"正确利用交易所，确实节省了外汇，对国家有利。

从1973年到1976年，华润利用交易所做贸易是在一种秘密状态下进行的，直到1976年粉碎"四人帮"以后，这种贸易形式才得以公开化。1977年，华润成立了合贸公司。

华润公司副总经理俞敦华在回忆文章中写道：

> 1976年初，那时"四人帮"还没有粉碎，"文革"还没结束，李强部长找我谈话，派我去香港华润公司工作，我说："我61岁了，不要再外派了。"[①]李强坚持让我去，还有张云啸[②]。临行前张云啸突然发病，去世了。
>
> 1976年3月底我到香港，任副总经理，分管中艺公司、华远公司、财务部、储运部、电脑部，还有期货。
>
> 1977年下半年，粉碎"四人帮"后，华润成立了"合贸公司"，专门经营期货，直接由外贸部副部长刘希文领导。当时，华润的期货和地产生意均以合贸公司的名义对外，自负盈亏，主要成员有：俞敦华、巢永森、严镇文、周德明、杨升业、会计小张，还有一个小陈。
>
> 我们的方针是：以期货保护现货，半虚半实，虚实结合。

始于1973年的锻炼，华润人在如何利用交易所这个领域里积累了丰富的经验，规避了大宗商品现货价格波动带来的风险，也为国家节约了大量外汇。

---

① 引自俞敦华回忆文章。解放前在香港华润工作过的老干部在"文革"时期多被打成"特嫌"，受到过残酷迫害，所以，大家不愿回香港工作。可是"文革"后人才断档，俞敦华被再次派到华润，干到1983年68岁才退休。
② 张云啸在解放前夕和初期也在华润工作。

第五十二章　在香港购买房地产

　　从建国到1972年，在华润公司总部的名下，没有一块自己购买的房地产，今天说起来令人难以置信，一个从1938年就在香港扎根的公司，怎么会不买地，不盖房子？

　　道理极其简单：国内一直认为，香港是我国的领土，迟早会收回，因此，我们怎么能花外汇从港英政府手里买自己的领土呢？

　　我国大陆在土地使用问题上采取的是政府"划拨"形式，在国内，劳动人民是土地的主人，不允许买卖。

　　可是在香港，土地使用采取的是买卖模式。

　　当我们把"领土"和"土地"的概念混淆的时候，经济问题就变成了政治问题。因此，华润在香港没有房地产。

　　在下属公司德信行和五丰行名下有一点儿房产，那是在1963年和1964年国内形势较好的时期购买的，一是用来解决库房和业务所需，同时也解决香港当地员工的住房需要。内派干部在国内分房子，香港当地员工的住房只能在香港购买。

德信行拆建楼房补充计划

　　关于德信行拆建楼房前已报告在案。现拟将左邻（干诺道西40号占地900平方米）购进合用，具体情况如下：

　　购进左邻之后能建为18层大楼（原来只能建14层），实用面积由27407.5平方米增到35080平方米。费用方面40号购价45万元，补偿住客搬迁费10万元，建筑费35万元，加上37~39号原估建筑费150万元，共240万元。借款利息8%（两年计）28.8万元，连同拆建期间德信行暂迁中行增加管理费用3.36万元，总共建筑投资272.16万元，建成后除六层留作自用外，将其余出租计22600平方米,每米1.50港元，除差饷每年净收租金33.8万元，自中行搬回每年可省25万元，连同租金收入除自用部分之差饷及大楼保养费7万元外，每年净收益约51.8万元，七年内即可清还建筑借款及利息，以后每年节约50余万元。……

华润公司

1963年11月15日

对外贸易部批准香港德信行建筑新楼的计划

华润公司：

你公司1963年11月15日所报"关于香港德信行拆建新楼的计划"，业经国务院外事办公室于1964年2月29日批准，并指示：建楼所需资金272万港元，香港中国银行可当作商业性长期贷款处理。

特此通知。

中国对外贸易部

1964年3月7日

这是华润公司建造的第一个房产，隶属于德信行名下。德信行是我国土特产出口的功臣，为国家赚回大量外汇，直到1964年，才动用了272万港币，建一座办公楼。

1971年林彪事件后，国内形势出现过短暂的好转，五丰行购买了5000平方英尺（约500平方米）的房子，用作办公和宿舍，动用外汇40万—50万港币。

关于五丰行购置房屋问题

外贸部：

五丰行……现租房屋已不够使用。目前两处的办公室、职工宿舍每月付房租4300港元，而且居住较分散。近年来香港拆旧楼重建的情况很普遍，为了能使两部人员集中，拟在该地区购置面积约5000尺的楼房，根据目前的市价约需40—50万港元。

在该地区租面积5000尺的楼房，每月需付租金4000—5000元，近年来房租涨幅很大，因此根据工作的需要从长远打算，购置房屋还是合算的。

故特函上报，请批复。

香港华润公司

1971年1月18日

复关于五丰行购置房屋问题

华润公司：

关于五丰行购置房屋问题，同意你们意见，在西环地区购置5000尺楼房作为五丰行办事处及蔬菜业务部办公室及职工宿舍用。希本着勤俭节约的原则，选购合适的房屋。

对外贸易部

1971年4月14日

华润的不动产只有这些了[①]。没有房地产，靠租房子搞贸易，过日子，这严重地束缚了华润的手脚。华润进出口业务量很大，货场全是租的；零售用的三个大商场，是租的；中艺商场，

---

① 华润在解放前夕购买过一座别墅；1949年旧中国九龙海关的一座房产划归华润。

是租的；五丰行把三趟快车运来的商品存放在租用的库房里；华夏公司没有自己的码头；华润员工的宿舍，也是租的。

从1972年开始，华润不断上报材料，请求外贸部批准购买建设用地，购买房屋。

第一个报告是买地建油库。前面已经提到，被搁置。

华润领导，尤其是张光斗总经理，锲而不舍，即使不批准，他还是不断上报。

1974年7月1日，陈云同志与外贸部负责人谈副食品出口问题。就在这次谈话中，陈云副总理谈到华润，他说："要把华润公司扩大，使它变成'第二外贸部'，让它到外国去设公司、仓库。"①

陈云同志虽然没有直接鼓励华润买房地产，但是，他从"建仓库"入手，巧妙地找到了一个突破口，建仓库的目的是发展对外贸易，这是"四人帮"无法阻挠的。

在陈云同志讲话以后，外贸部领导在邓小平和陈云的领导下，开始行动，在1974年下半年和1975年先后批准了华润的几个报告，并且决定，给华润购地和买房的自主权。

从下面的几份文件中可以看到1975年的大好局面。

关于购买出口商品陈列馆的请示

外贸部：

我中艺公司和中国出口商品陈列馆的现址是在1967年向英资怡和财团的香港置地公司租用的，租约将于1976年底到期。

中艺公司虽然是营业机构，目前年营业额约六千万港元，如按如今租金核算，将来所得的纯利，基本上只能

---

① 《陈云年谱》，中央文献出版社，2000年。

应付租金；而我陈列馆是非营业机构，虽然有些广告费收入，但无力承担高额租金。

从长远来说，我们认为有必要自置房产。

最近我们在中艺公司现址附近的九龙闹区，物色到一座即将建成的十七层大厦（包括地下室），实用面积共105737平方米。经初步洽谈，估计在4500万港元以下可以购成。买楼的资金，拟由我公司向香港银行贷款。……

华润公司
1975年（文件破损日期不详）

关于在港购置陈列馆的批复

同意你公司报来中艺公司在港购置陈列馆的意见，所需资金由银行贷款解决。以后每年从我驻港贸易机构中提取部分利润和大厦的租金收入归还银行贷款。

陈列馆购妥后，请报部。

外贸部

购置侨发大厦后座用款情况

根据你部1973年7月17日（73）贸会财字148函批准的购置职工宿舍预算，现购妥坐落在香港大道西115号侨发大厦后座164个单元，主要作为我外派干部宿舍用。该164个单元建筑面积共92802.76平方米，附带天台平台面积3296.59平方米，总值19467803.58港元。

华润64个单元，五丰50个单元，德信50个单元。……

外贸部财会局 华润公司
1975年9月10日

周副部长：

经本部批准，自1972年开始至1975年9月10日华润公司报来购置办公室、宿舍、仓库等项开支共计10999万港元，其中购置职工宿舍5504万港元，办公室及仓库5495万港元。

我们意见以后对港澳基建用款不再逐笔批复，每年由华润公司做一次用款计划，报部核心小组审批后，由华润公司在实现利润中支付，年底将执行结果报部。

以上报告妥否，请批示。

财会局
1975年9月29日

报告建议，"以后对港澳基建用款不再逐笔批复，每年由华润公司做一次用款计划，报部核心小组审批后，由华润公司在实现利润中支付，年底将执行结果报部"。这是一种怎样的信任！

同时，华润公司还购买了几块仓库用地，在香港先后修建长沙湾货仓和中大货仓，分别于1975、1976年竣工。

随后，沙田冷库和沙田干货仓也投入使用①。

为了方便三趟快车卸货，华润在香港火车站修建了一条专用的铁路支线，附近有较大的货场和汽车停车场，便于零售商开车前来提货。

中艺公司买了三个大小不同的商场。

华润公司在党和国家领导人的支持下，在香港突破了"领土"和"土地"的认识局限。

有了房产的支持，公司的发展有了更好的保障。

①即现在的百适货仓。

第五十三章　价格之争
——与"四人帮"作斗争

　　关于出口商品定价的问题，一直是出口工作中的一个敏感话题，"文革"期间，这个问题更加入了"政治"色彩，"提价"和"降价"成了"左"和"右"的标志：高定价才是爱国，低价或降价就是"卖国主义"。"四人帮"一直把外贸作为攻击对象，指责外贸部的进口工作是"崇洋媚外""爬行主义"，出口工作是"卖国主义""出卖廉价劳动力"。

　　从1957年起，华润就开始参与出口商品的定价。华润公司处在对资贸易的最前线，因此，也成为"四人帮"的眼中钉。

　　1976年是一个多灾多难的年份。

　　1月，周恩来总理逝世；

　　7月，朱德委员长逝世，紧接着发生了唐山大地震；

　　9月9日，毛泽东主席逝世。

　　在毛主席病重期间，"四人帮"的爪牙、当时的全国人大副委员长李素文受江青一伙指使，分管外贸工作。1976年8月，李素文办公室致电华润公司总经理张光斗，让他于9月回北京汇报工作，重点汇报出口商品的价格问题。

　　张光斗和华润全体领导都意识到问题的严重性。

　　张光斗组织大家多次召开会议，讨论如何起草汇报材料，如何统一口径。初稿形成后，大家对文稿进行了反复的、逐字逐句的讨论[1]。

---

[1] 采访聂海清记录，1972—1982年他在华润公司工作，曾任华润办公室副主任，参加了汇报文件的起草工作，并与张光斗等一同回京汇报。调回内地后，聂海清曾任江苏省经贸厅厅长。

对"价格之争"这个话题，还要从头说起。

关于我国出口商品价格问题，在"文化大革命"之前，基本上一直遵循着"随行就市"和"稳价多销"相结合的原则。华润及其下属公司都设有研究部，研究部的主要功能之一就是了解国际市场的商品价格走势，跟踪外汇牌价，为国内制定商品价格提供参考。

可是，"文革"开始后，国内经济一片混乱，外贸系统也受到影响，老外贸干部都受到冲击，正常的工作秩序被打乱，哪里还有人关心价格，华润报回的市场走势等材料几乎成了废纸。

"文革"初期的几年，我国出口商品价格的制定少了"随行就市"，多了"稳价多销"。

1971年林彪事件后，国内形势有所好转，这时，有人提出调整出口商品价格的问题。这个提议本身是对的，可是，在讨论调整价格的具体方法时，争论就出现了：

一种观点认为，把国际价格与国内价格统一起来。

一种观点认为，成本加利润就是价格。

外贸部成立了"价格小组"，专门研究出口商品的定价问题。

在1972年秋季第32届广交会上，李先念副总理对出口商品价格作过5次指示①。

李先念指出：把国际价格和国内价格等同起来，这种做法毫无常识；"成本加利润"的作价方法太简单。他指出：要讲供求关系，要根据国际市场的行情，该涨就涨，该降就降。

在第32届广交会上，重点抓了出口商品价格的调整工作，对上千种商品进行了提价，通过提价，多收入外汇7000万美元。

这次提价商品涉及面太大，有些商品提价幅度过高，引起港

---

① 华润集团档案馆（第三馆）。

澳商人和外商不满。交易会结束后，华润公司就商品价格问题向外贸部提交报告，反映了港澳商人对提价的意见和不满情绪，再次提出稳价多销和研究国际市场承受力的问题。

可是，国内总公司和各口岸工作人员看到了涨价的好处，第二年纷纷提价，而且不分商品，不看国际市场行情，出现了乱涨价局面，甚至认为涨价就是爱国行为，能为国家增加外汇收入。

华润老前辈杨文炎说：香港是世界经济的"知风鸟"，华润则是中国政治气候的"知风鸟"。

1973年1月，上海某报纸发表署名文章，率先向外贸部发起攻击，同时攻击华润对出口商品作价太低。文章带头批判了"稳价多销"的出口方针。

紧接着，一场对华润的批判掀起高潮。一时间，"买一送五"成了家喻户晓的"把柄"，在大家根本不了解其真实含义的情况下，大批判、大讨论就开始了[①]。硬说华润是卖国。

他们以为，华润人在经销时，卖1个，送5个。

"买一送五"是华润为了回报客户和吸引顾客而搞的一种促销活动，即"买一块钱的商品，返还五分钱"。这种促销活动在香港屡见不鲜，香港的本地商场和外国商场每年都会举办这样的促销活动。在香港，"买一送五"人人都懂。

可是在当时的中国大陆，内地居民根本不懂为什么要促销，那时大陆商品奇缺，走后门还买不到。

在"极左"思潮的重压下，国内出口商品定价工作出现了"宁高勿低"的思想。

1973年第33届春交会，外贸部部长白相国点名批评了华润。

1973年4月29日晚，周总理和李先念副总理听取外贸部核心组汇报，在提到调价问题时，周总理指出："要研究国际市场情

---

① 采访聂海清记录。

况，不能太急，不能一锤子买卖，还要平等互利，互通有无。"

周总理和李先念副总理的讲话对遏制"提价"之风起到一定作用。但是，很难从根本上扭转。"极左"口号和"极左"思潮的流行乃至盛行很容易，阻止和消灭却很难。

1973年秋季第34届广交会上，陈云同志视察广交会。他要求外贸部管好商品的价格波动，商品价格要适应国际市场。陈云指出：商品定价不能凭主观愿望，要根据市场行情。价定低了，我们吃亏；定高了，外商不买，不仅东西压在那里，而且会失去国际市场。我们批评稳价思想，不等于提价就是马克思主义。稳价多销也许不全对，但高价高到卖不出去也不对。

陈云同志比较温和地批评了乱涨价的歪风[①]。当时陈云同志还没有恢复工作，因为周恩来总理生病，邓小平同志在1973年春季出任副总理，中央请陈云同志协助邓小平分管外贸。

1974年春季第35届广交会，在"反击右倾翻案风"的影响下，加上"批林批孔"，外贸出口工作再次走进艰难时期。李先念副总理受到冲击。1974—1975年，他不得不委托王震将军出来抓广交会。

广交会从一开始就是一个敏感地带，作为中国对外的唯一窗口，西方与东方的较量、资本主义与社会主义的斗争、传统与现代的角逐、各种思想在这里交会，每年举办两次，贸易谈判本身就是一种心理战、价格战、实力战。

以华润公司在广交会中的地位和作用而言，被冲击是必然的事情。

茅台酒出口一直由华润独家代理，以茅台酒为例：在1974年36届秋交会上，涨价很多，结果造成经销商减少，许多经销商转向销售外国洋酒。

---

① 以上领导人的讲话，摘自华润公司记录文件。华润集团档案馆（第二馆、第三馆）。

1975年8月，华润领导回北京向陈云同志汇报工作。20日，华润领导在香港召开例会，传达陈云同志讲话①。陈云讲了11个问题，涉及价格问题、统战工作问题等，他说："港澳是我们现汇收入占第一位的地区，我们进口需要外汇，香港是重要来源。""港澳有有利条件，也有不利条件。不利因素：它是自由港，我们的竞争对手是美国、日本、苏联、波兰、巴基斯坦，他们是补贴出口。""对港澳的一些商人，我们的合营商、代销商，在价格上一定要照顾。"陈云同志还说："要充分利用华润的地位和经验，华润的经验普遍实用。"

陈云同志鼓励华润干部："华润对国家担负的责任很大，又光荣。去香港工作是特殊环境的考验，这种考验意义重大，机会难得。"

陈云的讲话极大地鼓舞了华润全体干部，温暖了每一位华润人的心。

在"反击右倾翻案风"的形势下，在中国，在党内，两种力量在紧张地角逐着。

1975年，在周总理逝世前不久，邓小平和陈云等再次受到打击。

1976年春季第39届广交会，李素文到会检查工作，在她的讲话煽动下，"左"倾思潮泛滥。

人大副委员长李素文本来是辽宁省的一个劳模，售货员出身，是江青的爪牙，不懂经济学，对外贸工作可以说一无所知，但却以专家自居，用她在辽宁卖菜的经验判断出口价格。她认为，出口价格就应该大大高于内销价格。

在这次广交会上，她听取了一些人的片面汇报，自以为了解到外贸系统所存在的严重问题。在听取汇报的过程中，她也

---

① 华润集团档案馆（第三馆）。

了解到华润公司的一些情况，比如华润利用海外交易所采购大宗物资等。

她要求华润向她汇报工作。

从李素文要求华润公司递交的"书面汇报材料"和"书面补充汇报材料"中看，她对华润公司的历史和性质几乎一无所知。

她根本不懂：解放以来我党对香港采取的政策是"长期打算，充分利用"，我国对香港的出口工作绝不仅仅是"出口赚外汇"这么单纯，而是"出口供应"，就是说：用出口保证香港市场的供应，保证香港人民的生活需要；在许多情况下，"满足供应"的责任甚至大于"出口赚外汇"的任务。

聂海清说："那时华润的战略方针是，立足香港，背靠祖国，面向世界。"

对这些，李素文一概不知。

在华润的档案馆，我们看到了详细的会议记录。

1976年6月6—9日，张光斗在北京开会，国务院领导出席。10日，向李素文汇报。华润记录本这样写道：

李说："要发动群众，彻底清查，弄清家底，研究改进工作。107亿，要清出30—40个亿来，平衡今年的外汇。"

1976年9月13日，华润公司领导讨论赴京汇报文字材料，提修改意见。

9月15日，讨论聂海清的修改稿，定稿、打印。

好在华润领导内部的意见是统一的，这是香港进出口工作稳定的最大保障。设想一下，假如华润内部也出现一个"极左"分子，局面一定会乱。

16日，材料报送中联办、广东省委书记、外贸部党委。

一致通过。

1976年9月18日，李素文办公室再次来电话，叫华润领导于24—25日回京汇报。

1976年9月22日，华润公司经理张光斗、副经理张政、研究部主任杨文炎、办公室干部聂海清四人，准备动身去北京。

临行的前夜，华润领导们坐在一起，大家预感到大战来临时的寂静，预感到凶多吉少。周恩来、朱德、毛主席相继去世，唐山地震死伤无数，多灾多难的中国面临着严峻的考验。他们自己，也面临着严峻考验。

悲壮的气氛笼罩着华润。

张总嘱咐大家：把没用的笔记都烧掉，把重要的文件保存好，不要乱说话，所有上报的文字稿都要经过总经理办公会议讨论，集体通过，还要经过香港新华社①通过。

张总要求杨文炎②把家安顿好，他说：万一我们回不来，华润公司要负责保护他的家人。

他又对张政和聂海清说：我们三个肯定回不来了，毛主席刚刚去世，现在的形势非常敏感，我们要做好一切准备，防止万一。我们要把行李整理好，把文字的东西整理好，该销毁的就销毁，以防不测。

回到宿舍，他们默默地收拾行装。聂海清回忆说："我夫人和孩子都不在香港，他们在江苏，那天晚上，我给他们写了一封信，当时的心情就是做好了坐牢的准备。假如江青上台，什么事情都可能发生。"

9月24日，张光斗、张政、杨文炎、聂海清一行四人住进北京民族饭店。办理好手续，张光斗写了一张字条，让大家传

聂海清

---

① 即中联办。

② 杨文炎是香港人，有永久居民身份。

阅，上面写着："你们说话要小心，这里一定有监听系统。"大家看完，他抽烟，把字条烧了①。

1976年9月29日，在中南海，第一次汇报。张光斗、聂海清主讲，外贸部柴树潘副部长和王久安出席。

听完汇报，李素文不满意，大发雷霆，她要求张光斗等揭发外贸部的问题，她说外贸部存在严重的路线问题。发火时，她一会儿站着，一会儿倚着办公桌，甚至坐到桌子上，一点领导人的风度都没有，就像在吵架②。

李素文一边听汇报一边忍不住发问：你们在公司是怎么批邓的？外派的干部有没有坚持批邓（小平）？

张光斗就说："下边有，下边就会汇报到。我们是正面教育，学文件，讨论。"

华润汇报材料的题目是：《香港贸易工作执行方针、政策、路线的情况汇报》，内容包括以下几个方面：

一、香港是我国领土，目前仍为英国所统治，是一个资本主义市场，居民438万人，百分之九十八以上是我国同胞。香港是我与世界各国、各地区往来的主要通道之一。

二、根据中央对港澳的既定方针，在贸易方面我们具体贯彻、执行的政策和做法是：

1、加强对港澳地区的供应工作。

2、正确贯彻客户政策和统战政策。

3、根据毛主席关于"我们的目的不但要发展生产，并且要使产品出口卖得适当的价钱"的教导，贯彻按香港当地市场价格水平作价的原则。

4、贯彻"重合同、守信用"的原则。

---

① 采访杨文炎记录。
② 采访聂海清、杨文炎记录。

三、当前业务中存在的主要问题（略）。

关于定价，报告中写道：

① 对早晚市价不一和要大力发展的品种如活牲畜、家禽、塘鱼、中药材，部分工艺品、服装、针织品、石油等由我机构的企业自己定价直接售给批发零售商。这部分商品的出口额约为46212万美元（1975年数，下同），占我对港出口总额的31.59%。

② 对一些大宗的商品如钢材、线材、水泥、烧碱、蛋品、水果、蔬菜等由我根据市场行情和供求关系定价委托商人代销，商人拿一定的代销佣金（佣金率由1.5%~4%不等）。这部分商品的出口额为16365万美元，占我总出口额的11.19%。

③ 对一些价格敏感、波动大的商品如大米、食用油、砂糖、京果，部分棉纱、棉胚布、棉涤纶胚及部分轻工、化工等，采取活价方式，先订好数量、交货期和暂定价，在装运月前按市场价格议定固定价。这部分商品的出口额为28963万美元，占我总出口额的19.8%。

④ 对品种规格复杂、花色繁多、季节性强的商品如茶叶、土产、山货、成药、畜产、花色布、绸缎、抽纱，部分服装、针织品、工艺品、轻工小商品等，一次作固定价卖断。这些商品的出口额为54753万美元，占我总出口额的37.42%。

文件所注日期是1976年9月22日，全文约6000余字。

李素文听了这样的汇报，不可能不发火。汇报中不但不讲自己的错误，反而自我表扬，还给上级领导提出许多要求，甚至还给她"上课"，讲外国定价时参考的各种"因素"。李素文要的是打倒外贸部的检举材料，他们要篡夺外贸外交大权。

李素文说：回去修改，要端正态度，准备第二次汇报。

1976年10月4日，再去中南海，第二次汇报。

李素文还是不满意。她说：写一份关于华润的介绍，尽快报来；准备第三次汇报，不要谈价格问题，专门讲怎么组织批邓。下次听汇报，会请纪登奎副总理参加。她是在施加压力。

10月6日，关于介绍华润的材料写好了，通过外贸部递交给李素文办公室。

我们在档案馆找到了这份在紧急状态下起草的文件，题目是：《我驻香港贸易机构组织、人员概况》，写于10月6日，是一份手写稿，没有打印。在文件上面的空白处，聂海清这样写道："这是十月六日下午，通过外贸部值班室送李素文副委员长的材料。因要得急，未来得及打印，就以此稿送的。共复写两份，此份存。聂海清　6/10"。

从这份文件中不难看出，"四人帮"一伙对我党领导的早期海外贸易一无所知，这样的人居然要篡夺党和国家的领导权！

1976年10月6日，报告递交上去后，张光斗一行人回到民族饭店。他们估计很快就会第三次汇报。

他们一行四人在民族饭店忐忑不安。张光斗和张政在北京有家，可是不能回，也不能见朋友，这实际上是一种"软禁"。

两次汇报都被否定了，形势更加严峻，江青一伙如此猖狂，第三次汇报会怎么样？常言道，事不过三，他们会不会大开杀戒？

夜晚，万籁俱寂。中秋的北京叶落长安，一片秋的萧瑟。为了统一认识，大家在一起召开非正式会议：我们的态度改不改？

他们四人一致认为：不能改，我们说的都是实话，是实情，不能改。我们都是共产党员，为了香港人民的利益，为了祖国的利益，不能违背党性原则。

这是决定命运的时刻，他们做好了"坐牢"的准备。

半夜时分，四个人毫无睡意。他们坐在张总的房间里，默默地等候天亮，屋子里充满了烟雾，吸烟、沉默，在沉默中相互鼓励，这是他们此时唯一能做的事情。

也许该向家人告别，可是，他们都知道，他们的行踪一定是被监视的，他们的电话一定会被监听。

他们就这样默默地坐着，用四个人的团结等待厄运的降临。他们一直坐到后半夜。1976年10月7日凌晨3点，有人敲门。黎明时分的敲门声令人不寒而栗，他们都站起身来，在彼此的注目中鼓励着对方。

打开门，进来的是华润公司副经理高尚林。

高尚林急匆匆地报告了一个振奋人心的好消息：

就在几小时前，"四人帮"刚刚被粉碎。

张光斗、张政、杨文炎、聂海清简直不敢相信自己的耳朵，当他们确定自己没有听错后，高兴地拥抱在一起，幸福的热泪夺眶而出。

祖国有救了，我党有救了，外贸工作有救了。他们笑啊，哭啊，激动啊，种种复杂的心情难以言表。

清晨，他们走进四川餐厅，要了一瓶酒，开怀畅饮。没说一句祝酒辞，可是谁都知道为什么喝酒。

10月7日，虽然电台还没有广播关于"四人帮"被粉碎的消息，但是，敏感的北京人显然已经知道了，大街上传来鞭炮声，人们在兴高采烈地喝酒庆祝。

两位张总终于可以回北京的家了。杨文炎留京办其他事情。

10月8日，聂海清乘飞机返回广州，此时广交会还没结束，他一到会场就被团团围住，本来大家都为他们捏着一把汗，见他顺利归来，高兴不已。外贸部的人、华润的人、各总公司的人都来了，问他北京的消息。他虽然还不能公开说"四人帮"被粉碎的事，但是，他的喜悦表情已经说明了问题。

晚上，外贸部部长助理王润生把聂海清拉到自己的房间，两人谈了整整一夜。王助理嘱咐聂海清：香港消息灵通，我们还没传达，也许他们已经知道了，你是从北京回来的第一人，过香港海关的时候，假如有人问起，你要想好怎么回答。

聂海清9日回到香港，马上召开会议，李文学副总主持，聂海清汇报了在北京的经过。

10月16日，正式文件下发，中央通过文件的形式先在党内传达了粉碎"四人帮"的经过。

10月25日，李先念副总理在会见伊朗大使的时候，第一次向世界公开了这个消息，他说："国内形势大好，我们取得了粉碎'四人帮'的胜利。"

11月5日，华润公司在香港举行招待会，高朋满座，华润用大闸蟹招待好友，庆祝粉碎"四人帮"的胜利。五丰行独家经营大闸蟹出口，那些天，大闸蟹销量猛增。

香港人民也同样兴高采烈，对粉碎"四人帮"这件事反应良好，大家都憎恨"四人帮"。

经过十年"文革"，中国终于开始摆脱"左"倾思潮的束缚，走向改革开放的新里程。

1977年，在北京饭店召开全国外贸工作会议，姚依林副部长请华润出一期专门的简报，介绍一下"买一送五"的情况。

华润回顾道：

最初，"买一送五"主要是针对"花色布"出口，最先是从福昌公司的老板高四姑开始，其实就是95折。那时国家定价很死，不能降价，只好以送的名义让利。

事情一讲就明白了，大家都是聪明人，只是受体制束缚而已。

华润所讲的"定价理念"给外贸系统的年轻人上了生动的一堂课，这种经济学对那些在红旗下长大的青年人来说，是闻所未闻的，因为，大家从不怀疑物价稳定就是社会主义的标志之一。华润的介绍让大家开了眼界。

价格之争就这样结束了。

价格之争表面上看只是一般的经济问题，但实质上，这里面蕴含的是一场政治斗争，是"四人帮"一伙借价格问题向党和国家领导人发起的进攻。在这场斗争中，华润公司成了被攻击的首要目标，"四人帮"希望华润公司与他们为伍，这样，他们就多了进攻的力量。可是，华润公司是一支有着光荣革命传统的队伍，他们一向从香港人民的利益和国家的利益出发考虑问题，根本不会考虑小团体的利益和个人的利益，所以，他们不可能说瞎话，说假话。

这正是华润能够坚持到底的力量所在①。

华润公司再次经受住了严峻的考验，这次考验的残酷性完全不亚于战争年代，他们同样做好了牺牲的准备。

---

① 1979年公审"四人帮"前，中央指示华润进口空白录像带300盒，华润以最快的速度将录像带送到北京，保证了公审的顺利进行。

第五十四章　广交会"四办"

全国解放后，华润驻广州办事处一直委托广州外贸局代管，前后经历了这样几个阶段：

1949年杨琳在广州创办"励兴公司"时，励兴公司由省委叶剑英办公室直接分管；1952年改为华润驻广州办事处，李瑞文、余秉熹、麦文澜先后负责。

内地划分为"大区"管理时，华润驻广州办事处曾叫做"中南外贸局代理科"。

"文革"初期几年，由广东省革命委员会"生产组"①分管，叫做"生产组第四办公室"。

林彪事件后，广交会行政管理进一步升格，由外贸部直接领导，广东省协助。1972年，在郑少康任广交会秘书长期间，华润驻广州办事处成为广交会的一个机构，称为"广交会第四办公室"，简称"四办"。

从1966年起，广交会的大会接待机构下设了三个接待来宾的办公室，"四办"是1972年增设的。

一办：负责接待西方商人；

二办：负责接待日本商人；

三办：负责接待港澳同胞、海外华侨；

四办：华润办事处；

---

① "文革"期间，各单位、各部门都要"抓革命促生产"，于是各部门都设立了"生产组"，负责日常业务性工作，另外设有"革命组"（名称不一），专门抓革命。

前面"三办"只是在广交会开幕期间存在，广交会散会后就不存在了，只有"四办"是一直存在的。

"四办"的任务有以下几项[1]：

1、文件中转：国务院、外贸部等上级机构与华润公司之间的文件往来、全国外贸系统与华润公司之间的贸易文件和普通信件往来，都先用航空信寄到广州，再由"四办"送到深圳，而后由深圳办事处送到香港（1991年深圳机场建成后，就直接寄到深圳了）。

这样做的原因，一是为了安全，万一邮局丢失也丢在国内；二是为了节约经费，国内平信一般8分钱一封，而直接寄到香港算国际价格，要几块甚至几十块钱。

2、接待华润来往人员。从国内派到华润工作的干部，先到这里报到；从香港回内地出差或探亲的人员，都要在广州乘火车（那时不能乘飞机），大家都在这里住宿。办事处有一个招待所，负责购买火车票，与火车站关系密切。

3、接待全国外贸系统到香港出差、考察的人员。几十年的时间里，内地到香港考察的人员都由华润接待，由华润安排在香港的行程，安排参观学习。因此，他们也先到"四办"中转。

4、中转国内急需的进口药品。

5、给华润员工的孩子做监护人。50年代后，

徐国荃，50年代华润公司员工，采购过大量药品

---

[1] 采访林智溪、廖新谦记录，林老1965年到华润驻广州办事处工作，廖老1972年到"四办"工作。二人都曾任"四办"负责人。

内派干部的孩子都回到国内读书，1967年香港"反英抗暴"后，左派学校受到港英政府的排挤，中资机构也受到不同程度的刁难，因此，大批在华润工作的香港人也把孩子送回国内读书。孩子住校，周末到办事处休息。办事处派梁凤照顾这些孩子。

6、接待华润参加广交会的人员，办证、安排住宿、安排谈判、安排会见，等等。出席广交会需要提前办证，早期是鱼尾"来宾条"，后来是带照片的胸牌，华润及其下属公司来人很多，办证量很大，都由他们代办。

7、协助广交会工作。这是最重要的工作，也是最繁重的工作。每年两次广交会，他们都是工作人员，熬夜是必然的事情。"文革"期间，红卫兵到广交会捣乱，要砸烂这个，砸烂那个，他们要保护展览会会场，保护来宾，保护展品。

历届广交会邀请华商、侨商、外商的名单，确定名单和邮寄邀请函的工作都需要华润公司参与。1975年春交会前，外贸部要求对拟邀请的客户重新提名，总原则是："客户要适当多一些，特别是中东、非洲产油国家的客户，西欧、美洲的大百货公司、超级市场的商人要多请一些。"

华润需要重新调查海外客户，那时没有互联网，调查工作很麻烦，方式也很原始，大批资料都需要手抄、铅排。华润与广交会、华润与外贸部、华润与贸促会之间的文件往来不计其数，这些都是经过"四办"传递的。

1975年第37届广交会共邀请了16724位客商。

"四办"员工是广交会的见证人，他们亲历了广交会的变迁。

据不完全统计，60年代后历任华润驻广州办事处第一负责人的人员有：肖秀莲、郑少文、吴春棉、张宝、伍平、郭伟之、陈元成、庄功镇、廖新谦、苗俊卿、潘绪振、杨志泉、郭永远。

华润办事处的工作人员都是经过挑选的，政治上可靠，

人品上可信，他们
懂得职业纪律，工
作兢兢业业，万无
一失。

廖新谦说：
"工作很寂寞，还
有危险。"

有这样一个故
事：1976年10月16
日下午，一列从深

左起：廖新谦、林智溪、郭永远

圳开往广州的火车突然脱轨，翻倒在路边。华润交通员林智溪就
在火车上，他和文件袋被埋在物件下面，他穿着半袖衬衣，破碎
的玻璃弄得他遍体鳞伤。爬出火车后，他先把信件送回办公室，
然后才去医院包扎。林智溪回忆说："那天晚上本来伤痛很难
受，可是，突然传达了粉碎'四人帮'的消息，很兴奋，一夜没
睡着。"

实际上，"四办"是他们的代号，"华润驻广州办事处"才
是他们的真正名称，可是，在广州，政府和相关机构的人们都知
道"四办"，都习惯地称他们为"四办"。

郭永远说："我是最后一个'四办'的人，等我退休了，
'四办'就消失了。"

"四办"承担着广交会与香港华润之间的联系，这里有必
要介绍一下广交会的客商邀请工作。

改革开放前，内地的人士出国很难，外国人进入中国也很
难。邀请海外商人和港澳商人参加广交会，客人名单都是华润公
司汇编的，邀请函都是华润盖章发出的。从1957年春季第一届广
交会到2000年，四十四年里华润一直有专门机构和专人负责此项
工作，到20世纪90年代，已经有电脑了，华润还有三名员工专门

从事此项工作，他们的编制放在华润咨询公司，叫"请帖组"①。

此时他们的工作程序大致是这样的：

第一步：国内各外贸总公司、省市分公司提交自己的客户名单（通常是企业名单）给华润；

第二步：华润整理国内提交的企业客户名单，并考虑以往老名单，再加上上届广交会后新的申请名单，确定全部客户名单；

第三步：把申请表寄给客户，请客户填写与会人员姓名等信息，每个公司可填写6人，客户将申请表寄回华润；

第四步：根据回函制定详细名单。这项工作通常很麻烦，每个客户（公司）派出的6名与会者往往每年不同，要一一列表，做卡片。

第五步：给每位与会者寄出正式"邀请函""标签"和"参观广交会须知"等指引类文件。每个信封里有5至6份文件。

与会者凭"邀请函"办理进入中国的签证；凭"标签"到广州的广交会换取入场券（标签上有名字、号码等）；

信封装好后，对港澳商人的邀请函，华润委托中华总商会邮寄；对外商、侨商的邀请函，全部由华润邮寄。

到90年代中期，华润长期联系的客户名单（企业），港澳商人超过50000个，外商和侨商超过15000个。

---

① 邀请函上盖的章换过几次，90年代的印章为：华润集团有限公司请帖组。

电脑出现之前，邀请函全部是手工誊写，加上盖章、装信封、分发，两次邮寄信件，第二批信件中，每封信里都装着5至6种材料，工作量有多大，今天的人真的难以想象。王金亮说：每次寄出的材料都是几卡车。

还有一些临时客人，来自世界各地，没有邀请函，却希望参观应届广交会，都由华润办理。尤其是广交会快要结束时来的客人，一般都由华润派人亲自带回内地，帮他们办理签证。

为办好春季、秋季广交会，外贸部每年要召开四次相关会议：会前开筹备会，会后开总结会。华润的相关工作人员都要参加，还要写文字材料。

华润为广交会发邀请函，从1957年第一届起，直到2000年。

四十四年中华润所支付的人工费和邮寄费用，也不是小数目。华润人认为值得，只要对外贸有利，对祖国有利，对香港有利，就值得。

相关链接：

关于邀请五家香港外国银行参加交易会的批复

华润公司：

你公司1974年3月1日经办（74）字第028号文收悉。同意邀请香港上海汇丰银行、渣打银行、加拿大皇家银行驻港办事处、瑞士联合银行驻港办事处、英国苏格兰皇家银行香港代表办事处共五家银行派代表参加今年春季出口商品交易会。

此复。

中华人民共和国对外贸易部
1974年3月15日

第五十五章 "文革"时期华润人的生活

从1966年到1976年，在这十年里，与国内相比，华润在香港还是比较平和的，没有发生武斗，也没有戴高帽游街和大批判，在华润先后任职的丁克坚、张光斗总经理都没有挨斗。相反，此前回到北京的华润干部几乎都成了"特嫌"。

华润创始人杨琳时任外经委副主任、党组书记，在外经委被迫害致死；

第一任董事长钱之光，瑞金苏区的老革命，时任纺织部部长，受到批判。

第二任总经理李应吉时任外经委副主任，在外经委含冤死去，造反派硬说他是"跳楼自杀"，"是自绝于人民自绝于党"①。

华润老副总浦亮畴也被说成是"跳楼自杀"②。

第三任总经理张平时任中粮副总，在中粮公司受批判。他是卢绪章的战友，也是"与魔鬼打交道的人"，罪名可想而知。

在"文革"初期，德信行总经理谢鸿惠的孩子在广州读初中，被红卫兵武斗的乱枪射中，送到医院后死去。

香港的情况稍好一些，但也充满了"极左"气氛。香港员工也要学习毛主席语录，背诵老三篇。

丁克坚等高级干部在香港免遭批判，不过，华润的干部还是

---

① 我们在采访李应吉的夫人徐景秋时，老人家一再说起：老李不可能自杀，他在国民党的监狱里被关了几年，受尽严刑拷打，他都活下来了，他怎么可能自杀呢？
② 浦亮畴去世时的情况未了解到。这些老干部在"文革"后都得以平反。

要学习，要不断地开会，斗私批修。

60年代末毛主席提出"五七干校"号召后，华润干部也被部分调回，包括巢永森夫妇、何平夫妇、程文魁夫妇、周德明等在内的一批香港干部，分别被送到河南息县和北京小汤山五七干校，他们是香港人，本来可以过一种香港式的优越生活，没想到却要接受改造，一去就是三年零八个月。

好在这些人坚信自己的共产主义理想，始终不变地坚持自己的信念，他们没有动摇，保持了崇高的人格魅力。

70年代中，他们回到香港，继续在华润工作。

华润普通员工此时也要不停地开会。他们还组成了毛泽东思想宣传队，到香港的工厂、学校、剧院演出，也曾到澳门和广州演出。

他们学演样板戏，《红灯记》《智取威虎山》《白毛女》是他们的保留节目。

1967年元旦联欢游艺会，节目由华润员工表演
照片提供：徐造时

华润还组织员工回内地参观，香港员工参观团到过大寨、延安、井冈山、北京、韶山等许多地方。我们在采访中，一些香港员工说："真没想到他们那么穷，我

1967年元旦联欢，节目由华润员工表演
照片提供：徐造时

1966年华润公司组织员工去韶山参观学习 照片提供：李威林

1966年华润公司组织参观学习合影 照片提供：李威林

1966年华润公司组织去韶山参观学习 照片提供：李威林

们把钱和衣服都捐给他们了。"

"文革"时期，香港和内地之间交流很少，参观活动使港人领略了祖国的大好河山，有较好的积极作用。不过，贫穷也暴露在他们的面前。

其实，那时华润员工在香港的条件也很艰苦，最难的一点在于，没有房子。前面提到，上级不允许华润在香港购买房地产，因此，大家的住宿条件极差。

香港当地员工的房子，也是租的。

聂海清说："住房基本上都是租的，只有堡垒街的宿舍是自己的，是刚解放时从旧海关划归华润的。华润工矿部24个人住一个大房间，纺织部18个人住一大间。外汇管理很严，在购买房地产和装修上不能动用一分钱。""从一下班大家就开始排队冲凉，到半夜还没洗完。有时候要等到凌晨两三点。"

大家都是"夜猫子"，看小说，听广播，下棋，小伙子在一起，也热闹。

那时宿舍里还没有电视，业余生活很单调。

为了节省外汇，内派干部都不能带孩子，夫人随任是有条件的①。

华润的干部主要来自几个渠道：外贸部、进出口总公司、分公司、各口岸，都是几年轮换。

港英政府规定，在香港住满七年就可成为香港永久居民。为了不转变身份，上级规定，华润干部都要轮换，这样一来，内派干部没有长期的。倒是那些香港身份的干部成为华润公司不变的中坚力量。巢永森在华润改制前的50年里任个人股东，他名下有上千个名牌产品，就是因为他们不需要轮换。

内派干部要轮换，所以，内派干部多数都是单身在香港。

---

① 外派干部的规定在"文革"前后有些变化，不详细叙述。

华润要求大家每天10点前回宿舍就寝。

有这样一个故事：工矿部有一个从广东来的年轻干部，他每天回宿舍睡觉，从来没在外边过夜。可是，等他调回的时候才发现，他已经在香港结婚，孩子都上小学了。他就是每天10点前回来，排队冲凉，睡觉，屋子里人多，这样很正常。

其实，这种干部轮换制度严重地影响了业务的发展，做贸易是需要培养客户的，需要认识很多人，形成一个客户队伍，如果轮换频繁，这种业务关系难以维持。

另外，做贸易有一定的周期，从签订合同到发货，再到回款，需要时间，如果在这个过程中发生人员轮换，很可能由于衔接不好，给国家造成损失。

华润精艺公司曾经发生过这样一件事：上级突然来函，宣布总经理陈先生调回，当时公司有1200万货款没收回。总经理离开香港时，向副经理做了移交，同时，在报纸上登了一份广告，声明自己已经离开精艺，今后精艺的一切业务与他无关①。新任总经理来了，追货款，有一位债权人说："这与你无关，这是我与陈先生的事。"

1971年"九一三"林彪事件发生后，丁克坚受到审查，原因是：林彪集团曾进口过10辆防弹汽车，还有一些精密仪器，是通过华润进口的。

1971年底，华润经理丁克坚被调回国内②。

1972年元旦过后，张光斗调到华润任经理。

张光斗是一位很有魄力的好干部，他来以后，在基本建设方

---

① 这是一种自我保护行为，担心日后出现经济问题。后来货款还是追回了。

② 审查期间，丁克坚停止工作，问题查清后，被安排到国家旅游局工作。情况很明显，华润按国家计划进口物资，并不需要了解这些物资怎么使用、由什么人使用。丁克坚在华润期间，三年自然灾害进口粮食，"文革"中顶着压力保障进出口等，贡献很大。

面做了大量工作，也取得了惊人的成就。

建油库和仓库的事前面已经提到，此外，他还购买了一些宿舍：

西环侨发大厦（宿舍）；

湾仔华远大厦（5层以下办公，上面作宿舍）；

油麻地宿舍楼；

北角堡垒街拆掉改建（宿舍）；

70年代末购买湾景大厦（底座办公，上面作宿舍和招待所）。

到1976年，华润已有员工2300余人，内派干部318人，急需解决住房问题。

通过购买这些房地产，基本上解决了香港当地老员工的住房问题，使他们一家老小有了属于自己的家；也改善了内派干部的住宿条件，基本上实现了两三人合住一个单元，每人有自己独立的一间卧室，共用厨房和卫生间。

到1974年，华润内派干部有40对夫妻在香港团聚，虽然还不能带孩子，但是，感觉还是好了许多。

华润较早地开始使用电脑。

1974年3月，华润用26万美元购买了当时最好的电脑设备，可以连接8台打印机。华润开始接触电脑，计划用三年时间进行培训，继续投资160万元实现贸易系统电脑化。

1974年7月16日，何忠祺向领导汇报电脑使用情况，介绍电脑工作人员应具备的素质。当时，华润已开始有计划地培训电脑人才，包括编程人员。

1971年，华润恢复了因"文革"而中断的"为国内订购外文报刊"的工作，当年订购杂志报纸44种，并按时寄回国内。

1971年，为国内购买科技电影40部，发送科技资料570项，购买样品53项。

关于委托华润订购外国书刊有关问题的请示

随着大好形势的发展，调研工作的加强，国内委托我订购外国书刊的单位和数量不断增加，书目范围日广，出版的地区遍及全世界。目前除外贸部国际行情研究所长期委托我订购美国等地出版的书报外，尚有2个总公司、3个外贸局和17个外贸分支公司共23个单位，订购的外国报刊114种（大部分是有关经济贸易方面的），其中属于长期订购的有40种左右，如大公报、经济导报、每日新闻、朝日新闻等。最近，上海市革委会写作小组通过上海市外贸局委托我代上海9个单位15个部门订购的书目更为繁多，共约251种，内容包括：从幼儿园的英文教科书到政治、军事、外交、工农业、经济、贸易、银行、党派、人口、社会制度、地理、历史、化学、数学、哲学、文学、字典、小说、人物传记、陆地、海洋资源、统计、年鉴、手册等，7种文字（英、法、德、俄、日、西班牙、中文），出版社遍及欧、美、亚、澳洲等地。5月23日广东省外贸局亦来函称：用4000美元外汇订购169种书刊目录，出版地亦遍及各大洲。

看来，委托我订购外国书刊的趋势将随着形势的发展而随之增加。……

华润公司

（日期不详）

华润人在学习，在努力。在"文革"时期，香港作为一个窗口，华润作为一支可靠的队伍，承担了很多。

第五十六章　华润零售的发展

华润零售业的发展经历了这样几个阶段：

第一阶段：解放初期，1952年"港管委"成立后，华润公司开始代表祖国对中国国货公司行使部分管理。1954年后，业务合作增加。那时，华润公司凭借进出口贸易之方便，把大量土特产品、食品、工艺品、布匹衣物、五金家电等商品交给国货公司代销，这样，贸易部门和零售部门彼此合作，互相促进。1958年起，中国国货股权变更，华润持股不断增加①。1959年，华润对中国国货公司投资100万港币，并购买小股东股权，成为绝对大股东。

第二阶段：在20世纪60年代初期，由于印度、印尼等地反华排华，我海外华侨生存乃至生命都受到威胁。在中国政府的帮助下，大批华侨回到香港和大陆。对于回到香港的华侨，华润代表祖国担负起帮助他们安家、置业的任务。在华润总经理丁克坚的带领下，华润出资帮助他们开办门市，还把出口商品交给他们代销，1960年至1964年香港零售业迅速发展，销售国货的商店遍及香港各个角落，街面小店不算，较大的商场多达73家。其中华润旗下的大华国货等一批大商场脱颖而出，许多华侨得以就业。港澳同胞相信国货，而且，国货代表的是一种"乡情"，海外游子到香港都会采购大量国货，带到国外，自己用，或者送朋友。

---

① 华润的股权由何平等四人代持。在20世纪90年代以前，华润公司在香港是以私人名义注册的，公司股份由华润领导层和部分员工代持，比如巢永森数十年一直是华润股东，持股很多，但并不是私人股份。

华润的几家国货公司都有邮寄业务，专门负责给海外华侨邮寄商品，国货商品源源不断地流向世界各地。在海外华侨和国货公司之间建立起很好的彼此信任的关系。

第三个阶段是"文革"十年期间。由于我国国内市场供不应求，海外华侨和港澳同胞念及国内亲人，都会在香港采购商品，然后寄回国内，聊以弥补亲人的生活所需。那些年，我国的出口商品出现了"倒流"局面，华润国货的邮寄部忙着往国内寄邮件。如今提起这段往事，老人们还会感到难过，"极左"思潮给中国人民造成的灾难无法形容。

第四个阶段是改革开放初期，华润领导和国货公司的负责人经历了一次思想解放的大争论：国货公司能不能卖"洋货"？中国国货公司是以"抵制日货"起家的，四十年后，到了70年代末期，我们能不能卖日本家用电器，比如日本的电视机。当时的华润领导张光斗总经理、张先成、张政副总经理多次召开会议，他们提出了一个很简单的道理：世界上的商场都是各国商品都卖，哪有只卖本国货的？时代不同了，我们也要改变。

这里摘录1982年11月22日"华润总经理工作会议"会议记录如下：

> 王富凯：国货公司是我国建设成就的橱窗，这个宗旨不能变。过去香港有73家国货公司，现在有63家。这63家应该如何搞，国货公司经营方针应该如何变化？
>
> 高尚林：国货公司是否可以经营洋货？现在的情况不是可不可以，而是除了我们自己的三家外，其他店都经营了，我们怎么办？
>
> 赛自爽：今天的会不能做出国货公司不允许卖外货的决定。
>
> 宋一川：现在不能管得太严，应开个口子：1、缺货

的；2、缺档次的；
3、脱期的；这三类
可以进洋货。

经过上上下下的反复讨
论，又经过外贸部批准，华润
国货公司终于打破了只能"销
售国货"的限制，开始卖外国
商品。80年代初期，大批日
本的家用电器卖到港澳地区和
东南亚，在香港市场趋于饱和
后，港澳同胞和海外华侨开始
给国内亲人购买家电，大批家
用电器从香港邮寄到内地，华
润还开创了"香港买单国内提
货"的销售模式。

同时，随着我国出国人员
的增加，免税家用电器的销售
也兴旺起来，华润公司率先办
起了出国人员服务部，他们可
以在香港的华润百货买单，然
后，在国内提货。

"海外买单，国内提货"
这种业务模式最初是由华润零
售开创的。

1978年，华润对旗下三
家国货公司——中国国货及

中国国货冬季酬宾，沈殿霞在颁奖

抽奖现场，顾客盈门

国货公司促销活动

大华国货公司

其分店、大华国货，增资4000万港币，至此，私人股比例降到
0.7%以下。

1980年6月，华润三家国货公司的代表在华润副总张政的带
领下，去日本参加国际零售商会议，学习日本对零售业的管理方
式。他们从日本采购了一些商品，作为样品带回北京。后来，样
品逐渐多了，就在外贸部附近的台基厂举行了一次内部展览，精
美的小包装令外贸部的干部们赞叹不已。有这样一个笑话：样品
中有一种商品叫"香菇"，参观者不知是何物，怎么看都像"蘑
菇"。他们请华润人当场打开包装，果然就是蘑菇。于是大家哈
哈大笑，明白了一个道理：叫"香菇"就能卖一个好价钱，叫
"蘑菇"就是土货，不值钱。

这次非正式的展览使这些"老外贸"开了眼界，大家认识
到，"小包装"和"好名字"都能创造价值，超级市场的出现改
变了人们的消费模式，人们需要小包装。

虽然那时中国大陆还没有超级市场。

80年代初期，华润开始在香港投资超市，迅速发展到几十家。

本章对1959年以后中国国货公司的变迁作简要介绍。

在香港，中国国货公司一贯坚持货真价实、价廉物美的经营方针，奉行热情真诚、童叟无欺的服务理念，得到社会各界的信赖。

1959年正当公司业务发展较好的时候，原址德辅道中24号业权易手，新业主限期国货公司迁出。从7月16日起举行搬迁大减价一个月，至8月15日停止营业。

新租轩尼诗大厦地下及二楼作为商场，1959年9月28日开幕。因拆迁引致停业共计44天。后来，轩尼诗大厦四楼业主愿将全层出售，董事会决定购入。

新厦商场面积合计12600余平方呎。新址偏处东区，当时比较僻静，初期营业并不理想。为争取生意，公司将营业时间改为上午10时30分开市，至晚上10时收市，以便该区各阶层居民购物。随着国内来货花色品种日益丰富，规格质量不断提高，加之东区旧楼纷纷改建，人口陆续增加，冷落地区渐渐变得兴旺热闹，公司业务才日趋稳定。

电风扇经销业务一向被列为公司重点。1963年起，公司委托本港安乐电器行、商业电器行、明兴电器行及球记电器行为国产风扇分销商，协助开拓市场；同时又主动听取用户对产品的意见，反映到厂方予以改善。丰特华生牌及钻石牌厂方均感欣慰，对国货公司不胜感谢。

随着业务不断发展，公司决定扩充商场。1963年3月购买波斯富街宝明大厦共17个单位，共135000元。

1963年初，公司与中国中发公司等共同组织了万新服装公司[①]。初期投资港币10万元，其后增至20万元，该公司于当年3月开始营业。

1964年12月10日大华国货开业，胡士澄兼任大华国货经理，

---

① 万新公司为华润旗下的"灰色公司"。

倪维良任副经理，账务股长詹虹及王慧贞、李溢华一同调往大华国货公司。

1966年12月间，租用九龙宏安大厦地下及二楼至五楼各层，面积约18000余平方呎，开设九龙分公司，于1967年4月28日开业，李兴发任经理，张南光任副经理。至1983年，九龙分公司租约到期，关闭。

1971年12月至1973年间，公司与大华国货合作投资建造货仓。香港政府拍卖九龙琼林街新九龙5462地段，参与竞投。公司以720万元投得，分四期交款，由1973年6月起，至1975年5月止交清。董事会成立独立的中大货仓公司，资本额500万元。大厦命名为中大货仓大厦。

中大货仓大厦自1974年6月动工，至1976年9月落成，为21层货仓大厦，建筑费用连同地价全部成本共2000万元。

1976年11月8日，又一批老员工退休。董事会推选张政董事及程慕灏董事出任常务董事，聘任高云山先生为公司经理，范光先生为副经理。

乐声大厦商场1977年12月20日开业，在开业酒会中被嘉宾誉为"气派不凡的国货公司"。1976年12月17日董事会决定购铜锣湾怡和街乐声大厦楼下14个单位及二至五楼，面积合计106869平方呎，楼价连地皮补偿费合计港币70823180元。乐声商场运用资金达亿元以上，华润董事会建议将公司注册股

1977年11月成立的铜锣湾怡和街乐声大厦总公司商场外貌

本从500万元增资至5000万元，并于1978年12月25日召开股东特别大会通过。

记录显示，1978年公司营业额合计17155万元，1979年营业额达23677万元，1980年营业额达27578万元。营业额增长加速了资金回笼。截至1980年，银行贷款已全部还清，尚有余力再图发展。

1982年1月15日张政调回国内。华润推选高云山为董事长兼总经理，范光为常务董事兼副总经理，周颂远、陈渭仪为副总经理，吴祥调华润公司工作。1983年6月25日，华润决定，高云山不再兼任总经理，聘请王逸和为公司总经理。

| 郑铁如 | 程慕灏 | 张政 | 高云山 | 范光 |

荃湾分公司于1983年6月10日开业。公司购置荃湾南丰中心一楼五个铺位，二楼全层，三楼全层及三楼平台作为商场，面积合计共76128平方呎，另平台8000平方呎，楼价计港币6600万。其最大特色是商场售货采用半自助形式，尽量减少装饰柜台等设备，以便顾客有更多空间走动，挑选自己喜爱的商品。商场采用电脑收银、核点、理货等。

20世纪80年代初期，华润零售业又经历了一次转变：其一，在香港建超市；其二，立足香港，面向祖国，开始投资内地零售行业。

在采访中，几位华润老前辈都向我们讲述了这样一个故事：蒋介石很喜欢吃江苏产的阳澄湖大闸蟹。大闸蟹的出口由五丰行

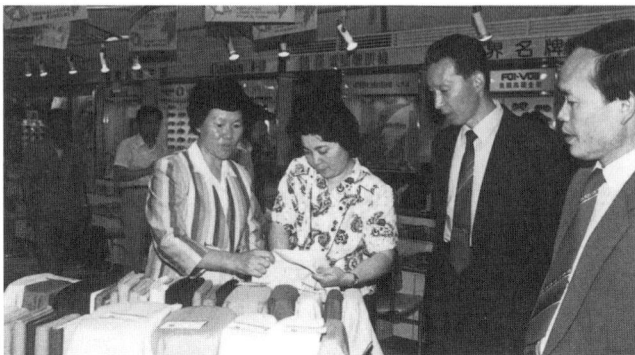

国家经济计划委员会副主任郝建秀（左一）参观国货公司

代理，在华润的零售商场有售。蒋经国请人从华润商场购买了一批，从香港运到台湾。蒋介石曾下令台湾海关限制大陆商品入境，鲜活商品更不能进入海关。为了不破规矩，他们在机场煮熟了，再拿给蒋介石吃，那天，蒋介石吃了一顿鲜美可口的江苏大闸蟹[1]。

这是1974年秋季的故事，当时香港报纸曾大肆报道。

1975年4月，蒋介石死于台湾。

"文革"前，大陆商品进入台湾主要是通过华润零售商场，尤其是中药，台湾人很喜欢中药。"文革"后期，华润与台湾之间的贸易活动开始增多。1976年粉碎"四人帮"以后，对台贸易更受到中央重视。

一个重要的转变是，华润零售商场开始主动"采购并销售"台湾生产的产品。

事情是这样的：

1979年元旦，全国人大常委会提出：台湾和大陆之间"完全应当发展贸易，互通有无，进行经济交流"。根据这一精

---

[1] 蒋介石其实是想念大陆了。

神，外贸部制定了《关于开展对台湾贸易的暂行规定》，得到中央批准。

华润公司接到文件后，提交了《关于香港国货公司销售台湾省产品的请示》，得到外贸部批准后，华润零售公司开始公开地、批量地采购台湾商品，成为对台贸易的渠道之一。

经过国务院对台办批准，华润确定了几十家台资背景的商号（其中21家为重点），给予业务关照。这些商人可经香港进入大陆，办理出入境手续我方海关给与特殊关照，目的是保护商人免受迫害。

这些人大都成为台资回内地投资的先锋。

20世纪50年代末开启的对台贸易，从初期的"秘密进行"到此时的半公开，统战工作取得巨大进展。

在华润国货开展对台贸易的同时，华润进口部、出口部的对台贸易也全面展开。

华润还向国内相关部门全面介绍过台湾的"楠梓特区"。

就台湾方面而言，他们对于来自中国内地的产品仍采取严格限制，不准转口输入台湾。直到1983年台湾才有限度地开放进口，1983—1984年前后三次开放了1844种商品，允许台湾商人从港澳采购大陆商品。从1983年以后，华润与台湾之间的贸易逐年递增。

据不完全统计，1977年，大陆与台湾通过香港的转口贸易金额只有几千万美元，到1989年，经香港转入大陆的台湾商品已超过28亿美元；经香港转入台湾的大陆商品也超过了6亿美元。

相关链接：

关于开展对台湾贸易的暂行规定的请示

国务院：

根据今年1月1日《人大常委会告台湾同胞书》关于台湾和大陆之间"完全应当发展贸易，互通有无，进行经济交流"的精神，我们拟订了《关于开展对台湾贸易的暂行规定》。现随文送上，请予审批。

附：《关于开展对台湾贸易的暂行规定》

对外贸易部

1979年4月

余秋里同志4月18日批示：经研究，拟同意暂按此规定执行。

华主席、邓小平、李先念副主席、耿飚、王任重、陈慕华、谷牧、世恩同志已圈阅。

关于香港国货公司销售台湾省产品的请示

按照部《关于发送"关于开展对台湾贸易的暂行规定"的通知》一文的精神，为团结争取台湾工商界人士，我们认为，在香港我国货公司内公开地小量地销售一些台湾省产品，可具体体现我对台湾归回祖国的政策，政治上将会有良好的反应。具体意见是：

1、先在华丰、中侨、裕华三家国货公司中试销台湾产品，视情况再予扩大。

2、销售的产品要有一定控制，重点销售与我货矛盾不大、质量较好、有销路和能赚钱的商品，如水果中的凤梨、香蕉等；海产品中的鱿鱼、虾米；工业品中的灯饰，部分儿童用品、游泳用具等。

3、销售的产品内、外包装上，不能有蒋旗和"中华民国"字样。

4、为扩大影响，销售的产品最好从台湾厂商直接进货，或从台湾厂商在香港的代理处进货。

5、销售的商品上公开标明"中国台湾制造"字样。

以上意见，妥否，请批示。

香港华润公司

1979年6月14日

华润公司：

《关于开展对台湾贸易的暂行规定》已转发给你们。当前香港是开展对台贸易的主要渠道之一，请你们把这项工作作为重要任务来抓。请收集开展对台贸易工作以来的情况、存在问题及你们的意见报回。

对外贸易部

1979年7月10日

第五阶段

改革开放初期的华润

1978年是一个转折年。我国外贸领域进入改革开放的新阶段。

国家允许各省、市、自治区到香港开办窗口公司，华润成立"省市联络部"，把国内同行带进香港，又把自己代理多年的出口商品交还给各省市。

同时，为了开展"来料加工"和"补偿贸易"，华润人满怀欣喜地把一批批香港商人带进国内，陪他们在内地投资。

当华润人出色地完成了双向的"桥梁"作用以后，突然发现：自己"总代理"的地位已不复存在。

华润走过了四十年的辉煌，到80年代初，华润所面对的问题是"如何生存？"

华润所代理的出口商品，交还给各省市了。

华润代理采购的进口商品，随着建立外交关系的国家的增多，不需要从香港转口了。

在经历了短暂的痛苦、彷徨之后，华润人开始实业化转型，培养自己的干部队伍，引入市场化管理机制，终于迈出了企业化、集团化的坚实步伐。

此阶段负责人：

张建华（1981.11—1988），总经理（接替张光斗）。

贾　石（1983—1984），外贸部副部长兼华润集团董事长。

第五十七章　协助内地省市到香港办公司

1976年粉碎"四人帮"以后，中国迎来了改革开放的大好局面，在农村实行的联产承包责任制使农民焕发出前所未有的劳动热情，这是有目共睹的。可是，外贸体制改革远非这么容易。从1977年到1983年，外贸体制改革在艰难的探索中摸着石头过河。

1978年，我国外贸出口达到历史最高水平。

1978年8月，国家颁布《关于对外加工装配和中小型补偿贸易的规定》（简称二十二条）。

1979—1980年，中央先后批准广东、福建、北京、天津、上海——简称"二省三市"可以脱离外贸部自行搞进出口。外贸系统的改革开放拉开序幕。

各省市的自办贸易引起价格混乱，出口商品价格失控，给国家造成巨大损失。经中央批准，1981年外贸部开始整顿外贸工作。

为了减少损失，为了少交一点学费，外贸部在华润成立了"省市联络部"，各省、市、自治区派外贸局副局长或处长带队，率领学习小组常驻华润，边学习，边工作，边熟悉香港市场，为建立本省、本市的窗口公司创造条件。

下面分头讲述这段历史。

一、1978年外贸形势大喜过望

1978年，我国外贸形势喜人。华润在香港的进出口额超过历史最好水平：

华润进口成交额为52784.64万美元，比1977年增加58%。其中工矿机械产品比1977年增加3.3倍；橡胶及石油化工商品增加9%；纺织品增加24%；土畜产品增加42%；粮油食品增加86%；轻工产品增加2.27倍；工艺品增加18%。

华润对港澳出口为25.2761亿美元，完成年计划的134.3%，比上年增加36.39%，是近五年来的最高增幅。加上计划外出运大米61.5万吨，总计出运26.7861亿美元。其中对香港出运238033万美元，完成计划的133.4%，比上年增加36.19%；对澳门出运14728万美元，完成年计划的150.84%，比上年增加39.60%。

国内企业在香港做商品广告得以展开，1978年比1977年增加50%，其中在香港电视台做的广告增加达到58%。

这是我国计划经济体制下外贸系统最后的"辉煌"。1978年8月"二十二条"开始实施以后，省际间的外贸竞争随即出现，竞争本来是合理的，用竞争推动发展是对的，可是，在最初几年里，在以国营企业为主流的竞争中，事与愿违的现象屡屡出现。

二、外贸系统改革开放

计划经济是在新中国诞生初期百废待兴的情况下，我党理性地采取的一种经营模式，这种历史性的选择有其必然道理，它有利于在全国范围内形成一种合力，把有效的资金用在刀刃上。可是，在这样一个人口素质较低的大国里，如此庞大的一架机器中，某些零部件很快就锈住了，于是就有了《血，总是热的》[①]那样的呼喊：要用我们的热血作为润滑剂。

引进竞争机制是打破僵化的有效手段。

1978年8月，中央要求广东省率先从外贸系统分离，开始自办进出口。

① 故事影片《血，总是热的》。

广东省濒临香港，历届广交会都在这里举办，人们的思想比较解放，与香港语言相通，这都是他们自办贸易的有利条件。

还有一个好消息：1978年10月1日，港督在参加华润国庆招待会时宣布：港英政府已经同意，火车可从香港直达广州，通知我方做好相关准备工作。

1979年8月16日，香港各大报纸报道：广东省省长习仲勋宣讲广东特殊政策。

8月23日，广东召开香港知名人士座谈会，广东省省负责人出席，大会介绍说：广东省明年出口工作大包干，以1978年出口额为基数，超过部分广东拿70%，上缴中央30%。

华润公司很支持广东。

1978年8月22日，华润公司就开会决定：

1、以往由华润代理出口的广东省的商品，全部交给广东（华润对这些商品进行了估算，仅五丰行的鲜活冷冻产品就要交给广东三分之一）。

2、华润的经销商队伍，凡是经销广东产品的，全部交给广东。

3、对于那些既经营广东产品，又经销其他省市产品的客户，华润与广东省可以共同使用，大约有3000家，几十万人。华润相关部门负责引荐广东省的业务员与他们认识。

4、注册商标问题，过去内地出口商品基本上都是以华润的名义在香港注册的，包括广东的商品，逐步移交给广东。

5、广东省的业务员可以来华润实习，边学边干，成熟一个人带走一批货。

华润公司在上报给外贸部的文件中写道：

> 根据五十号文件，广东、福建两省将在港澳设立贸易机构并自行经营本省对港澳的出口商品。
>
> 经同广东省商定，该省将先从自营鲜活商品着手，

以后再陆续扩大到其他商品的经营。对此，华润有关业务单位将予积极支持配合，介绍港澳市场、客户情况、经营做法，做好交接工作。鲜活商品以外的其他商品的交接，我们意见，要积极准备，争取早日全部交接完毕。交接时按整个品类进行，不要有的商品交接，有的不交接。华润有关业务单位当为此做好各项准备。

对于福建省，也将依此精神办理。

根据北京、上海、天津三市坐谈会纪要，三市将向香港派驻公司代表，开展调研、推销和服务等业务工作。华润有关业务单位将积极与三市代表密切配合，相互合作。三市的公司代表在港澳工委领导下进行工作。[①]

华润向广东省的移交工作有条不紊地进行着，在以往几十年里，华润与广东省一直保持着良好的合作关系。

广东建议：这些商品的出口工作，成熟一个，移交一个，不必一下子交给我们。原来华润怎么做的，我们会尽量保持。同时，他们决定，工艺品暂时不接，华润做得好，广东的工艺品还由华润代理。

广东派出若干名业务员来到华润，分别到德信行、五丰行、华夏和华润进口部、出口部实习。陈德厚副科长带领一批人来到华夏，学习海上运输，熟悉香港海运管理条例。

在移交过程中，广东向华润提出：可否在干部和业务员上给予支持，他们希望从德信行要9人，从五丰行要3人。华润欣然同意，马上派出业务骨干协助广东省的出口工作。

华润对广东省的协助和支持从1978年下半年持续到1982年还没结束。

---

① 华润集团档案馆（第三馆）。

友谊11、12、13、14专用船
产权转移交接书

四艘鲜活商品专用船"友谊11"、"友谊12"、"友谊13"、"友谊14",已于1979年8月和12月先后出厂,由五丰行交给中国粮油食品进出口总公司广东省食品分公司接管使用,所有权归五丰行。经华润公司张建华总经理1982年2月9日"可将船的产权转给广东"的批示,及中国粮油食品进出口总公司广东省食品分公司1982年11月10日复函,同意由驻华夏公司陈德厚副科长代表其在港与五丰行进行办理船舶交接手续。

五丰行现将该四艘专用船的财产权移交给中国粮油食品进出口总公司广东省食品分公司。

"友谊13"及"友谊14"有关船舶一切资料已在交付使用时由广东省食品分公司接收。

"友谊11"及"友谊12"的有关船舶资料及上述四轮的财务账目已列制交接资料明细表一、二、三号,随同全部资料交给广东省食品分公司。

今后有关该四艘专用船的一切权益与责任均属中国粮油食品进出口总公司广东省食品分公司。

本交接书正本两份,经双方代表签字各执一份。

移交单位　　　　　　　　接收单位

五丰行　　　　　　中国粮油食品进出口总公司

　　　　　　　　广东省食品分公司

詹前思签字　　　　　　陈德厚签字
1982.12.20　　　　　　1982.12.20

从华润向广东移交出口工作这个过程中不难看出，华润在香港几十年，所积累的财富多么宝贵，许多看不见的财富对于新公司而言绝不可能一蹴而就，比如，对香港管理的熟悉程度、英文作为第一语言的文书制度、客户关系、商誉等等。按理说，广东省有着极好的便利条件，他们与香港的关系本来就很密切，尽管如此，还需要华润这么多的帮助。

以此类推，其他省市来香港开办窗口公司，他们走向正规化的道路有多么遥远就可想而知了。

1980年10月，广东省的窗口公司——粤海公司成立；

同时，福建省的窗口公司——华闽公司成立。

华润公司送花篮表示祝贺。

三、外贸开放初期发生的问题

1979年8月，在北京召开"三市会议"，北京、上海、天津的与会代表讨论外贸开放办法。华国锋主席到会讲话。谷牧在讲话中强调：除"二省三市"以外，其他省暂时不能在香港设机构。

我们需要积累经验，再做推广。

可是，人们太着急了，来不及等待，各省、市、自治区，各进出口总公司，国务院各部委，都要派人到香港办公司。

1980年11月，28个省市的代表召开会议，会上，17个省市宣布外贸脱钩，自己对外，自负盈亏。

大家有积极性，这是一件好事，可是，伴随着前进的脚步，问题也就产生了。

首先，老客户的利益受到冲击。

1978年10月26日，华润会议记录："总公司直接同新加坡签订水果合同，甩开许多老客户；这个问题引起新加坡客户的反对，纷纷向我反映。有一家客户打来电报，电报纸长达5尺半。"

香港老经销商受到的冲击更大。各地自己做贸易，业务员都寻找新的代理商；香港的许多新商人并不具备代理条件，只因为"三机开路"①，就拉到了货源，而且价格很优惠。由于他们捣乱，华润和香港老经销商失去了货源。

更令人气愤的是，货到香港后，他们销不出去，反过来卖给华润的客户，他们居然还能从中获利。

其次，国内一些业务员暗箱操作，损公肥私。

交易会上，某些外商秘密接触内地工作人员，施以小恩小惠。一些意志不坚定者就把货源冠冕堂皇地交给了他们，还说华润保守，经销商队伍老化，他们发现了新客户等等。

还有一些人利用业务之便，出卖国家利益换取外商为自己的孩子或亲戚出国留学做担保。

贫穷的中国敞开大门之后令国人眼花缭乱，一些人丑态百出。这里不一一记录。

四、华润人面对新形势的反思和调整

香港和海外的经销商队伍是华润人用几十年的时间培养成的，他们中的许多人与祖国同呼吸共命运，都是爱国商人。大经销商3000余家，加上零售商，这支队伍有几十万人，他们的触觉伸入到世界的各个角落。正是由于这些人的存在，中国的进出口工作才能得到保障，华润才能无往而不胜，才能完成一项项紧急任务：计划出口的商品都能卖掉；计划进口的商品都能买到，而且能货比三家，价格合理。

在1979年和1980年，这支经销商队伍受到冲击。冲击力来自港澳和内地两个方向。

香港的一些小商人、后辈商人不择手段，迎合国内某些人的

---

① 一些香港商人到国内拉货源，送给有关人员电视机、冰箱、洗衣机。

利己需要，甩开老客户。

华润出面保护老经销商，却受到国内某些人的攻击。

1979年7月30日，华润会议记录：

张政："新疆小组说我们站在资本家一边。假如我们这个时候回国投资，必然会和资本家一样了。"

张光斗幽默地说："天下正在乱，我们怎么办？"

1981年1月23日，华润写报告向上级反映情况，力争改变现状。

自从外贸经营体制进行改革以来，调动了各地方、各部门搞出口的积极性。但是，在发挥各地积极性的同时，也带来了盲目性。经营权下放分散后，统一对外不够，在港澳市场上出现了一些混乱现象，冲击面比较广，其中又以中药材和京果两个行业较严重。这种冲击在市场上和人心上的反应是强烈的，主要表现在：

一是多头对外，乱找客户，自相竞争，低价竞销，这种情况遍及各大类商品，他们撇开现有的经销商，低价卖给新的客户。

二是竞相发展简单易搞的商品，超出了市场容量，打了兄弟省、市，如普通胚布、劳动手套、布鞋、电池、电珠毛泡、铸铁管、生铁等。

三是不正常地利用私人关系，搞"感情贸易"，打乱现有推销网。这些新客户的特点是资本小，某商品市场好、有钱赚时一窝蜂要货，市场不好时不履约，又抓别的畅销商品；无推销能力和销售渠道，有的甚至是靠卖合同（本身开不出信用证）赚点佣金。但他们善于钻营，与国内一些部门搞关系，有的善于利用国内不正之风，搞"几机开路"，拿到紧俏商品。

　　四是来料加工、补偿贸易冲击一般贸易商品的销售。如毛巾、布鞋、渔网、电珠、红砖等来料加工低，冲击已占市场比重很大的一般贸易商品的价格，造成损失。有的则是加工我名牌商品，如北京安宫牛黄丸等，来港销售，鱼目混珠。有的用厂丝、石蜡、炼锡、药材等，借补偿贸易之名，搞易货贸易之实，低价换出，影响正常贸易价格。

　　五是不按边境小贸易规定办事，走私套汇，搞乱市场。邻近港澳的县、社、大队，随意扩大边境贸易的商品，设立贸易货栈，收购外省中药材、土特产品，把不属于边境贸易的商品，走私运入港澳，且不通过银行结汇，自行带走。

华润公司

1981年1月23日

　　改革开放的冲击力所向披靡，汹涌澎湃，也泥沙俱下。华润不仅保护不了经销商队伍，自己也受到巨大冲击。

　　华润的出口货源，断了。

　　以前，华润的出口货源都是靠国家计划，如今，出口权下放，各省市自己做贸易了，国家计划没有了。

　　1980年11月，华润连续召开会议，请大家摆问题，找出路。

　　在11月20日的会议上，华润老前辈俞敦华发言，他说："华润应该走企业化、集团化的道路，不是只把'贸兄'改为董事会，换汤不换药，要有规章、有法制，经理由董事会任命。我认为，华润前途无量。有人说，华润公司处在垂死挣扎时期，这种悲观论调是错误的。我们有三十多年的历史[①]，有信誉，有财产，

---

① 这是从1948年华润公司正式注册算起，不包括联和行那十年。

这是别的公司不能代替的。石油供应，我们有发展潜力，林业出口潜力也很大，我们要主动出去寻找货源。"

裴泽生说："我们的工艺品70%转口美国，李强部长同意我们去美国开公司，我们可以一边向里边打（市场），一边向外边打（市场）。"

1980年12月9日，华润会议记录：

张政："外贸部变化很大，过去依靠计划会议确定出口货源，这次只开了一个预备会议，不能落实商品。依靠计划会议安排一年出口工作的局面已经不存在了。"

张先成："华润各业务单元赶快下去抓货源。要注意，'三机开路'我们不能干。"

华润召开的这次会议，集思广益，统一了认识。从讨论发言中，我们可以看出：

1、华润认识到不能搞不正之风。

2、全国外贸计划会议的历史使命结束了。华润员工要回国内，主动与各省市、各企业联系，寻找货源。

3、华润公司需要转型。

1981年，华润共派出600多人次到省、市、自治区访问，介绍香港市场情况，内外交流，沟通情况。

这个具有数十年革命历史的老企业遇到了新的挑战，新挑战也意味着新机遇。"华润无限公司"要走向集团化，走"有限公司"之路。

五、在华润成立省市联络部

比华润早一个月，在1980年12月，爱国商人马万祺针对港澳市场中药出口的混乱局面，也写了一份材料向上反映，材料递交给叶剑英同志。陈云同志看了内参，批给邓小平同志，建议采取措施。邓小平批示："外贸体制似应重新考虑。"

陈云批示："交易会必须坚持统一对外。"

1980年12月23日，外贸部贾石副部长会见华润及所属机构负责人，他说："1980年国家出现赤字，财政要平衡，许多项目要下马，陈云同志提出，明年要狠抓调整，稳定经济。"贾石副部长说："现在空气有所变化，不再说外贸部思想僵化了。""原来我们提出，外贸开放二省三市先做试点，可是，还没试，一下子全放开了。明年有17个省要自营，还有11个省过渡一年。"

贾石说："从明年起，你们的任务是：1、起商务参赞处的作用，管理协调，咨询服务；2、赚钱，做买卖。下属各公司要自负盈亏。"

1981年，外贸改革进入调整阶段。

1980年11月20日，华润会议记录："外贸部同意各省市自治区来华润学习，人数限制在70—80人。"原定平均每省3—4人，实际情况大大超出了这个数字。

华润人开玩笑说：华润成联合国了。

山东省反应敏感，他们在1980年10月就提出：

1、派5个人到华润学习；

2、派2个人到华夏学习；

3、派几个人（待定）到华润纺织部学习；

4、派几个技术员到华润精艺皮革厂学习。

山东还提出，明年2月来香港展卖，来60—70人，请华润协助安排①。

随后，各省市代表先后来到华润，华润安排他们吃住，并安排他们到自己的业务公司实习，学习做业务，结识港澳商人，了解香港管理模式，包括税单、账单、提单等各种英文报表的填写方法。

---

① 华润集团档案馆（第三馆）。

这是各省市开办窗口公司前必须上的一课。

各省来人越来越多，1981年8月11日，华润决定成立省市联络部，隶属于总公司，副总经理姬江会直接分管。该部负责安排培训、实习事宜。

1982年，华润为省市联络部学员举办"海外客户征询"，多达600场；华润业务部门为他们举办了大量业务讲座。

这批人通过学习和业务实习，对香港有了比较深刻的了解，对于如何掌握商品价格、如何开办公司、如何签订英文的进出口合同、如何保险等具体问题也有所知晓。

这些人后来大都成为各省、市、自治区在香港开办窗口公司的骨干力量。他们一边学习，一边办理本省窗口公司的注册工作，他们本省的公司开始运营后便陆续离开了华润；也有一些人，在帮助本省完成了开办公司的使命后，又回到华润公司，成为华润的一员①。

由于他们的关系，各省与华润的联系多了起来。

1981年，华润接待各省来香港参观学习的小组262个，1160人次。

1982年，接待266个小组，1431人次。

华润总经理张建华、副总姬江会等也率华润人拜访各省、市、自治区，宣讲到香港开办窗口公司的好处。有三分之一强的省份不愿来香港开公司，一些省领导还说：有你们华润做总代理挺好的，我们不用自己干。华润则请他们来香港，先看一看，再派人来。

省市联络部存在了两年多，其意义非常重大，它像一所学校，为各省、市、自治区培养了一大批急需人才，使他们少走了

---

① 吉林来的蒋庆祥先生在完成了本省窗口公司的筹建后，回到华润公司，在华夏任职到退休。

弯路。这批经过培训的正规军了解了华润，了解了香港，他们中的多数人会像华润人那样，把国家的利益放在首位，不会轻易地触犯国家规定。有华润做榜样和后盾，他们在外做生意不会像小贩那样没有根底、没有章法，甚至没有骨气。

华润用老大哥的胸怀，关怀和培养后起之秀，提携新来者。

从华润省市联络部毕业的学员在1983年开始叱咤风云，成为外贸体制改革的新型生力军。

他们在香港开办的窗口公司迅速增加，以粤海等为代表的一批公司脱颖而出。

在这个过程中，华润还完成了一项工作，就是把注册在自己名下的出口商品一一归还给各省。这些商品有成千上万个，当年在香港商标注册时都由华润代持，在华润几十年的努力下，这些商品都成了享誉海内外的著名品牌，而且是我国的民族品牌。

这期间还完成了与上海交接南洋烟草公司和天厨公司的工作。早在1980年8月18日，上海工业部门派出以孙更舵为组长的12人赴港小组，来到华润，请求华润将代管的南洋烟草和天厨味精交还给上海，上海希望以这两个厂子为窗口，到香港办实业。

交接初期，在产权问题上产生了一些分歧。这两个厂创建时是上海的，可是，在香港发展数十年后，投资主体一直是国家，因此，华润认为，两厂产权属于国家，虽然不属于华润，但是也不完全属于上海，股权问题需要解决。

1980年11月，华润回北京请示，向外贸领导李强、贾石、郑拓彬详细地汇报了自己的意见，后来又向国务院副总理谷牧作了汇报。华润提出，这两个厂子在香港转让最好按香港法律办理，这样便于以后扩大再生产①。

后经中央领导批准，华润将这两个厂交给了上海。

---

① 华润档案馆（第三馆）。这两间公司后来在香港发展很好，成为上海实业的主力。

还有一件事需要讲一下：

在华润省市联络部为各省、市、自治区培养人才的时候，一些专业性很强的部门也派人来到华润，寻求支持。

国家专利局派柳谷书先生来香港开办分支机构。柳谷书来到香港，住宿、吃饭都在华润，并在华润的办公室办公。在华润的协助下，他在香港注册了中国专利代理（香港）有限公司，经过多年努力，业务得以迅速发展。到现在，该公司已成为一个在北京、深圳拥有办事处，在日本、德国拥有代表处，在美国拥有子公司的大型公司。

柳谷书（前排左三）在香港创建中国专利代理有限公司 照片提供：魏宽、李良四

第五十八章　把外商带回内地投资

1976年10月，我国终于结束了十年"文革"闭关锁国的局面。此后，出国学习的大潮汹涌而来。我国党和国家的各级领导人纷纷出国参观学习，他们希

1979年外贸部部长李强（中）访问香港，住在华润公司招待所 照片提供：林开华

望在参观学习中找到与世界存在的差距，并寻找改革的突破口。

当时我国的飞机场条件有限，因此，许多代表团都是经香港转机到国外，既然路过香港，香港也就成了大家参观学习的一站。

所有在香港停留的代表团，在香港期间的接待工作几乎都是由华润承担①，安排吃住，还要安排参观、座谈。

国家计委副主任段云节率26人的代表团来港，代表团成员都是省、市委的书记或副书记，北京、天津、上海的书记都在其中；

外贸部副部长陈慕华率代表团前来；

---

① 采访聂海清记录。华润的许多老司机至今记得：那时的接待任务被称为"接待国内小组"，工作人员都有一份打印好的"时间表"，不能出错。

贸促会会长王耀庭率团前来；

著名经济学家薛暮桥率经济代表团前来；

著名经济学家余光远率团前来；

进出口委李浩率团前来。

1977年，参观团络绎不绝。1978年更多，华润进口部和出口部一年共接待参观小组129个。为此，华润专门联系了一批香港人开办的工厂和企业，如服装厂、印染厂、电子厂、玩具厂、养鸡场，作为相对固定的参观点。

在比较中，大家看到了自己的差距。

华润通过贸易关系搞到了一套录像节目，介绍台湾楠梓出口加工区，那是一个"特区"，建成于60年代末①。

这些参观和学习使各级领导人清醒地认识到了我国经济发展所面临的问题：缺资金，缺技术，缺新的管理理念。而解决问题的方案，引进，无疑是一个最有效的方法。

1978年进出口委召开会议，讨论"来料加工、补偿贸易"是否可行。会上，责成华润公司起草一份材料。

文件起草由华润承担，集体讨论，聂海清执笔。大家一致认为：可行，并制定了17条措施。

华润公司很快完成了草稿。草稿直接上会讨论，那时，上上下下都憋着一股劲，工作效率极高。

在17条的基础上，经过国家领导人和相关专家的讨论、补充、修改，最后确定了22条，就这样，《开展对外加工装配和中小型补偿贸易办法》正式出炉。1978年8月开始执行。

"二十二条"规定了一些优惠政策，如："开展对外加工装

---

① 华润公司档案馆（第三馆）。1975年，周总理还在世的时候，华润就汇报过关于台湾经济特区的情况，周总理很感兴趣，曾询问过台湾如何引进外资，如何开办"特区"。

配业务：(1)免征进口原料、设备和出口制成品的税收。(2)企业开展对外加工装配业务、收工缴费免交税利三年。(3)对外加工装配收入外汇以优惠价格兑换人民币。"

1978年国庆节，华润像往年一样举办国庆酒会，港督和夫人出席酒会。这次酒会成了港澳商人回国投资的动员大会，商人们兴高采烈，纷纷询问有关"来料加工和补偿贸易"的具体办法。

来料加工的好处是，可以很快提升产品的更新换代。原料、辅料是外商带来的，质量好于国内；设计也是外商带来的，技术含量高于国内；另外在包装等工序上，外商的要求会严格些。这样就能提升"中国制造"的产品的档次。同时，还有利于利用香港的"出口配额"，打开美欧市场。

补偿贸易的好处更加明显，我国可以利用外商的资金改善设备，用产品换设备。这在改革开放初期资金匮乏的情况下，是一条出路。我国企业设备老化已经成了制约产品质量的瓶颈。

"二十二条"虽然出台了，但是，还有许多细节没有落实，华润一共整理了10个方面的问题，比如合资厂工人工资问题等，再次回北京开会。

我们在会议记录中看到：

时间：1978年11月20日，华润经理会

张政副总传达全国计划会议精神：

这次全国计划会议开得最长，开了66天。余秋里副总理的报告长达5个小时。大会向中央汇报的文件谈了15个问题，我看了以后，很受鼓舞。

会议期间，我先后10次去国家计委，计委主任谷牧亲自过问，我汇报关于来料加工的问题，我带着10个具体问题，一个一个地解决，有9个解决了，还有一个没有解决，就是工人工资问题。

在香港办工厂费用很高，如果到内地办厂，成本会降低很多。因此，港澳商人到内地办厂的积极性很高，他们纷纷到华润咨询，许多大商人还拉着华润一起投资，有华润共同投资，他们觉得更有把握。

张光斗认为："动员华侨和港澳同胞回国内投资，这是新形势下'统战工作'的进一步深入，投资享受什么利益，应该有具体的办法，要明文规定。绝不能把人家骗进去了，钱也投了，结果，商品不给人家，钱又拿不回来。"

华润随即成立了"贸易咨询有限公司"（China Resources Trade Consultancy Co.,LTD.）[1]，开展专项咨询，在写字楼里接待准备去国内从事来料加工和补偿贸易的港澳商人，解答他们的一切疑问。同时，华润贸易咨询公司与"香港贸发局"合作，华润派人去贸发局，在那里开展咨询工作，解答港澳商人提出的各种问题，比如，在大陆开公司需要办什么手续，大陆的政府机构设置和分工。

关于大陆的工商信息，外商都想知道，他们对大陆的行政机构一无所知，对大陆的经济环节一无所知，对回国办公司该从哪里着手一无所知。

---

[1] 采访杨文炎记录。贸易咨询公司与华润研究部是一个机构。80年代初期，正是中英就香港回归问题进行谈判的时候，华润研究部为中央提供了一系列专题研究报告。

我们也许还记得，改革开放初期，在国内建一座房子，需要跑各种机构盖章，大概要盖60—70个章，才算批下来。那时的办事效率之低，现代人无法想象。

在华润的帮助下，一批批香港商人似乎找到了进入内地的"门"，初步了解了相关政策①，知道了先到哪里去盖章。

咨询公司开办了两种刊物：《香港市场》和《华润调研》，为香港和内地提供信息。

华润不仅提供咨询，还要"陪同"。

在香港商人真的要进入内地的初期，他们还是怀着很深的惧怕心理，他们担心自己的钱变成设备交给内地企业后，却拿不到货。

这种担心不是多余的，别说港商，连华润自己都被骗过。上海的一家纺织厂与华润谈好，华润出钱2000万美元为他们更新设备，然后，产品交给华润出口，逐步偿还设备资金。新设备生产出的产品供不应求，畅销世界，他们就自己直接出口了，根本就忘了对华润的承诺，也不提还钱的事。直到80年代中期，朱镕基率上海代表团来到香港，在华润大厦用餐，华润汇报了这件事，才得以解决②。

1980年4月5日会议记录：

张先成副总说："现在汇丰银行、芝加哥银行找我们

———————

① 华润咨询公司去香港贸发局举办咨询活动，这项工作一直坚持到2003年夏季。

② 采访张适光记录。朱镕基访时，张适光在华润办公室工作。当时内地的公司都属于国营，还没有"投资"换"股份"的先例。从这些教训中，华润人才明白了这个理念。

周德明（左一）陪同张建华（右二，华润总经理）、刘若明（右一，
外贸部驻沪特派员）、蒋文精（左二，香港中银经理），唐翔千
（中，全国政协常委，香港人）参观香港制品展览会

合伙去内地投资，人家找我们是信任我们，华润信誉好。
我们怎么办，我们自己也怕被国内套住。"

1980年10月9日，华润会议记录：

香港商人唐翔千9月25日拜访华润张政副总，提出请华
润一起去上海投资，办一个羊毛衫厂。

10月2日：华润召开会议，讨论通过。初步决定投资24
万美元，占10%的股份。这是客户用我们做"保险"，我
们理解。

10月8日，唐翔千请华润副总张先成和张庆富吃饭，要
我们出一个董事，加入他在国内开办的公司。

会议通过。

在改革开放初期，华润人"陪同"港澳商人和外商回内地投
资，这种陪同主要分为两种：一种是参股，一种是牵线搭桥，并

成为名义上的合伙人。

华润把港澳商人带回内地，当然希望他们也能赚到钱，外商和国企双赢。

可是，内地对"投资"的理解不尽相同，许多人认为，是劳动创造了财富，"资本"本身不能创造财富。"投资"是用"资本"赚钱，这是典型的资本主义。他们认为，工人才是工厂的主人，"资金"多少怎么就能决定"股份"多少呢？

就是在这样的僵化观念的包围下，来料加工和补偿贸易得以展开。

华润公司陪同港澳商人回内地投资，不仅牵线搭桥，还投资参股。当港澳商人受到不公平待遇时，华润还帮助港澳商人争利益。对此，内地部分企业对华润不理解，这是正常的。华润是要推动补偿贸易和来料加工的施行，华润要推动改革开放。

1979年华润公司向外贸部递交了一份总结，题目是：《一九七九年港澳对内地开展加工装配和中小型补偿贸易业务情况报告》，摘要如下：

为贯彻执行关于"开展对外加工装配和中小型补偿贸易办法"的规定，我司穿针引线、搭桥铺路，在内外密切配合下，1979年的业务续有开展。

根据我司各业务单位不完整的统计：

1、1979年内地与港澳商人签订加工装配约总值2.34亿美元，如全部实现，可收入加工费7641万美元。

2、签订中小型补偿贸易协议42笔，由客户提供设备2662万美元，包括棉纺、漂染、针织、纸包果汁机、捕虾船、活海鲜运输车、船以及开挖鱼塘、养鱼等设备。

接着，报告总结了1979年来料加工和补偿贸易的特点、成绩和不足，并提出8项改进建议。

1、开展这一业务，要有利于发展国内生产、发展出口、增加国家外汇收入，与引进技术、提高产品规格质量、发展新技术新品种紧密结合起来。

2、对开展这一业务的客户，要认真选择资信好，有能力（包括技术及经营能力）的对象。

3、开展这一业务，必须由工、贸双方协作进行，并加强经济情报工作。

4、解决好运输，使原料能及时运进来，产品能及时运出去，这是发展业务的一个重要环节。

5、开展这一业务的工厂必须健全管理制度。重合同、守信用，保证产品按时、按质、按量交货。原材料损耗率及产品合格率都要符合正常标准。

6、要掌握商品市场变化规律，提高经营灵活性。资本主义市场有多变性和不稳定性等特点，当市场发生困难时，没有订单，生产就会停顿。最近输美服装，受配额限制，就出现这种情况。

7、要创造条件，争取较好的收益。要调查了解进料成本、加工成本、商人售价及利润，做到心中有数，争取合理加工费。

8、对外宣传要适当，避免引起不必要的麻烦……开展这一业务，不适宜对外过分宣传，接受加工装配业务的工厂，不适宜接待委托商以外的其他外宾参观。

在来料加工和补偿贸易开展的初期，华润公司起着重要的桥梁作用。一方面是帮助内地企业和港澳商人牵线搭桥（初期的项目多是在华润的帮助下实现的，这从文件的第一部分中可以看出），另一方面又帮助地方政府出谋划策（如何选择搞补偿贸易的领域，如何防范风险等），同时又要维护国家利益和港澳投资者的利益。

华润公司能在第一时间里获得港澳商人和内地企业双方的信息，所以，华润自觉地承担起桥梁的作用：华润有责任把商人的意见反馈给内地，并提出改进建议；华润也有责任把内地的投资需求带给商人，帮助商人准确投资。

华润贸易咨询公司的咨询也是双向的：对港商来说，主要是商业咨询；对内地企业来说，主要是客户咨询。

随着投资项目的增加，内地企业的客户咨询要求越来越多。他们委托华润查询港澳企业的资信。港澳商人到大陆投资，要求与内地企业合资。这些商人中也有骗子。

内地企业出国机会少，他们就委托华润了解投资方的情况。

华润贸易咨询公司办理了大量客户咨询工作[①]。他们所做的客户咨询工作是很正规的，完全符合香港的法律手续。他们一般从三个方面入手：

第一，先去香港政府的公司注册处查询该公司的注册资料，了解公司的注册资金、经营范围、董事会成员。这些资料是公开的。

第二，再去银行查询该公司的"资信情况"。正规公司都有自己的业务往来银行，华润请银行对该公司的资信做出"活跃、呆滞、一般、较差"的"评级"。

第三，上门拜访。通过实地考察，判断该公司的运行状况。

三方面工作做完后，华润再撰写报告，对该公司做出全面的资信评估。

在改革开放初期，华润贸易咨询公司为内地企业做了大量客户查询工作，为内地招商引资保驾护航。

"来料加工"和"补偿贸易"是我国早期吸引投资的一种形式，这种投资的直接效益很明显，增加了外汇收入，带动了出口贸易，加速了产品的升级换代，推动了设备更新。从长远看，它所带来的好处更加突出，正是这些小型加工厂帮助一些地区的农

---

① 采访王金亮记录。

民完成了向工人、商人的转化，也帮助一些地区完成了从农村向城市的转化。

广东东莞的变化就是最有力的说明。

80年代，华润自己也走到前台，开始以外商的身份投资内地，迈出了实业化转型的探索。康佳电视、南孚电池、常熟千斤顶等一批中小型合资项目取得了成功。

第五十九章　出口索赔条款的试行

　　1982年12月13日，华润公司召开经理办公会，与会者包括：总经理张建华，副总经理赛自爽、宋一川、姬江会、俞敦华、李景堂、叶平，还有一些下属公司的经理们。

　　会议主题：讨论"可否在出口合同中增加索赔条款"。

　　在介绍这次会议之前，我们有必要回头介绍一下华润领导班子的变化。

　　在70年代中期和后期，华润班子主要负责人有"三张"，即张光斗、张先成（来华润较晚些）、张政。在"四人帮"横行时期和改革开放初期，他们经受了很多压力，尤其是张光斗，他为华润的基本建设立下汗马功劳，因此，承受的压力也最大，先是来自"四人帮"的压力，后是改革开放初期各种力量对香港市场的冲击压力，张光斗肩上的担子太重，他本人又是一个很要强的人，干工作追求完美。

　　1980年8月11日，张光斗当选为中国共产党第十二次全国代表大会代表。

　　1980年下半年，张光斗的身体开始出现不良症状，时常精神恍惚，疲惫。

　　1980年10月20日，张光斗病情加重，住进香港医院，镜湖医院诊断为脑动脉硬化。

　　10月29日，在病情稳定后，华润派人护送张光斗回到广州陆军总院，该院诊断结果为老年性脑血管硬化，伴随胃出血、血压低、低烧等症状。

外贸部长郑拓彬专程到广州看望，此时，张总的体重只有62公斤。杨尚昆等领导人多次问候。

张光斗生病后，张先成副总主持工作一年。

1981年11月，张建华总经理[①]、宋一川副总经理到任。

12月，张先成、张政、乔文礼等三位副总调回国内[②]。

张建华总经理到华润一年后，一个很棘手的问题摆到了他的面前，那就是：出口合同的履约率很低，而且还在下降。

原因是明摆着的：无约束，不索赔，这是主要原因。从历史上看，华润作为出口商品的总代理，与国内的进出口公司、生产厂家、口岸都很熟悉，当出口合同不能履约时，看在面子上，华润从不索赔，最多是催一下。

张建华

同样，在香港，华润与香港经销商之间关系密切，当内地违反合同或不能执行合同时，只要华润出面，香港商人也从不索赔。

履约率下降的另一个原因是：改革开放以后，各省、市、自治区开始自己做贸易，他们把容易出口的商品留下来自己做，因此，在春季、秋季广交会上签订的出口合同，基本上是白签。他们签合同的时候，把畅销商品自己留下直接对外，把滞销商品委托给华润；等到执行合同的时候，可能形势就变化了：滞销变成

---

① 张建华来华润前任中粮公司总经理。
② 张先成、乔文礼调回外贸部，张政调到荣毅仁的投资公司任职。

了畅销，畅销变成了滞销。那么，滞销和畅销商品的合同，他们都不执行，随意性日益上升，履约率则日益下降。那时，外贸系统刚刚开放，老外贸人员一批批退休，新手对合同的法律意义认识很模糊。

国家的出口任务难以完成，但是，又必须完成，华润人很辛苦。

1982年12月13日，华润领导层开会，讨论在出口合同中增加索赔条款事宜①。发言摘要如下：

> 宋一川：华纺公司征求过部分省市的意见，大家都不干。浙江来文说，今年不干，明年才干。还有几个省也来文，要求暂缓增加这一条款。外贸部在去年秋交会上已经吹过风了。1976年我是反对增加索赔条款的，现在，我的观点要变。索赔条款对履约率一定有效。我提三条：首先，从条件比较好的上海口岸开始；其次，不全面开花，可以从几个商品先搞起；第三，其他口岸可以从自营贸易的商品开始。
>
> 李英民：我坚决拥护从1983年逐步签订索赔条款，要先增加法定的规格要求，按国际标准，或国家部颁标准，没有标准的就双方提出一个标准。
>
> 宋一川：与上海的索赔条款只写了"一按"，就是"按时"，根本没涉及"三按"——按时、按质、按量。仅仅"按时"都做不到。
>
> 姬江会：这几届交易会，华润都宣传过"索赔"这一条款，但有不少单位不敢接受。机、电、仪类的出口商品，国内的制造商和海外的经销商都不同意写这一条。

---

① 进口合同中的索赔条款在20世纪50年代就有了。

陈启云：现在要提倡"贸易正规化"，以前，国内不同意索赔，往往采用下一次多给些好货或价格低一点来解决。

吴志岗：逐步解决这个问题比一下子解决好一些。本来，索赔是很普通的事情。但是，由于已经习惯了不索赔，只能先选一个口岸试点，选几种商品试行。

赛自爽：这样做对国家有利。我们要抱着积极的态度去贯彻，从我们自营的商品开始。

宋一川：对，成熟一个商品，开始一个商品。成熟一个口岸，开始一个口岸。

我们不是为了"将谁的军"，目的是改进工作。

从1983年开始，华润开始逐步实施出口索赔条款，这是自己人跟自己人索赔，在改革开放前，这是想都不能想的事情。

华润在市场经济的改革中，又迈出关键性的一步：我们不仅与外商签订进口索赔条款，同时，也同自家人签订出口索赔条款。

我们把这个转变记录在这里，后人读起来也许会感到可笑，可是，事实就是这样，从1949年建国到1983年，三十四年过去，我们才开始试行出口索赔。

初期的索赔条款主要是针对"按时"供货，对质量还没有要求。华润知道：在我国，我们一直是把质量最好的商品用来出口的。

可是，随着民营企业和合资企业的增加，出口商品的质量问题也逐渐成了一个大问题，"按质、按量"也被列入索赔的范畴中。我国出口商品的质量检验标准虽然取得了长足发展，但是，在许多领域还不够健全。

华润人又开始了新的探索。

以纺织产品为例，80年代，华润先后在江苏、河北、山东、河南、北京等地投资建厂，生产高档纱。华润为这些新产品制定了新的"出口纱质量标准"。后来，这个标准被国家有关部门采用，还写进了国内纺织大学的教材里[①]。

还有，华润帮助哈尔滨亚麻厂制定了新的产品检验标准，提升了产品质量，第一次使亚麻布成为服装面料，完成了产品的升级换代。

索赔只是手段，提高和改进才是目的。华润正是这样做的。

---

① 采访傅春意记录。

第六十章　实业化初探

1976年，长达十年的"文化大革命"终于结束了，中国迎来了改革开放的大好局面。

1977年下半年，华润开始酝酿扩大实业投资，办工厂和养殖场。

作为一个贸易公司，华润在香港基本上没有实业投资，这是政策导向问题，并不是华润不具备这种能力。在香港，很多建设项目都是在华润的帮助下才得以完成的，这是香港人有目共睹的事实。

就以地铁项目为例：

关于供应香港地铁工程建筑材料和设备的请示

外贸部：

香港地铁当局拟以一般贸易方式，经过泰和洋行向我购买下列货品：

（1）水泥27万吨。交货期1975年9月至1979年11月。1976年3月至1978年6月要货最多，每月需交6000至8000吨。

（2）高拉力钢筋12000吨。交货期1975年9月至1979年11月。1976年3月至1977年4月要货最多，每月需交2500至3500吨。

（3）膨润土1624吨。交货期1975年9月至1979年11月。1976年3月至1977年6月要货最多，每月需交100吨。

（4）水磨石7万平方米。交货期1976年9月至1977年10月。

（5）瓷砖17000平方米。交货期1976年9月至1979年10月。1978年3月至1979年9月最多，每月需交800至1100平方米。

（6）纸皮石24000平方米。交货期1976年9月至1979年10月。1978年6月至1979年10月要货最多，每月需交800至1600平方米。

（7）砖和空心砖4万平方米。交货期1976年9月至1979年10月。1978年9月至1979年9月要货最多。

（8）铁路路轨7850吨。交货期1978年1至12月。

（注：详细规格资料4月份已寄部及有关总公司）

（9）钢，铸铁总水管，50000米。口径100mm、300mm、500mm三种平均分配。交货期1976年3月至1979年1月。1977年9月至1978年10月要货最多，每月需交2000至5000米。

（10）钢筋混凝土水管42000米。口径150mm、300mm、450mm、600mm四种平均分配。交货期1976年11月至1979年3月。1977年9月至1978年11月要货最多，每月需要2000至4000米。

（11）电缆电线

A. 33kV 纸绝缘铜电缆

3×400M　　　　33.7公里

B. 11kV纸绝缘铜电缆

3×150M　　　　6.4公里

3×185M　　　　6.8公里

3×240M　　　　7.9公里

3×300M　　　　5.0公里

$3 \times 400M$　　　6.7公里

C. 600—1000V　4芯纸或PVC绝缘

150M　铜电缆　　　8公里

D. 600—1000V　PVC或纸绝缘35M

电线　　34公里

E. 其他电线电缆（详附表）

（12）铸铁排水管（规格数量未定）

（13）阀门（规格数量未定）

（14）机车修理厂设备（注：相关资料春交会上已交给机械交易团）

（15）电梯。

以上15项估计总金额约五亿港元（约一亿美元）。如果我方能供，希望我们八月底前答复并报价，死价或活价均可，最好是报死价；如果不能供应，也希望我们于八月底前明确答复。

另外，对方还提出分期付款问题……望部领导及有关总公司考虑并给予指示。

如需更详细的资料，请电告。

附件：电线电缆资料一份

香港华润公司

1975年7月25日

关于供应香港地铁工程建筑材料和设备的答复

华润公司：

香港地铁当局拟通过泰和洋行以一般贸易方式向我购买各项器材，经和有关总公司研究，除高拉力钢筋和铁路路轨两项须经国家计委同意后才能对外洽谈外，其他各项器材基本上可以供应，现逐项答复如下：

（略）

中华人民共和国对外贸易部

1975年8月19日

这项地铁工程预计四年完工。能为这样的大型工程提供原材料，供货期长达四年，这本身已经说明，华润有这类人才，而且具备多方沟通和合作的能力。有人才，这是办实业的前提条件。

1977年，华润公司决定投资实业，投资领域最初选定了两个方向：

1、香港急切需要的现代化养鸡场；

2、具有较高技术含量的精艺皮草厂。

这两个领域涉及的是"吃"和"穿"，与人们的生活息息相关。经过一年的基建和试生产，到1978年底，已初步建成并投产的有两厂、三场。

1、香港精艺皮草厂：由德信行自营，加工裘皮服装，租用厂房，面积1.6万平方呎，月租2万港元，投资机器设备费50万港元。1978年8月投产，工人由开始的25人增至51人。吸取当地其他厂管理办法，从11月份起实行计件工资和按加工服装尺寸严格配皮数量，月产量由100件提高到170件，平均每件衣服减少用皮1.5张，至年终结算，已收回机器设备投资，并获盈利91万港元。1979年全年计划产量为2500件，并将增设羽绒服装加工车间，以此带动国内裘皮服装、羽绒服装成品和半成品的出口。

2、澳门精艺皮草厂：由德信行经营，作为香港精艺皮草厂的分厂，主要是鞣制裘皮（变生皮为熟皮）和加工羽绒服装。总投资估计3000万港元。已购入地皮10.6万平方呎，550万港元。1978年9月，动工兴建六层楼工厂大厦。向意大利购买鞣制技术专利及设备，并派六名技术员到意大利实习。边建厂边安装机器。鞣制裘皮部分可于1979年4月底5月初投产，计划每月加工裘皮三万张；羽绒服装部分可于6月投产，年加工约30万件，正联系广东派工人230名。

3、新界大牯岭莲塘养鸡场：计划建三个场，由五丰行投资60多万港元，饲养三四万只鸡，每年三茬，可出售十多万只，由宝安县派九个农民前来饲养，饲料等由五丰行负责。每只鸡付宝安县饲养费2.1港元，估算每只鸡总成本约12港元，每只可盈利4—5港元。已建成两个场，于1978年11月投产2.9万只，饲养110天。1979年1月份第一批上市1800多只，平均每只2.96司马斤[①]，每只售17.5港元。将继续建一个场，完成三个场的计划。

另外，批准筹办或设想筹办的共有四个厂：

1、澳门革皮鞣制厂：由德信行自营，厂址利用澳门精艺皮草厂剩余的土地进行建筑。计划投资7000万港元，向西班牙或意大利购买技术专利及设备，由国内提供原料，计划年加工山羊板皮及猪皮约300万张。从国内调派工人150人，工程师、技术员、技术工人25—30人。已安排1979年二季度末派出小组到西班牙、意大利调查洽购技术专利及设备。

2、与香港大同机械公司合资建立香港大同机器厂，投资3000万港元，我占49%股份。处于制订具体规划中。

3、丝绸印染厂。

4、在澳门设陶瓷厂。

华润在选择投资领域时，首先考虑的是"需要"，一是香港人民需要（建养鸡场满足香港市场的供应）；二是国内需要（国内皮草加工不过关）。其次，华润在投资时还考虑到"引进技术"，用先进技术提高出口商品的附加值。第三，华润在投资时还考虑到如何与自己的进出口业务相配合，比如，养鸡场与五丰行的副食品市场可以衔接；五丰行每天杀猪宰牛数万头，这些皮

---

① 司马斤为当时的重量单位。

可以加工出售。

投资正确，回报率必然高。在一年内，香港精艺皮草厂的设备投资就收回了成本，这种速度现在看来是难以想象的。

1979年3月19日，华润各级领导分成三个组，讨论"华润如何适应形势的变化"。在这次会议上，麦日平发言说："公司的组织机构要做一些调整，华润要成立一个'企业管理部'，专门负责对外投资、建厂、办企业的事情。"

后来，华润成立了"企业发展部"（企发部）。

华润的实业化也经历过许多考验。1979年8月12日，香港遭遇罕见的台风，深夜，一股强劲的台风吹过新界，养鸡场的房子被吹毁，房屋倒塌造成人员伤亡，一名女工被砸死，6人受伤。养鸡场的鸡被吹得满天飞。

13日，华润领导召开紧急会议，研究如何安置死亡女工[①]，如何修建养鸡场，同时讨论台风过后，广东各村镇的蔬菜地被毁，如何满足香港市场的蔬菜供应问题。

香港市场缺少蔬菜和水果，表面上看是台风造成的，台风吹毁了菜苗和果园，实际上还有一个原因，那就是，我国农村实行了联产承包责任制以后，农民都把有限的土地用来种粮食，解决

天水围开发前实景

---

① 很遗憾，我们没有了解到这位女工的名字，仅在此向她的在天之灵表示敬意。

"吃得饱"的问题，没有人愿意种蔬菜；那时价格还没有放开，种蔬菜收入不高。

华润把这个问题上报到外贸部。

很快，外贸部在广州召开会议，与会者50余人，专门讨论蔬菜和水果供港问题。中粮公司总经理张平出席，张平曾是华润总经理，对香港有着特殊的感情，他提出：要扩建蔬菜、水果的生产基地，国家和公司都要承担一些责任。

保证香港市场的供应，这是我们的责任。

会议决定：由广东省派人，协助华润五丰行改造菜篮。广东省委领导人杨尚昆、习仲勋对华润极为支持，对香港人民的吃菜问题极为关心。

"菜篮子工程"开始实施。华润用补偿贸易的方式与广东合作，扩建养鸡场、果园、菜园，很快见效。1980年8月18日，华润领导开会，派张先成去广东向习仲勋汇报。

1979年，华润开始涉足房地产。

香港元朗天水围地皮约5200万平方呎，港英政府计划在这里建一个"卫星城"，由三家合作开发：华润占51%，胡应滨占30%，李嘉诚占19%。

天水围工程是一个很有代表性的案例。

天水围地处新界，英国政府租用新界的租期是99年，到1997年新界即将归还祖国，还有18年使用期，之后的形势难以预期，那么，香港开发商不会不考虑这个问题。

怎样发展新界地区，港英政府在犹豫，商人也在犹豫。不久，胡应滨把他的30%的股份卖给了李嘉诚。

1979年3月，港督麦理浩到内地访问，29日会见邓小平同志。他们的谈话就是从新界的土地契约开始的，邓小平同志说："请香港投资者放心。"①这时关于香港主权的问题还没有提到议事日程上来。

在这样不明朗的形势下，港英政府和香港商人都需要华润的支持。

几方开始接触和谈判。

同时，另一个矛盾出现了，还带有一定的政治色彩。深圳特区此时正处在招商引资的初期，亟需有实力的公司前来投资。他们与华润多次谈判，希望华润能在深圳开发一些大项目。

资金是有限的，如果投资天水围地产，华润就不能大规模投资深圳。

1980年11月15日，华润经理会。俞敦华发言："天水围靠近深圳，所以有人说：你有钱投资天水围，为什么不投资深圳，是不是唱对台戏？我解释说：我们投资天水围是为了稳定新界。"

投资深圳，这是中央的号召；

投资天水围，这关系到香港的稳定。

一个普通的地产投资，却涉及两个政治性很强的问题，这不能不说是华润的地位使然。

1980年12月20日，华润副总姬江会在会上说："天水围的

---

① 袁求实：《香港回归大事记》，三联书店（香港）有限公司，1997年。

为起草香港基本法，国务委员姬鹏飞（中）多次飞抵香港。图为姬
鹏飞与港澳办主任李后（右二）在华润山顶招待所。右一：郑文铁
照片提供：郑文铁

问题报告外贸部和中央了，中央的几位副主席都过问了。"经
过反复讨论，华润决定，还是先投资香港的天水围。

20世纪80年代初期，中央开始研究香港回归问题，1982年2
月在香港成立了一个五人小组，在港澳工委领导下撰写报告，对
香港回归后可能出现的情况及应该采取的措施进行研究。华润办
公室副经理聂海清参加了此项工作，从2月到5月，聂海清用了四
个月的时间，完成了《香港回归对工商业的影响》《外国在香港
的投资情况》《香港供应情况》等三份报告，结论是：外资多数
不会撤走，香港人才不会流失，市场供应会稳定，只要保持其自
由港和独立关税体制，香港回归后，前途乐观。

聂海清的研究报告代表的是华润的态度，上报中央后，受到
重视。

与此同时，与港英政府就天水围地产开发项目的谈判，也在
进行中。

我们在档案馆找到这样一份材料：

华润公司（82）经办字第88号　日期：1982年8月16日

对外经济贸易部：

关于天水围土地开发，我方与港英谈判为时一年半以上，几经波折，终于在7月29日双方签署了协议(附协议中译本)。……

协议是以我方两家合营公司的名义（巍城有限公司和天水围发展有限公司，华润均占51%股权）签署的，主要内容如下：

港英在该地选择169公顷划为发展区，可容纳13.5万人口，与我方共同发展，建屋供67500人居住。全区的地下基建工程和政府、社团、公共设施等费用由港英负担。

在169公顷中，港英无偿批给我方38.8公顷建筑地（筑好排水、供水等基建设施）发展私人和商业楼宇，不再支付地价。……

我方须承担于12年内投资不少于14.584亿元以发展该38.8公顷土地。……

港英方面有相当大的协议义务，它花在收购土地、填筑、平整、地下基础设施工程、迁徙居民等方面的费用约需50亿元。因此，协议着重要华润公司保证：不能动摇，各自尽最佳努力，以持续的和建设性的合作精神，促进发展的完成(见协议第十五段)。港英这样做，一面有其很大的经济利益，另一面也希望利用我华润公司的参加发展，可以起到一定的稳定投资者信心的作用。这与中央提出的"使投资者放心"，"维持香港作为自由港和国际金融、贸易中心的地位"的方针政策是符合的。

特报。

华润公司
1982年8月16日

附件：巍城与港英的协议（中文译文）

......

十六、如上述能为贵方公司接受，请贵方公司的受权
代表于下面注明之处签署，不胜感谢。本函和贵方所接受
的内容将成为政府与贵方公司双方关于共同发展天水围的
安排的协议和谅解。

（陈乃强）

地政工务司

代表香港政府

上函所述的内容及提议经已了解并予接受。

（俞敦华　巢永森）

代表巍城有限公司

（俞敦华　巢永森）

代表天水围发展有限公司

1982年7月29日

在天水围发展有限公司里，华润占51%股份，李嘉诚占49%
股份。

开发天水围，这是华润在香港参与的第一项商品房开发工程，
因此具有重要意义。华润与港英政府签订这项协议后不到两个月，
即1982年9月22日，撒切尔夫人访问北京，邓小平总理与英国首相
撒切尔夫人举行会谈，将香港回归问题正式提到日程上来①。

天水围项目很复杂，不仅涉及主权问题，还涉及民生问
题。这块地里有一片鱼塘，按港英政府规定，鱼塘不可以改变
为住宅建设用地，如果改变用途，要对渔民进行合理补偿。

---

① 天水围工程在20世纪90年代完工，当时香港的房地产正处于高潮期。开发后期上级要
求华润减持股份。

润发货仓

　　港英政府和华润公司为此付出了很大努力。鱼塘难题得以解决的时候，正是撒切尔夫人在北京期间，她得知后很高兴，对中国领导人说：天水围的问题解决了①。

　　天水围开发项目传达出一个信号：中央要保持香港的长期稳定和持续发展，而且是有信心的。

　　在70年代末和80年代初，华润实业化的进程有条不紊地进行着。

　　1980年12月29日，华润领导开会，讨论在香港建码头的事情。

　　70年代初期，华夏公司将下属的几十艘轮船交给了国内交通部，后来，经过发展，到1980年，其经营的轮船又超过了30艘。改革开放后，国内到香港或途经香港的轮船也迅速增加，1979年达到5000多艘次，这些轮船停靠香港码头，都需要华夏办理相关手续。

　　华夏需要一个自己的码头。

_____

① 采访巢永森记录。巢永森自始至终都参加了这个项目。

张知人：我们需要一个自己的码头，长期以来，我们没有，招商局也没有，很被动。

王汉章：我来香港6年了，第一年就听说在争取，到现在还没有方案。估计我国明年到香港的轮船有6000艘次。

姬江会：我和李景堂副总沿着海岸跑了一圈，除长沙湾外，没有空地。

华润于80年代初期开始投资兴建长沙湾码头。

1979年8月7日，外贸部批准华润公司与香港科苑公司合资创办华科公司，生产集成电路等产品。

华润下属的华远公司具体经办。

盖厂房、买设备同时进行，培训技术骨干的计划也开始实施，可是，两年后，1981年中，科苑公司突然提出退出，理由是资金不足。

科苑公司退出后，华润下属的华远公司独家承担起建设任务。工程投资过半，假如停下来，必然给国家造成巨大损失，华润不愿看到这个后果。

华润自身没有集成电路方面的技术人才，本来寄希望于科苑公司，科苑退出后，华润回到北京，诚邀七机部加盟，并请求他们在技术人力上给以支持。双方达成合作协议。

1982年8月3日，华润在给外贸部的汇报中写道：

对外经济贸易部：

关于香港华科电子有限公司的情况及近来发生的问题，上月中我们已派李英民同志回京作了汇报。现提出如下几点意见，请领导批示。

一、关于华科公司的筹建。两年多来，约10000平方米的工厂大厦已经建成，空调、管道等各项辅助设备及内部装修即将完成；生产设备已全部订妥，大部分设备已到货。……原计划8月即可开始设备安装，年底前可以全线试产；生产工艺技术的培训工作已圆满完成。只要机器设备安装好，即可生产，华科公司需用资金约1600万美元，现绝大部分已经支付，还有一小部分最近也要付出。根据以上情况，如将华科公司停办，将会遭致经济上的重大损失，而且在政治上也会造成不良影响。因此，我们的意见是：把华科公司继续办下去，而且要把它办好。

二、关于产品的销售。一般中小规模的集成电路，香港市场是很大的，大规模的集成电路目前我国内地更为需要，根据华科公司的报告，销售上有一定把握。

……

华润公司
1982年8月3日

外贸部同意华润将华科公司继续办下去。

华科公司成为华润旗下一间科技含量最高的企业。

在华润涉足实业的同时，贸易投资也在扩大。

有这样一个合资故事，很感人。那是1983年，香港丝绸品经销商友基行老板王承江因年迈体弱又后继无人，业务处于瘫痪状态。王承江先生信任华纺公司，多次向我华纺提出合营要求。为巩固和发展生丝台布业务并逐步扩大其经营范围，华纺接受了王承江先生的要求与其合资，并由华纺领导和管理该公司。友基行名称不变，只把无限改为有限公司。

从这个例子中可以看出华润与香港经销商之间的合作关系，这不仅仅是商业合作，里面蕴含着很浓的情谊和信任，老人家实际上是把自己的企业和自己的养老问题都交给了华润。

前面提到，唐翔千请华润参股，在上海建成沪港公司，1983年投产。

华润还与曹光彪合资建成华港公司，生产羊毛衫，1982年开始赢利。

华润的实业化转型是以贸易活动为基础的，开始的时候步履蹒跚，有惊有险，涉及的领域也很多。从上面提到的投资来看，已经涉及养殖业、蔬菜种植业、服装加工业、货柜码头、房地产、电子科技行业等等，加上此前已经存在的零售业，华润业务已经是多元化了。

作为中国进出口贸易的总代理，华润经营的出口商品的多元化决定了华润在实业化起步时的多元化。为了适应这种现实，华润必须走向集团化，有限公司之路势在必行。

第六十一章　华润所属机构

　　写到这里，我们有必要对华润公司此时的下属公司做一个系统的介绍。

　　先介绍1976年改革开放以前的公司情况。

　　1952年，中央将16家地方公司划归华润，同时进行了产权交接，1954年五丰行并入。此后，金融类公司划拨给中国银行管理，华润将剩下的公司进行了重组，保留了一些公司名称。从1952年到1977年，华润旗下公司如下：

　　第一类，美国封锁时期有资金和物资被冻结的公司：

　　1、广大华行；

　　2、合众公司；

　　3、南新公司。

　　这几间公司在1953年后没有业务活动，只保留名称。

　　第二类，传统老公司：

　　1、华夏公司（及其所属的"灰色公司"香港远洋轮船公司）；

　　2、德信行；

　　3、五丰行。

　　在党中央、外贸部的领导下，华润与这三家公司在20世纪50年代到70年代成为我国对资贸易的主力军。

　　第三类，通过增资、收购使华润变成大股东的公司，或者是独资、合资的新公司。

　　1、1958年：增资中国国货公司，成为大股东；

　　2、1958年：成立中发股份有限公司（这是华润最早的一间合资公司）；

　　3、1958年：增资中孚行，成为大股东；

　　4、1959年：华润与五位港商合办中艺（香港）有限公司，1966年通过购买股份成为第一大股东，派任总经理，霍英东为第二大股东。1967年中艺星光行开业。1968年，华润再次收购股份，中艺公司成为华润的全资子公司；

　　5、1963年：成立万新服装公司；

　　6、1964年：成立大华国货公司；

　　7、1964年：成立华远公司；

　　8、1966年：成立华纺公司；

　　9、1966年：成立中国广告有限公司；

　　10、1973年：成立万通公司（运输）；

　　11、1975年：成立万博有限公司（在中东，1979年撤回）；

　　12、1976年3月：成立嘉陵公司（又名雅诗轮船公司，随后二者合并）；

　　13、1977年：成立合贸公司（1984年撤销）。

　　在改革开放前，华润所属机构主要有这些[①]。

　　华润直属部门包括：出口部、进口部、纺织品部、机械五矿部、石化部、储运部、总务部、资料室（即研究部）、办公室、人事部、财务部等。

　　1978年改革开放以后，华润公司进入大踏步发展和扩张时期，四年中新办公司52个，其中独资的29个，合资的23个。从经营范围来分：从事贸易的有19个公司，工厂有16个，从事运输的有9个（其中华夏公司有8个，1个是挂名公司），仓库2个，合资的财务公司、广告公司各1个，搞房地产的3个，还有一个是赤湾开发南海油田后勤服务公司。

---

① 期间有些"灰色公司"成立不久即关闭，不包括在内。

华润公司下属企业列表如下：

1980年初统计贸易线各企业名单			
公司名称	所属企业		备注
	全资企业	公私合营企业	
华润公司	嘉陵有限公司 雅诗轮船有限公司 万通公司 万博公司 百适公司（仓库）		
五丰行	立新公司 丰昌公司 美特容器厂	新联汽车有限公司 中国啤酒有限公司	
德信行有限公司	精艺皮草厂 德发有限公司 精艺贸易公司		
华远公司	中孚行 集成线路厂	利华表壳制品厂	
中艺有限公司	源昌合有限公司 宝艺有限公司 艺宝有限公司 珍艺有限公司 艺珍有限公司		
华润纺织品公司	中发有限公司 万新有限公司	立森有限公司 致惠有限公司	

续表

公司名称	所属企业		备注
	全资企业	公私合营企业	
中国广告公司			
华夏公司	华达航业有限公司 华通航业有限公司 华锦航业有限公司	华虹航业有限公司	
南光贸易公司	永新公司 澳门贸易公司 澳门南丰食品厂 澳门中药材公司	澳门电梯工程公司 南和食品厂 澳门烛业有限公司 澳门铝制品有限公司 澳门混凝土有限公司 生力电力（澳门）有限 公司	
合贸有限公司	澳门合贸有限公司 Terrestrial Co.Ltd	Mightycity Co.Ltd.	

注：1980年内各单位筹建的企业未列入名单。

此时华润积累了一定资产，拥有商场6个、货仓6座、冷库2座、油库3座、运输船62艘，宿舍等建筑面积200多万平方呎。

1981至1982年，华润将亏损和前景暗淡的公司毫不留情地进行了清理整顿。到1983年筹建华润（集团）有限公司时，华润集团所属全资企业14个，附属企业19个，合计33个公司。它们是：

1、五丰行：董事长冯力夫；主要业务：粮油食品进出口。

2、德信行有限公司：董事长王东文；主要业务：土畜产进出口。

3、华远公司：董事长李英民；主要业务：轻工业品进出口。

4、中艺（香港）有限公司：董事长陈启云；主要业务：工艺品进出口。

5、华润纺织品有限公司：董事长王建华；主要业务：纺织品进出口。

6、华润五金矿产有限公司：董事长周德明；主要业务：五金矿产进出口。

7、华润石油化工有限公司：董事长郭志强；主要业务：石油及石油产品、化工原料、医疗器材、医用辅料、染料等。

8、华润机械有限公司：董事长王同善；主要业务：机械进出口。

9、华润机械设备有限公司：董事长高石伦；主要业务：机、电、仪产品和成套设备进出口。

10、华夏企业有限公司：董事长段振武；主要业务：海上运输、船舶代理、船舶租赁、码头。

11、中国广告有限公司：董事长宋勇；主要业务：办理中国出口商品在香港地区的宣传广告。

12、华润艺林有限公司：1983年9月24日成立。董事长李文志；主要业务：在华润大厦开设商场，陈列和零售高档出口商品。

13、华润贸易咨询有限公司：董事长杨文炎；主要业务：为香港和内地公司提供咨询；编辑出版《香港市场》刊物；协助广交会办理来宾邀请工作。

14、隆地企业有限公司：董事长李景堂（兼）；主要业务：管理华润大厦。

另外19家附属企业包括：立新公司、沙田冷仓有限公司、精艺贸易公司、精艺皮草厂、德发贸易有限公司、中孚行、宝艺首饰有限公司、珍艺有限公司、艺发贸易有限公司、源昌合

有限公司、中国中发
有限公司、万新有限
公司、嘉陵有限公
司、西林贸易公司、
华通船务代理有限公
司、百适企业有限公
司、万通公司、合贸
有限公司、特利发展
有限公司。

从52家减少到33
家，亏损和前景暗淡
的企业一律关闭，这

华润的百适货仓

足可以看出张建华总经理的魄力。

张建华在整顿企业的同时，开始着手培养自己的干部队伍。

建国后，华润内派干部的来源包括几个渠道：外贸部、各
进出口总公司、分公司和口岸。这些干部都是轮换的，没有稳定
性；这个问题亟待解决。

华润培养了一批香港当地人，提拔为中层干部。但是，华润
的国营性质决定了干部队伍的性质，还是要以内派干部为主。

如何解决华润干部队伍的稳定性和年轻化问题，这个多年难
以解决的老问题，此时摆到了张建华的面前。

1982年春季，我国恢复高考后的第一届大学生毕业，这提
醒了大家。张建华在会上说："从长远来看，华润干部要来个改
造，每年从大学生中吸收几十名，准备两套人马，将来两套互
换。""要在北京买楼，作为宿舍。"

华润决定从国内新毕业的大学生中直接要人，从中培养年轻
干部。张总提出准备两套人马，就是说当一批人在香港工作六年

1983年华润公司在应届毕业生中招收的第一批大学生。左起：孙明权、段东方、黄毅、张家瑞、林中鸣（时任外贸部进出口局长）、周龙山、周彬、黄俊强

后，需调回国内一年（或更长），另一批人还在香港。调回国内的这批人仍在华润系统内工作，可再次派出。两批轮换，他们所熟悉的业务不会因此中断，亦可真正融入香港社会。

为了解决大学生的住房，华润第一次想到要在国内买房子。此前，华润的内派干部多数来自外贸系统，他们都有自己的工作单位，在原单位分房子，华润不需要买房子。

1983年秋季，第一批大学生七人分配到华润。在外贸部实习一年后来到香港。他们是：周龙山、黄俊强、孙明权、张家瑞、段东方、周彬、黄毅。

那时我国每年毕业的大学生很少，华润费很大劲才要来几个。后来，国务院副总理姚依林特批，准许华润在国内多要一些毕业生。此后，每年分配到华润的大学生源源不断。

大学生加盟华润，给华润带来了青春的活力。一种新的员工结构在形成，也为华润未来的经理人队伍储备了人才。

关于一九七八年以来我司系统成立的独资、
合资企业的情况报告

外贸部：

现就华润公司1978年以来企业发展情况汇报如下。

一、基本情况：

自1978年以来我司系统成立的独资、合资企业共有52个（包括澳门南光公司①办的13个企业）。其中独资的有29个，合资的有23个。

从经营范围来分：从事贸易的有19个公司，工厂有16个，从事运输的有9个（其中华夏公司有8个，1个是挂名公司），仓库2个，合资的财务公司、广告公司各1个，搞房地产的3个，还有一个是赤湾开发南海油田后勤服务公司。这些企业有些还在筹建中。（详见附表）

以上这些企业的注册资本合计为三亿一千一百三十五万港元。其中独资公司的注册资本为九千零四十万港元，合资企业的注册资本为二亿二千零九十五万港元。我司为办这些企业已付或即将付的资金将超过七亿港元。其中：精艺(澳门)皮革厂投资一亿港元，合资的美特容器厂我方投资二千二百四十万港元，华科电子有限公司投资将近一亿港元，百孚投资有限公司(实际是一个牌子准备撤消资本转给中国和大华国货公司)购置九龙旺角中心商业楼宇七层需用资金二亿八千万港元，大华国货公司收购宏达公司股权（侨商大厦46%的股权）需用资金一亿三千三百万港元。从事贸易的19个公司（包括九龙大华国货公司和澳门南华国货公司）投资七千万港元。赤湾开发南海油田后勤服务

---

① 此前澳门南光公司隶属于华润公司。1981年2月21日，贾石副部长来华润，在讲话中说：南光可以独立。南光独立一段时间后，又合并。

公司最近我司已拿出10万港元作为筹备组的经费，但究竟需要多少投资目前还不清楚，因该司正在筹备中。已开业的企业现有职工2071人。

二、经营方针和业务做法

我司及其所属单位成立贸易公司的目的是，为扩大我对港澳出口服务。……

我们在港澳办厂的目的，也是为扩大我对港澳的出口。通过办厂为国内引进新技术，提高国内产品的质量，从而扩大出口；同时亦为了增加我们的收益。

如精艺(澳门)皮革厂从西德、意大利引进了比较先进的生产设备并购买了鞣制皮革技术的专利，它的方针是以质量取胜，以服务取胜，加强生产和经营管理，向内地输送技术，去年为内地四个省的皮毛厂的29名技术员进行了培训，这对内地裘皮鞣制技术的提高将起一定的作用。

大同工业设备公司将国产机床在香港进行改装和装配后转口远洋地区，合作生产塑料注射机(我机质量差)扩大出口，即利用香港引进国外先进技术及采购国外元器件的方便条件，国内加工部件，香港装配整机，主销香港和东南亚市场。

澳门成立电梯工程公司主要是为了通过安装和维修电梯，以扩大国产电梯出口。

华科电子有限公司生产集成电路，机器设备是从美国进口的，是属技术先进的行业。该厂的方针是生产集成电路在香港和美国等地销售，而且在技术上给国内生产部门一定的帮助。

美特投资主要是解决国内易拉罐和其他饮料包装问题。

我们办的运输、仓库等企业的经营方针主要是：为我对港澳的出口商品服务，做到服务好、收费廉、信誉佳。

已办的52个企业，已有业务活动的约40个左右（其他还在筹建中）。

从事贸易的企业，1981年的营业额超过10亿港元。这些企业中盈利的有丰昌、沙田冷库、新联运输、致惠、华港、德发、精艺贸易公司、精艺（香港）皮革厂、宝艺、贵妃玉容品有限公司、宇利、华通船务代理、华锦航运、华通航运、中芝兴业财务有限公司、百适、澳门南光的9个企业，共25个企业，1981年共盈利四千五百万港元；亏损的企业有：中国啤酒公司、立森、精艺(澳门)皮革厂、艺发、金凤电器制造厂、华达航业、嘉信、嘉利、嘉华3个航运公司、华虹航运，加上澳门3个企业共13个企业，共亏损一千九百多万港元。盈亏相抵1981年获盈利二千八百多万港元。

要使贸易企业获得盈利，我们认为：

第一，是抓适销商品的货源。我独资或合资企业的一些负责人和主要业务员经常到内地，深入产区帮助内地生产部门、外贸部门解决实际困难，协助内地发展生产。

如德发公司为上海提供辣椒素，供上海检验椒干使用；向河北提供京果的小包装材料，以便改进包装。致惠公司为提高我绸缎质量，以补偿贸易方式为上海提供价值50万港元的西班牙产的真丝绸印花机；为江苏、浙江、广东提供卷绸机五台；还免费将最新的流行色卡、新花样、新样品分发到口岸工贸部门。

第二，要抓销路。我独资、合资的贸易企业一般都很重视建立客户联系，同时注意服务质量，千方百计为买主服务，完全没有官商作风。

第三，要抓规章制度。各个企业从成立起就抓财务、人事等制度的建立，调动企业全体员工的积极性，按规章制度办事，并定期进行检查。

三、存在的主要问题有以下几个方面：

1、有的合营公司选择的对象不当。如：华科电器有限公司是华远公司和科苑公司出资经营的，合资公司成立后，科苑公司因资金困难，于1981年11月退出，现华科电器有限公司暂为华远公司独资经营。在合作前，我们对合伙人的资信、经营实力、产品去路必须了解清楚，这一点很值得我们今后注意。

2、有些企业的库存较大。如金风电器制造有限公司是生产吊扇马达的，到1981年底，仅扇头一项库存即达34万台，加上其他配件，金额达五千万港元。由于库存大，占用资金多，加上仓租、利息不断上升，资金无法周转。

3、少数企业如中国啤酒公司因经营管理不善造成亏本。

4、少数企业因受配额限制，今后很难有较大发展。如华港纺织品公司经营毛衫的转口，而美国从1981年1月起对中国毛衫实行限额进口。……

华润公司

第六十二章　三趟快车二十年

　　1982年，三趟快车运行二十周年。为了纪念，也为了总结和发展，华润对这项工作做了认真回顾，并撰写了《三趟快车在供港鲜活商品中的作用》一文，于1982年2月9日上报到外贸部。

　　香港总面积1061平方公里，当时人口为520万人。每年到港游客200余万人次。香港地少人多，资源缺乏，海岛型经济决定了对贸易的严重依赖，从当地居民的日常生活消费到生产所需的原材料及生产设备，大都依赖进口解决，而其工业产品又有八成左右依赖出口；所以进出口贸易被认为是"香港经济的血液"。

　　据统计，1962年香港粮油食品进口值26607万美元，至1980年其进口值已达233646万美元，增加了7.78倍，平均年增长率13.49%。

　　我国一直是香港粮油食品的主要供应者，我货占其进口的比重保持在四成以上；最高的1966年比重为56.65%。1980年我供港粮油食品总值10.66亿美元，占香港当年进口的45.63%。

　　近二十年来，我粮油食品在香港市场逐年有所扩大。1980年对港出口值比1962年实际增加了10.83倍。这个变化的取得与三趟快车有着直接关系。

　　三趟快车包括：

　　分单双日由湖北省江岸或湖南省长沙北站开出直达深圳的751快车；

　　由上海新龙华站开出直达深圳的753快车；

由河南省郑州北站开出直达深圳的755快车。

这三趟快车主要是运送鲜活商品。我供港粮油食品主要以鲜、活、冷冻商品为主，占七成以上。

以1980年为例，我供港粮油食品总值10.66亿美元；其中鲜、活、冷冻商品为7.59亿美元，占71.20%；主要有活牲畜314万头，活家禽1700多万只，鲜果菜37万余吨，鲜鸡蛋9000多万斤，冻肉7.4万吨，水产品4.40万吨。

可见三趟快车的运输工作，对满足香港鲜活商品的供应是十分重要的。

鲜活商品有"易腐烂，易残次死亡"等局限。市场要求又很高，不仅要保证开市卖货，而且要做到供应量适当，才能卖得好价钱，供不应求或供过于求，都不利于我货市场的巩固和发展。因此，鲜活商品的来货，必须要"优质、适量、均衡、应时"。

1980年鲜、活、冷冻商品到货量为82.2万吨。按五丰行业务统计：

商品	单位	总到货量	海运		铁路		文锦渡公路	
			数量	占比(%)	数量	占比(%)	数量	占比(%)
活大中猪	万吨	258.07	36.48	14.14	181.67	70.39	39.92	15.47
活牛	万吨	22.61	5.17	22.87	14.9	65.90	2.54	11.23
活家禽	万只	1741.39	745.17	42.79	517.54	29.72	478.68	27.49
蛋品	万件	342.85	57.5	16.77	285.35	83.23		
冻品	吨	83489.00	20239.00	24.24	63250.00	75.76		
鲜水果	吨	117860.32	70237.048	59.59	45699.554	38.78	1923.726	1.63
蔬菜	吨	214820.58	175465.14	81.68	26665.8	12.41	12689.648	5.91

"三趟快车"授奖仪式

近年来，国内铁路运输更加紧张，部分鲜、活、冷冻商品改由海运，尽管如此，从表上看，铁路仍是主要运输工具。据统计，1980年铁路直接过轨总数为65413卡，其中鲜、活、冷冻商品为34905卡，占53.45%；1981占57.7%。

三趟快车的好处很明显：定期、定班、定点，有利于保证鲜活商品的质量，有利于按计划、按配额发运，保证市场的稳定供应。在与外商的竞争中，从运输的角度看，我处于极为有利的条件。

三趟快车开行的好坏与我外汇收入是密切相关的。1980年8月三次停运期间，仅活大猪一项就少销了24000头，少收外汇约1109万港元。

三趟快车的开行减少了途中各站编挂，缩短了运输时间，减少了活牲口在途中的残次死亡率。三趟快车到达深圳后，迅速编入三班"活口班次"①过轨，751次01：15到站，编挂第二班过轨；755次

---

① 称活的牲畜为"活口"。

满载鲜货的列车向香港进发

05：16到站，编挂第五或第六班过轨；753次10：53到站，编挂第九班过轨。这样就能准时调入何文田专线，迅速卸货，也加速了红磡卸货场的运转。

三趟快车开行二十年来，已经成了香港人民的"菜篮子"，五丰行经营的"五丰食品"在香港享有很高的声誉。可以说，没有三趟快车就没有源源不断的鲜活冷冻商品；没有五丰行就没有香港食品市场的丰富和稳定。

三趟快车到达深圳后，由香港方面编挂过关进入香港，香港铁路沿线开设了几个货场，一则用来卸货转库，二则用来供港商就地提货。货场由华润经营。

下面这份报告是关于改建货场的，写给当时的九广铁路公司总裁侯伟志先生和九广铁路局局长黄汝霖先生。

关于改建沙田火炭铁路专线货场的协议

1983年1月19—20日，我公司陆景湘、钟波、吴汉贤先生同九广铁路公司车务总监简霖先生和九广铁路局蔡一豪先生，就沙田、火炭铁路专线货场的改建问题进行了友好的会谈，双方一致同意达成如下的协议：

（1）九广铁路公司和九广铁路局同意重新改建沙田火炭铁路专线货场，供华润公司使用。

（2）改建专线货场的设计、招标、施工等事项，由九广铁路公司负责，并尽快着手进行改建工作。

（3）改建沙田火炭铁路专线货场的费用（包括专线货场的灯光设施）在380万港元以内由华润公司负担。

以上各点望确认，答复。谢谢贵公司、贵局的合作。

香港华润公司

1983年1月20日

华润管理的货场主要有红磡货场、何文田专线货场、沙田—火炭专线货场，后者已经营多年，需要扩建。

1982年，五丰行筹建新的沙田冷库。

为配合三趟快车，华润在香港拥有自置铁路9446米，主要用于铁路专线货场与货仓之间的衔接。

五丰行已经成为一个集食品生产、加工、包装、运输、批发、零售、国际贸易于一体的大型综合食品企业。在西非投资的中国国际渔业公司有渔船100余艘，在远洋捕捞、水产品加工销售等方面，都具有国际领先水平。

五丰行在香港经营几十年，有一大批老员工，他们不怕脏，不怕累，兢兢业业地工作着，李树仁、范国光就是其中的代表。

李树仁1952年进入华润，至今超龄服役，已经工作了55年。他任五丰行副总经理多年，在香港鲜活冷冻商品行业有很高的威望，各界人士都信任他，上至香港政府，下至普通商人、小贩，都很尊重他，甚至包括行业小混混，都敬他几分。他不善言表，谦虚和气，几十年如一日，诚实守信。

李树仁回忆说："50年代，我国出口的猪很少，台湾、泰国、菲律宾的猪比较多，那时我们主要是跟欺行霸市作斗争。我们的公司规模比较小，受欺负。有一个员工为坚持五丰行的鲜鱼价格，得罪了人，被人拦截殴打，我们很心疼、很气愤。'文革'时期，货物奇缺，三趟快车运来的商品常常被抢，我们要保护。每年台风季节，香港挂8号风球就可以不上班，五丰行员工却不能不上班；就是挂10号风球，我们照样上班。我们停业一天，香港副食品市场就会涨价，甚至出乱子。"

李树仁得过很多奖，可是他不肯说。

在李树仁的影响下，五丰行形成了很好的风气，从老员工到新来的大学生，从香港当地员工到内派干部，大家辛勤工作都是为了一个目的：保证香港市场的供应。

五丰行另一位副总，范国光，每天在半夜12点准时赶到屠宰车间，每天在凌晨6点准时组织生猪拍卖。这些工作完成以后，他脱下靴子和工作服，冲凉，换上西服，再赶到湾仔华润大厦上班。

五丰行在香港有着很高的威望，"五丰食品"受到香港人民的普遍信赖。

第六十三章　从"无限公司"转为"有限公司"

到20世纪80年代初期，华润的各项业务得到迅速发展，下属机构不断增多，华润"无限公司"的性质已经无法适应公司的运行。弊端很明显：

1、无限公司破产，债务需负无限责任；

2、无限公司股东可以转移财产，一般客户不敢轻易与之发生大的业务往来；

3、华润合伙人都是个人，这些人轮换频繁，签署合同等重要文件，股东很难齐全。

改革开放以后，华润就一直在讨论"集团化"问题，可是，国内十年动乱，百废待兴，无暇顾及。1979年9月10日华润会议记录写道，张庆富说："华润体制改革，光打雷不下雨。体制上该独立就让他独立，华润成为集团。"12日，陈启云说："华润要成立集团，要企业化。"1980年12月11日，陈文海发言："华润集团化必须是有限公司，企业化与官商是矛盾的，企业化就要以利润为原则办企业。如果能真正企业化，华润在香港的地位将更高。"1981年8月27日，华润再次开会，讨论《华润公司体制改革方案》，并上报外贸部。

1982年1月，外经贸部终于下发了《关于华润公司经营体制若干问题的意见》。该《意见》指出：同意华润公司改为有限公司，成立董事会。

华润公司经过认真准备，6月正式提交了改制方案①：

第一步，先把华润私人名义的股份转为国内总公司代表名义的股份，办理法律手续。新的股东仅是用国内公司代表名义，资产仍属外贸部。股东改组之后，即以新股东名义注册成立华润有限公司并成立董事会。

第二步，所属各无限公司改为有限公司以及各有限公司转为华润有限公司全资附属企业。具体工作分批进行。

华润的改制方案得到经贸部批准。

华润从无限公司改为有限公司就这样拉开了序幕，这是一次本质的改变，从体制上彻底结束战争年代留下来的旧的经营模式，是真正走向现代化经营模式的历史性转变。

1982年12月22日，华润正式确定了新的公司名称，并责成俞敦华副总分管公司注册工作。

中文名称：华润（集团）有限公司

英文名称：China Resources (Holdings) Company Limited

张建华总经理说："尽量按香港的法律手续办，不要担心交税；不能在1997年出问题。"

1983年2月16日，俞敦华向华润领导汇报注册情况，他说：港英财政司的彭励治、经济司的雅各布都很支持，他们已通知公司登记处和税务局，给予办理。

在香港办理注册的同时，华润公司就成立集团后的经营模式进行了认真的讨论，完成了《关于华润（集团）有限公司进一步加强业务经营的请示报告》②，从报告中可以看到许多新的设想，这些设想大多是以市场经济的运行规律为前提的。

1、提出了关于权利和义务的口号。这对华润来说是一次转

---

① ② 华润公司档案馆（第三馆）。

变，因为，在战争年代，华润人为了党和人民的利益，从不计较个人利益，做出了巨大牺牲；在1949—1978年，华润作为中国对资贸易的总代理，也一贯秉承着国家利益和香港人民的利益高于一切的方针；在改革开放以后，为了适应国际经济秩序的需要，华润率先推行索赔合同条款，包括对国内商品出口合同的索赔，试图建立一种全新的经济运行模式和企业关系，不靠上级计划，而是用权利和义务相互约束，保障相互间的合作。这在当时的中国还有难度，但是又势在必行。

2、提出了由"代理关系"向"买卖关系"的转化。这是华润自信的表现，华润要自己走向市场，不再靠国家，不再做官商。

3、开办超市。

4、扩大自营范围，提出了在香港经营外货的建议，如从海外进口石油在香港销售。

5、可以以外商身份回内地投资。华润是国营企业，也有外商身份，这二者之间的合理结合能有效推动国内的招商引资。此后华润回内地大规模投资，证明了这一点。

6、干部队伍建设问题。

7、股票上市问题。虽然还没有具体方案，但是，我们能感受到，早在1983年，华润的领导人已经意识到了这个问题的重要性。

这份报告是华润公司向华润集团转型时期的重要文件，文件中确定的总方针和战略目标成为80年代华润集团的纲领。

华润公司关于华润（集团）有限公司
进一步加强业务经营的请示报告

对外经济贸易部：

为了进一步开创香港地区贸易的新局面和保持香港

经济的繁荣稳定，根据部1982年4月（82）贸四字第1号文件对华润公司经营方针的指示，华润公司要继续做好"代理、服务、自营、协调"工作。形势大发展需要我们逐步扩大经营范围，现提出意见如下：

一、随着国家体制改革的发展，经济实体增多，外贸业务下放，华润公司的代理业务将逐步缩小。为适应这种形势，华润公司的任务和业务做法要有相应的改变。

（一）华润公司要继续做好各专业总公司的总代理业务。既要尽义务又要有权益。具体办法是：

1、同各省、市、自治区和部门的业务关系，应逐步推行代理或经销的"协议制度"，签订短期或长期协议。协议规定双方的义务和权利，严格遵守，违犯一方应负法律责任，赔偿经济损失。

2、对一些无法签订协议的商品，可有组织有计划地邀请内地派小组赴港推销，由华润公司安排食宿，提供洽谈业务场地，组织客户成交，收取少量佣金。

（二）逐步由"代理关系"改变为"买卖关系"。华润集团各公司可与内地各外贸单位进行直接贸易，签订经销、代理等协议。

（三）继续利用香港有利条件，加强我货转口业务，同时要与有关部门密切配合，凡是有条件的，尽量争取同各国和地区直接成交，以利加强我国同世界各国的直接关系。

二、巩固和发展销售网，加强国产品在香港的市场阵地。

（一）扩大零售业务。目前整个香港年零售额在500亿港元以上，华润系统只占6.5亿港元，比重极少。我公司现有8个零售商场，今年开业的还有3个。在1985年内准备再搞2~4个，争取年零售额达到15亿港元。

（二）积极、慎重地试办超级市场。近几年香港超级市场发展迅速，"百佳"和"惠康"已各拥有50多个门市部。拟从现在起着手准备，争取到1986年开办20个门市部。

（三）扩大"国货公司"经营范围。按当前我货供应情况和香港市场需求情况，今后我将主要推销国货，兼营港产品和台湾省产品，也可兼营部分外货。新开的商场称为百货公司，不再称国货公司，这样便于经营，有利经济收益。

（四）加强对国货行业的领导。全香港现有66家国货公司（94个商场），年零售额二十亿港元以上。这些国货公司极大部分通过我经销商进货。我们拟仿效中发、万新的办法，首先从大宗商品着手，由华润与商人组成联营公司，统一为各国货公司进货，收取少量佣金，以提高国货行业的零售利润水平，稳定他们经营国货的信心。

三、调整华润现有机构，加强自营业务。

（一）纺织品公司在继续发挥中发、万新两公司经销作用的同时，以现在的纱布为基础成立一个公司，把纱布抓起来。目前我在港的纱布经销商共有21家，可同他们组成一个联营公司，实行统一进货，分散经营，以利于稳定供应和扩大销售。

（二）供港鲜活商品的配额制度经过历史考验行之有效，应该继续下去。今后重点应抓好工业食品的供应，随着市场消费增长，逐步扩大自营比重。

（三）石油化工产品是我自营比重最大的商品，要千方百计经营好。

1、将现有储存27万吨的油库组成油库公司，独立核算。以存我油为主，兼存外油。

2、如果国内石油供量减少，可经营部分外油业务，以免丢掉香港市场。

3、扩大嘉陵公司的驳油能力，拟再建造两条1200吨左右的小型油轮。

（四）加强对钢材和水泥等商品的经营能力。……

（五）对土畜产品，除完成总公司所交办的任务外，要加强自营业务，对水货市场采取措施进行干预，以减少对市场的冲击。

（六）中孚和珍艺、宝艺公司应扩大我轻工、工艺品的自营和转口业务。华远、中艺公司应有组织、有计划、有选择地从大商品着手，巩固经销业务，逐步扩大自营范围。

（七）改变出口商品结构，扩大机、电、仪产品出口，并为引进技术设备创造条件。设立华润机械有限公司和华润机械设备有限公司，并单独设技术贸易部和仪器进口部，分别隶属华润集团。实行独立核算，自负盈亏。人员配备要少而精，随着业务的发展可逐渐增加。

（八）根据业务发展需要，在国外设立分支机构或办事处。

1、鉴于华润集团和东南亚地区的关系，在取得新加坡商务代表处支持下，第一步可考虑在新加坡设立分公司，从事石油加工、转口业务，并开设百货商场。

2、准备和我在美国的贸易中心结合，在美设立联合公司，从事单机零配件采购和转口业务（现中国产品由港转美每年近80亿港元）。

3、可考虑和中东我贸易中心结合，在中东设立联合公司，从事对中东的转口。

（九）华润集团资科部改为市场研究部（名称暂定，待后研究），对外是华润贸易咨询公司的牌子，创造条件出版定期或不定期刊物。

四、扩大经营手段，加强经营实力。（略）

五、开展进口和外货代理业务。（略）

六、积极协助内地工厂进行技术改造，使产品升级换代。华润（集团）有限公司可筹集资金，有选择地到内地投资，同内地有关单位联合建厂，合资经营，产品外销，按《中外合资经营企业法》对待。

七、期货问题

华润集团仍然贯彻不搞期货、不炒黄金、不炒地皮、不炒股票的指示。但有条件的少数附属公司，可适当搞点期货业务。

八、关于在港澳设厂问题

华润集团在港澳投资的工厂有三家（精艺皮草厂、美特容器厂、华科电子厂），这三家厂在港澳都是一流的。今后还将有计划地开办一些工厂。

九、关于股票上市问题

股票上市是一种筹集资金的方式。通过发行股票筹集资金，利息低，风险小。但这是一个新问题，需要进一步研究，条件成熟时另行报批。

十、建议和要求

（一）华润公司主要靠自筹资金发展起来，1978年以前均有利润上缴，以后搞了一些固定资产投资，如建仓库、办公楼、职工宿舍等。目前向银行贷款较多，资金周转困难。今年只能上缴小部分利润，以后视情况争取逐年增加。

（二）适当扩大华润集团的权力。请求部给华润集团基本建设投资的资产购置权由2000万提到3000万港元。

（三）今后在港设立分公司、开办合营公司、在国外开设分公司，请授权华润集团根据需要自行决定、报部备案的权力。

（四）请部在年底前派20名懂英语熟悉业务的同志来华润公司，以利于工作的开展。根据形势发展的需要，拟逐步改变目前派干部的方法。今后华润集团作为一个企业，要求列入国家培训计划，请内地院校每年培养30~50名大学生，争取3~5年内培养200名左右（包括香港当地干部）能文能武的业务骨干。今年要求国家分给华润公司50名外语、财经和工科毕业生。干部队伍要保持相对稳定，不断提高素质。现在港的内派干部凡条件适合继续工作的，暂不轮换。

（五）加强同各外贸总公司的联系。

妥否，请批示。

华润公司
1983年5月9日

关于对华润（集团）有限公司进一步加强业务经营的批复

华润公司：

你公司（83）经美字第九号文收悉。

原则同意你公司《关于华润（集团）有限公司进一步加强业务经营的请示报告》。可照此执行，在执行中根据形势的发展和需要，再不断完善和扩大经营业务。

为贯彻党的十二大关于对外开放、搞活经济的政策和中央关于对香港经济上要保持繁荣稳定的精神，华润（集团）应充分利用三十五年来在香港打下的经济基础，以及同各方建立起来的商业信誉，解放思想，进一步巩固和提

高经济实力，在扩大和发展经营业务方面打开新局面，为
国内经济建设做出应有的贡献。为此，华润（集团）除仍
要完成国家计划、出口收汇等指令性任务和继续做好国内
各进出口总公司的代理业务外，同意适当扩大对华润（集
团）的经营权限：

一、经营业务

1、兴办一些工贸结合的企业，既搞贸易又办工厂，
和有关省、市、自治区、部门合作，可在香港或国内开工
厂；

2、加强自营业务，特别对香港零售市场阵地要充分利
用，增开一些百货商场和超级市场；

3、增加经营手段为扩大进出口贸易服务，如建码
头、仓库、搞船运等；

4、在港或到国外设立分公司或开办合营公司，华润
（集团）可根据业务需要自行决定，报部备案。

二、财务

给华润（集团）基本建设投资的资产购置权由原2000
万港币提高到3000万港币（或500万美元），超过此限度要
报部审批。

三、人事

保持干部队伍的相对稳定，提高其素质，在依靠和使
用当地干部职工的同时，国内要输送一批懂业务、熟悉业
务的干部到华润（集团）工作。

此外，华润（集团）除在香港发展其经济实力、扩
大其市场阵地外，还要对国家经济建设直接做一些贡献，
每年向国家上缴一点利润，具体上缴多少，可视华润（集
团）每年盈利情况而定。

澳门南光贸易公司可参照华润（集团）请示报告的内

容，结合澳门具体情况，尽快提出如何加强业务经营的意见报部审批。

对外经济贸易部

1983年6月2日

1983年7月8日，华润（集团）有限公司在香港注册完毕。

1983年7月13日，《人民日报》等报纸在头版发表了这一消息。

第六十四章　华润大厦

从1952年起，华润一直在中国银行大厦办公，1979年购买湾景中心A座后，华润总部和部室搬到大厦的群楼办公，办公条件得到部分改善，但是，还是不能适应公司发展的需要。

华润向港英政府提出盖建办公大楼的要求。

港英政府将新填海的一片地卖给了华润。

1979年12月28日下午三点半，华润大厦工程破土动工。

1980年1月17日，张光斗主持召开华润领导层例会。会上，张政副总汇报了筹建华润大厦的情况，他说："与港英政府经过反复协商，关于地价、利息等一系列问题，上星期终于定下来了。"

就在这次会议上，华润决定：成立"华润公司建筑经营部"，具体负责建筑材料的采购供应，韦志超、李威林等参与其中。并决定：将华润大厦的建筑工程交给合和公司承担。聘请李嘉诚做顾问。

合和公司总经理胡应湘表示："我会把华润大厦当成自己的大楼来盖。"

华润副总李景堂说："大楼建筑面积152.9万平方英尺，地面高度183

1979年，华润公司为建华润大厦与合和公司签订合作协议 照片提供：李威林

华润中发公司在香港召开中国毛衫洽谈会开幕剪彩 照片提供：王健华

米，共53层，包括地下3层，停车位600个。需要电梯37组，直梯29组，手扶斜梯8组。"

1月24日，再次开会就大楼电梯问题专门进行研究，与会者一致通过：使用进口电梯。华润自己盖楼，不用国产电梯，这不是小问题，也许是政治问题。会上，有人预测：这个问题很可能会被反映到国务院去。但是，大家一致认为：要实事求是，我们的国产电梯达不到要求，这个新大楼将成为香港的地标性建筑，各个部件必须达到世界先进水平。

会议决定：大楼一定要现代化，中央空调、照明设备、消防设备都要实现电脑控制，要有闭路电视。

外墙铺砌高级白玻璃纸皮石，配以大型浅绿色玻璃窗，内部装高级隔声天花板①。

1981年6月1日，华润例会，讨论"华润大厦"四个字的字体问题，决定采用古代书法的毛笔字风格。

就在这天晚上传来了宋庆龄去世的消息。

---

① 香港《文汇报》1983年9月26日。

1981年6月2日，华润在香港举行哀悼。抗战期间，宋庆龄与香港八路军办事处、与联和行有着密切关系，因此，华润对宋庆龄也保持了自始至终的忠诚和友谊。从宋庆龄离开香港回到内地后，几十年来，她习惯使用的化妆品、药品以及一些生活必需品，基本上由华润代购。

华润大厦工程进展顺利，1982年12月28日封顶。

1982年底和1983年初，华润所属各公司开始内装修，1983年4月20日，广告公司率先将自己所用楼层装修完毕。

1983年7月上旬，港英消防局、工务局分别到华润大厦检验，大厦整个工程验收通过。

华润大厦群楼基座为紫红色，整体为白色，地下3层为停车场，有停车位500余个；底座5层，1层为对外出租部分和物业管理，供银行等必备机构租用；2层为商场和公共广场；3层至5层为饭店餐饮业；6层为机房；7层至49层为写字楼，其中15、31、48层为防火层；第50层为贵宾楼和宴会厅，可同时容纳400人就餐。

配楼一层二层为"中艺商场"，三层四层为"香港展览中心"。中华人民共和国驻香港特区特派员公署领事部也设在这里（签证处）。

"香港展览中心"这个名称属于华润，这也是历史的原因。从1956年起，华润就开始在香港举办各种展览，内地到香港举办的展览活动，基本上都由华润承办[①]，所以，在设计华润大厦时，就想到了要开设展览中心。展览中心开业后，每月的展览排得很满。美国国务卿基辛格1983年曾到此参观，澳大利亚共产党主席希尔也来参观过抽纱展。

1983年华润大厦竣工，成为香港的地标，她洁白、稳重、

---

① 1983年下半年，内地通过华润在香港举办的商品展销会达15个，包括纺织品、轻工产品、土畜产、粮油食品等。

华润大厦

高雅，融传统与现代为一体，设施先进，功能齐全，一时间成为国际跨国公司首选的写字楼之一。

1983年竣工的华润大厦工程创造了四项香港之最：其一，沉井工程。73个粗壮的沉井传到基石上，外加支撑主楼的32个沉井，直径达4.5米，深度达45米；施工前挖去土方62000立方米，扎铁量约4000吨。其二，采用当时先进的滑膜施工方式，内外滑膜和楼面每层扎铁270吨，混凝土910立方米，铁板膜6850平方米，支撑通架1800个。18层以下每四天建成一层，19层以上每三天建成一层，质量好，速度快。其三，内部机电设备先进、完备。冷冻机的冷冻量为每小时1100吨，每台冷冻机重32吨，吊上6层机房亦属创举。其四，电梯速度快，有四组电梯速度高达每秒8米，属全港最高速的电梯。

华润大厦落成后，成为几代华润人的骄傲，分散在大陆和世界各地的华润人来到这里，就像回到了故乡，回到了自己的家。

第六十五章 三喜临门

1983年，华润"三喜临门"：

第一喜：华润公司成立三十五周年[①]；

第二喜：华润（集团）有限公司成立；

第三喜：华润大厦落成。

华润集团举行第一届董事会。

9月23日，外经贸部副部长贾石一行19人来到香港，一则参加董事会，二则庆贺华润三喜临门。

9月23日，华润召开董事会。华润（集团）有限公司董事会正式成立，成员如下：

董事长：贾石（外经贸部副部长兼）

副董事长：张建华

常务董事：赛自爽、宋一川、姬江会

董事：叶 平、李景堂、戴 杰、齐中堂、王明俊、
      王永安、孙锁昌、齐广才、贾庆林、曹万通、
      刘蕴清、李英贵、王 斌、张辑川、程继贤

总经理：张建华

副总经理：赛自爽、宋一川、姬江会、叶平、李景堂

在23日召开的董事会上，总经理张建华作工作报告。

9月25日，华润开记者招待会，张建华总经理说："若以一美

[①] 三十五周年的计算时间是从1948年12月算起，没包括华润前身联和行与联合进出口公司时期的十年。

1983年9月27日上午，外经贸部副部长贾石在华润大厦50楼与部分员工合影　照片提供：巢永森、许莹

元兑换五港元计算，华润现在的资产约值24亿港元。"①他对记者们说：华润将在香港再建四个大型商场，并发展超市业，进行工业投资，继续为香港的繁荣和稳定而努力。

1983年9月26日，华润集团举行酒会，庆祝"三喜临门"，5000嘉宾出席酒会②。《文汇报》报道："参加酒会的来宾来自工商界、航运界、金融界、外交界、教育界、劳工团体等，其中包括：祁烽、叶锋、李储文、陈远明、蒋文桂、刘鸿儒、薛文林、李发奎、袁更、方远谋、倪少杰、胡应湘、何世柱、丘德根、包玉刚、庄重文、李福兆、何添、陈寿林、王宽诚、汤秉达、霍英东、李嘉诚、邓莲如、简悦强、纽璧坚、凯瑟克、布立克、冯秉芬、伍舜德、柯平、郭鹤年、雷兴悟、陈丕士、田元灏、李东海、李作基、杨光、梁灿、包玉星、胡汉辉、黄保欣等。"

报纸的新闻标题这样写道："华润公司盛会贺三大喜事，含辛茹苦三十五载，繁荣香港立功勋"；"国货输港去年逾300亿元，扩大内地香港贸易，华润做出巨大贡献"。

国内来宾名单如下：副部长贾石、外经贸部进出口局局长戴

---

① 《国货暂不美元计价，华润扩大香港投资》，见香港《文汇报》1983年9月25日。
② 《华润公司三喜临门，五千嘉宾出席酒会》，见香港《文汇报》1983年9月27日。

包玉刚（左）、张平

贾石（右二）副部长参加华润董事会，王健华（右一）

唐群：1949年任华润天隆行会计；右：吕虞堂，50
年代任华润出口部经理

杰、中国丝绸总公司总经理王明俊、中国轻工业品进出口总公司总经理王永安、中国化工进出口总公司总经理孙锁昌、中国土畜产进出口总公司总经理齐广才、中国粮油食品进出口总公司总经理曹万通、中国纺织品进出口总公司副总经理李英贵、中国工艺品进出口总公司顾问王斌、中国五金矿产总公司顾问张辑川、中国机械设备进出口总公司代理经理高石伦、中国对外贸易运输总公司租船公司总经理李春田、中国机械进出口总公司总经理周传儒、中国仪器进出口总公司总经理王钟远、中国技术进出口总公司顾问张立，外经贸部处长徐大有、副处长蔡鸿章、李国华①。

嘉宾云集，高朋满座，同仁相庆，老友相会。

老公司、新集团；新大楼、老朋友。

华润大厦四周，鲜花簇拥，友好人士送来的1500个花篮使这里成了花的海洋，车水马龙，人来人往，屹立在维多利亚海湾旁的华润大厦②在秋季阳光照耀下，白色楼体熠熠生辉。

前来祝贺的朋友络绎不绝。从1938年到现在，四十五年了，华润有太多的朋友。

在抗日战争时期，香港八路军办事处及其联和行在香港举办过多少次抗日募捐，港澳同胞在抗日的旗帜下捐款捐物，那是中华民族历史上一个值得骄傲的时代，抗日战争使港澳同胞和海外华侨的爱国热情得以燃烧，中华民族第一次凝聚成一个抗日整体。正是在这样的背景下，联和行才具有了与众不同的凝聚力。

解放战争时期，华润公司以香港为依托，用贸易支援前线将士，华润支前的脚步从罗津、大连沿海南下，一直走到海南，并通过印度走到了西藏。香港客户的业务也跟着走遍天涯。

---

① 香港《文汇报》1983年9月23日。
② 华润大厦的土地因填海而成，当时是临海的。

前排左起：赛自爽、麦文澜、张先成、沈觉人、丁克坚、张光斗、张平、孙琼英、丁克坚夫人；后排左三起：安民、张先成夫人、周传儒、张镇、张镇夫人

　　抗美援朝时期，为了冲封锁、反禁运，华润与港澳同胞共同经受了艰难困苦的考验，为减少志愿军将士的牺牲付出过血的代价。

　　万隆会议以后，新中国以崭新的姿态屹立在世界的东方，香港的地位也随着中国的强大而日益提高，华润公司也成为世界著名企业。

　　作为中国对资贸易的总代理，华润的朋友遍天下。

　　招待会上，大家握手相庆，眼里闪着激动的泪花，不用太多的语言彼此就能理解，枪林弹雨中走过的友谊令人怀念。那一天，人们提到的名字很多、很多：杨琳、钱之光、刘双恩、李应吉、张平、丁克坚、张光斗，一串串闪光的名字记录着友谊，记录着华润的艰辛和辉煌，也记录着几代人的奋斗和牺牲。

　　9月26日的酒会，盛况空前，香港多家媒体进行了全面报道。其中《大公报》用了31版进行报道，《文汇报》用了26版，英文版的《南华早报》用了28版，《华侨报》用了6版。

9月28日，华润集团对在华润工作20年以上的385名老员工进行了表彰，以鼓励华润4000多员工继承和发扬光荣传统。

前辈的奉献成就了华润的辉煌，表彰他们就是在肯定历史，就是在告知未来：我们将沿着前辈的足迹勇往直前，继续为祖国的现代化和香港的繁荣稳定做出应有的贡献。

附 录

附录一：1954年以前华润员工名单①

蔡　新	程之魁	高子良	黄士娴	李威林	柳碧清
曹敏华	高国元	葛素清	黄淑萍	李显忠	柳立坚
柴松年	褚冠廷	龚玉纯	黄淑仪	李欣之	卢　方
巢克明	戴炳荣	古来文	黄天骥	李永绥	卢季平
巢永森	单墨芬	谷静溪	黄天霞	李玉莲	卢莲琴
陈　宝	邓慧娟	谷群昭	黄以进	李　煜	陆国贤
陈昌柽	邓明哲	顾根祥	黄荫昌	李远波	陆为立
陈传武	邓　强	顾宪明	黄兆棠	李　智	陆宗麟
陈德全	邓少婉	关兆民	黄智暤	李　仲	吕伟君
陈发扬	邓永续	关志文	霍　有	梁北海	吕虞堂
陈　枫	邓玉贤	贵阴昌	简福贤	梁惠玲	吕增训
陈凤琴	邓　元	郭丽萍	简焕贤	梁　勤	伦秉忠
陈凤祥	邓志华	郭伟芝	简新民	梁如莲	罗洁如
陈高涛	丁俊之	郭　愉	江金才	梁锡麟	罗清安
陈　函	定正雄	郭　贞	江树煌	梁应钊	骆宝生
陈　涵	董国斌	郭祖慰	江永丹	梁玉英	骆智菊
陈惠韶	董恒涛	何家霖	江照国	梁志明	马昌敏
陈火萌	董继舒	何君实	姜定球	廖沛霞	马景洪
陈集武	董其军	何俊芳	柯　鸿	廖文慧	马　云
陈　鉴	董其年	何　明	赖祖悦	廖秩兴	麦国芬

① 根据华润人事档案整理，名单可能不全(不包括华夏公司员工)。

陈铭长	董琼南	何明道	蓝蔚苍	林保德	麦海
陈清爽	董文仙	何如光	黎北实	林广成	麦日平
陈庆沧	董选一	何忠祺	黎景宋	林和硕	麦庭婵
陈式文	杜彩桃	何祖霖	黎立	林明	麦文澜
陈棠生	杜礼殷	洪鸿璋	黎士英	林启泽	麦文涛
陈伟庭	杜月妹	洪林青	李慕贤	林如云	麦芝
陈渭明	段甲芝	洪妙琦	李保亚	林善英	毛蓓丽
陈渭权	范海伦	侯贵名	李福禄	林应槐	梅英俊
陈渭仪	范忠豪	胡芳	李福生	林莹如	孟学思
陈武文	方崇正	胡灌枝	李后伟	林源达	莫凤仪
陈心銮	方日桦	胡世英	李俊伟	林祖合	莫洪生
陈又亮	费逸甫	胡行觉	李莲	凌香畲	穆汉民
陈玉	冯海	胡宇衡	李良卿	刘春和	倪惠卿
陈泽民	冯金烨	黄坤	李明之	刘翠芝	倪克功
陈志光	冯静玉	黄丽珍	李琦	刘桂明	倪仕诚
陈智	冯舒之	黄美娴	李权滋	刘良	倪维良
陈柱	冯子洁	黄妙卿	李瑞兰	刘平	欧沾
程文魁	符应彰	黄绮华	李瑞文	刘旺	潘静华
程镇中	高志毅	黄士濂	李少平	刘雨铃	彭虹
彭劲枝	田婉华	吴逢捷	杨明洁	曾瑞兰	郑进德
浦亮畴	田宣南	吴耿辉	杨升汉	曾维中	郑进佳
齐文娴	万立	吴海琴	杨升沛	曾娴	郑乃藻
乔中平	汪桂兰	吴鸿运	杨升业	曾子云	郑沛东
秦汝正	汪桂芝	吴品方	杨文炎	张博民	郑善棠
秦益田	汪海涛	吴善缘	杨心生	张博明	郑堂
秦正	汪乾惠	吴少荷	杨玉娇	张楚音	郑伟
区韶炎	汪乾基	吴欣之	杨志雄	张国瑜	郑文钦
佘翠琼	汪锡英	吴鑫	杨志尧	张焕文	郑行健

沈尔元	王诚孝	吴 颖	姚 玲	张家琴	郑耀华
沈家禄	王诚学	伍根源	叶华凤	张考瀛	郑 仪
沈立忠	王春新	伍光国	叶慧仪	张南光	秩 兴
沈念祖	王道顺	伍妙芳	叶均强	张森绂	钟剑辉
沈燕芬	王 二	伍 庄	叶锐辉	张韦群	钟 文
沈元龙	王 洪	萧桂兰	叶锐良	张显惠	钟志云
施日驹	王寄安	谢丽清	叶绍堃	张祥霖	周 才
仕达明	王家藩	谢铭益	叶 新	张扬时	周德明
宋长青	王进泽	谢 贤	叶业生	张意英	周家明
苏根治	王玲珍	徐福群	叶应祺	张永江	周明娟
苏 九	王培生	徐辅治	易明哲	张云啸	周瑞芳
苏少生	王培视	徐国荃	尹绍楷	张兆祥	周绍达
素绍昆	王培祖	徐骏人	于本中	张振全	周书元
孙常龄	王仁暎	徐立人	于树德	张 褆	周婉芳
孙剑宽	王素芬	徐慕兰	余朝宗	张卓群	周裕如
孙剑霓	王天霞	徐鹏飞	余谷风	张子厚	周允中
孙剑宪	王为元	徐润安	余金英	赵 琛	周兆民
孙克明	王为祖	徐润仙	余克斌	赵崇廉	周志一
孙琴光	王秀芳	徐绍生	余倩华	赵非洛	朱 斌
孙琼英	王雅珍	徐廷梅	余善勋	赵光禹	朱燕芬
孙用致	王逸和	徐瑶良	俞伯钧	赵桂生	朱雨文
谭炳基	韦郭氏	徐蕴瑜	俞敦华	赵儒谨	朱仲平
谭光池	韦嘉瑚	徐滋祥	俞履基	赵世鹏	诸冠庭
谭光远	韦向辰	许秀英	俞声铃	赵玉欣	祝 谨
谭 沛	韦志超	许 莹	虞和森	赵子明	宗凤蝉
谭万方	韦志浦	严运涛	誉婉芬	郑百诗	邹明媚
谭志远	温 明	严镇文	曾 初	郑炽南	
汤国仁	温志生	杨俊生	曾初廖	郑 丹	

汤旺庆　　翁觉深　　杨廉安　　曾　兰　　郑根源
唐佩英　　吴定华　　杨林秋　　曾　梅　　郑鹤山

附录二： 1938—1983年历届董事会成员
及行政领导成员

联和行时期
1938年夏—1946年夏

总经理：杨琳（原名：秦邦礼；又名：杨廉安）

上级主管：武汉、重庆八路军办事处、周恩来

联和进出口公司时期
1946年夏—1948年夏

总经理：杨琳

副总经理（支部书记）：袁超俊

总会计：刘恕

上级主管：中共中央、朱德

华润公司时期
1948.8—1949.5

董事长：钱之光

总经理：杨琳

副总经理：袁超俊、李应吉(张显惠)

总会计：刘恕

上级主管：中共中央、朱德

1949.6—1952.10

董事长：杨琳

总经理：李应吉

副总经理：余秉熹、浦亮畴、俞敦华、麦文澜

执行董事：张平(张焕文)

上级主管：中央办公厅、杨尚昆

香港管理委员会(港管委)成员(1949.12—1952.10)

主任委员：杨尚昆

委员(北京)：钱之光、叶季壮、赖祖烈、邓洁、邓典桃、
袁超俊、刘昂、刘恕

委员(香港)：杨琳、舒自清、张平、李应吉、徐德明

1998年，杨尚昆在香港，乘车路过华润大厦时，回忆说：
"我当过华润的老板。" 照片提供：朱育诚

1952.10—1960.12

董事长兼总经理：张平

副总经理：刘靖(赵敬三)、何平、浦亮畴、俞敦华、李任之

上级主管部门：外贸部 (1952年10月—1999年底)

1960.12—1971.12

总经理：丁克坚

副总经理：李文学、余秉熹、冯学彦、徐德明、赵光礼、
麦文澜、俞敦华、李任之、刘靖

1972.1—1981.10

总经理：张光斗

副总经理：李文学、张先成（时间短，曾任第一副总）、
张政、余秉熹、麦文澜、俞敦华、乔文礼、
姬江会、裴泽生、冯学彦、赵光礼、叶平、
高尚林、李景堂

1981.11—1983.9

总经理：张建华

副总经理：赛自爽、宋一川、姬江会、俞敦华、李景堂、
叶平

华润（集团）有限公司时期

第一届董事会（1983）

董事长：贾石（经贸部副部长兼）

副董事长：张建华

常务董事：赛自爽、宋一川、姬江会

董事：叶平、李景堂、戴杰、齐中堂、王明俊、王永安、
孙锁昌、齐广才、贾庆林、曹万通、刘蕴清、李英贵、
王斌、张辑川、程继贤

总经理：张建华

副总经理：赛自爽、宋一川、姬江会、叶平、李景堂

附录三：1938—1983年历任主要领导人简历

杨琳：原名秦邦礼，又名杨廉安（1908—1968）

华润公司创始人。

1908年出生在江苏
无锡。1931年加入中国
共产党。

1927年参加严朴领
导的无锡秋收暴动。

1931—1935：在上
海任我党地下交通员。
在上海和瑞金沿线建

1955年9月23日，杨琳陪同印度尼西亚内阁总理布
哈努汀哈拉哈参观中国展览馆 照片提供：杨伟

立交通站，保证临时中央与红色根据地之间的联系，并通过"白
区"与"红区"之间的贸易为一至五次"反围剿"提供物资。

1935—1937：在莫斯科列宁学院学习。

1937—1938：延安党校教务处教师。

1938—1952：香港八路军办事处成员，在香港从事贸易工
作，先后创建联和行（华润前身）、华夏航运公司、天隆行、励
兴公司等，第一任"港管委（香港）"主任。

1953—1955：外贸部综合计划局局长。

1955—1959：印尼大使馆商务参赞。

1960—1961：中国五金进口公司总经理。

1961—1968：对外经济联络委员会副部长，党组书记。

1968年在"文革"中遭受迫害致死。

钱之光（1900.11—1994.2）

华润公司第一任董事长。

1900年出生于浙江，1927年加入共产党。

1927—1933：先后在杭州、上海、天津从事地下工作。

钱之光90岁生日聚会。左一：钱之光之女、左三起：鲁映、钟可玉、袁超俊、钱之光、童晓鹏、刘昂、祝华、王怡明、郭里怡、钱之光之女、刘恕

1933—1934：在江西中央苏区，任中华苏维埃共和国临时中央政府国民经济委员会委员兼对外贸易总局局长。

1934.10—1937：随中央红军长征，到陕北后，任中华苏维埃共和国中央政府西北办事处对外贸易总局局长。

1938—1945：先后在南京、武汉、重庆八路军办事处工作，以少将军衔任处长。为国共两党重庆谈判做了大量的工作。

1946.5—1947.3：随周恩来、董必武率领的中共和谈代表团到南京，任中共和谈代表团办公厅主任。

1947.3—1949.4：根据周恩来、任弼时关于"去香港主持海外及内地经营，并筹划今后蒋管区地下党经济接济"的指示，到大连组建"大连站"（中华贸易总公司），后到香港华润公司任董事长。

1949—1969：任政务院财经委员会委员、纺织工业部副部长兼党组书记。是新中国现代纺织工业的奠基人。

1970—1980：任轻工业部部长、党组书记。

1981：任国务院顾问。

曾当选为中共第八至十二次全国代表大会代表，第九至十一届中央委员，十二大当选为中央顾问委员会委员，第二、三届全国人大代表。主编《当代中国的纺织工业》[①]。

袁超俊：原名严金操，又名严惟陵（1912—1999）

华润公司第一任支部书记。

1912年12月出生于贵州。1930加入中国共产党。

1990年12月，在西花厅，袁超俊一家拜望邓颖超，左起钟可玉、袁超俊、邓颖超、袁青

1930—1933：在贵州、上海从事地下工作。

1934年3月6日：第一次被捕入狱。1935年春出狱。

1935—1936：任上海职业界救国联合会常务干事，上海工人救国会主席。

1936年11月25日：再次被捕入狱。1937年8月出狱。

1937—1943：在南京、武汉、湘乡、衡阳、贵阳、重庆等地八路军办事处工作。任中央南方局秘书，管理交通、财务，同时负责秘密工作委员会的工作。

1943.6—1945.12：随周恩来到延安，在杨家岭周恩来处工作。1945年4月至7月，在党的"七大"秘书处工作。

1945.12：回到南方局，管理秘密交通和财务等工作。

1946.7：中共南方局四川省委秘书长。

1946.11—1949.12：经周恩来同志安排，赴上海从事秘密工

---

① 摘自王烈：《钱之光传》，中国文联出版社，1993年。

作，后到香港联和公司（华润公司前身）从事贸易工作，先后任党支部书记、副经理、党总支书记，同时负责电台机要工作。

1949.12—1955：纺织工业部办公厅主任。

1955.1—1957：纺织工业部机械制造局局长。

1957.8—1964：中国国际旅行社总经理。

1964.11—1985：中国旅行游览事业管理局副局长、党组副书记和代党组书记。

1985年离休。

刘恕：又名拱树屏、拱坦（1915—2004）

1915年出生于安徽来安县，1937加入中国共产党。

1937.10—12：在京沪沪杭甬铁路员工战时服务团工作。

1938.1—9：在长沙八路军驻汀通讯处任副官。

周恩来与刘恕握手

1938.10—12：筹建桂林八路军办事处。

1939.1—1943.6：八路军重庆办事处运输科长。

1943.7—1944.8：在延安周恩来处工作。

1944.9—1945.8：在延安中央党校学习。

1945.9—12：延安解放区救济总会任会计科长。

1946.1—1947.3：中共南京中央局财委会秘书长。

1947.3—8：由延安到烟台途中行军，赴香港。

1947.9—1949.12：在香港任华润公司总会计。

1950.1—1952.9：任中央办公厅特别会计室副主任、港管委委员、华润公司驻北京办事处主任。

1952.10—1961.3：外贸部党组秘书。

1961.4—1966.12：驻巴基斯坦领事馆任商务参赞。

1966.12—1974.2：在外贸部五七干校等部门。

1974.2—1979.12：驻法国大使馆商务参赞。

1980.1—1983.7：中国海关总署副署长。

1983年离休。

刘双恩（1909—1978）

1909年出生于福建泉州市，1946年加入中国共产党。

1927年毕业于厦门集美高级水产航海学校。

1927—1946：从事航运、海关等职业。1932年曾冒着生命危险，给东北义勇军运送物资。

1946—1948：集美高级水产航海学校教师，厦门港引水员，并担任厦门工委书记。

1948—1951：筹建香港华润公司所属的华夏公司，任总船长；并具体指导了国民党招商局海辽号货轮的起义。其间曾任香港国兰船务公司经理。

1952—1978：调回北京后，历任海运公司科长、外运总公司处长、专员、副总经理、外贸部运输局副局长。

在反封锁禁运中，他建议开辟了湛江港和珠江口垃圾尾的新航道；建议利用运输盈利购买船只，建立了为外贸运输服务的船队。

李应吉：原名郎汉初，又名小彭、郎世英、张显惠（1913—1969）

李应吉

1913年生于浙江省海宁县。1931年加入中国共产党。

1932年夏：任上海沪中区委宣传部长。

1933年被捕，1936年国共合作后经营救出狱，到南京八路军办事处工作，后任董必武同志的秘书。

1937—1940：任川东特委组织部长。

1941—1946：在湖南、四川等地党的公开企业任职。

1947—1952：在香港从事地下工作，后任华润公司经理、南洋贸易公司经理。

1952—1953：调回北京，在中央特别会计室工作。

1953—1963：对外贸易部财会局局长、驻埃及大使馆商务参赞。

1964—1969：任对外经济联络委员会副部长、党组成员。"文革"中遭受迫害，1969年2月逝世。

张平：原名张焕文（1912—）

1912年4月出生于江苏无锡。1938年加入共产党。

1935年始，任上海广大华行秘书、会计等职。同时参加职业界救亡协会（读书会及华联同乐会等），宣传抗日。

2005年张平（92岁）与宁高宁合影，1960年张平从华润到中粮，2004年宁高宁从华润到中粮。

1948—1949：先后任香港广大华行协理、董事长。

1949—1951：任"港管委"委员、常委、秘书长、财务处长等职。

1951—1960：华润公司总经理。

1960—1983：中国粮油食品进出口公司副总经理、总经理。

1983年离休。

丁克坚：原名丁文学（1912—1998）

丁克坚

1912年10月出生于江苏丰县。1938年加入共产党。

1931.10—1938：赴冯玉祥将军开办的山西汾阳西北军官学校学习，毕业后投身抗日救国斗争，历任张家口抗日同盟军司令部密电员、冯玉祥部手枪营文书，后被保送到南京防空学校学习。

1938.3—1945：到达延安，先后在抗大、陕北公学学习。毕业后在延安工作。

1945.8—1950：到东北战场，任东北抗日民主联军总后勤部、总兵站部政委，兼四平前线兵站副司令员、政委等职。

1950.10—1952：中国矿产公司副经理。

1952.9—1954：中国食品出口公司副经理。

1954.11—1956：中国进出口公司驻柏林代表处代表。

1956.11—1960：外贸部办公厅副主任兼机关党委书记、部长办公室主任；

1961—1971：华润公司总经理、港澳工委常委、港澳贸易工作委员会书记。

1972—1978：外贸部干部。

1978—1983：中国旅行游览事业管理总局（现国家旅游局）副局长。香港中国国际旅游公司总经理、董事长。

1983年离休。

张光斗（1913—1994）

张光斗

1913年出生于河北省威县。1938年加入共产党。

1938.3—1946.1：威县战委会干事，冀南行署科长，冀南四专署科长、局长、监委。

1946.2—1949.10：先后任邯郸大华公司、面粉公司经理；冀南工商三分局局长；新华烟草公司冀南分公司经理；冀南建华公司百货贸易公司经理，兼行署工商处副处长，河北省合作总社主任。

1949.9—1951.11：中央贸易部国外贸易司出口处、东欧处处长，国外贸易司副司长。

1951.11—1956.10：中国运输机械进口公司经理。

1956.9—1957.12：中央党校学习。

1957.12—1971.12：中国运输机械进口公司、中国化工进出口公司总经理。

1972.1—1981.8：香港华润公司总经理。

1981.8：外贸部顾问（副部级）。

1982.4：第六届全国政协委员。

张建华（1921—2005）

1921年10月出生于山东博兴。1941年加入共产党。

1940—1941：清河地委干校、抗大一分校学习。

张建华

1942—1948：清河军区清西军被服厂厂长、粮食股长，第10纵队供给部生产科副科长。

1949—1963：任福建省商业厅业务处主任、华东商业局计划处处长、上海市第三商业局办公室主任、上海市百货公司党委书记兼经理、上海市第一商业局副局长等职。

1963—1977：中国五金矿产进出口公司副总经理，驻英大使馆商务参赞，联合国第六次特别会议代表，中国粮油食品进出口总公司总经理兼党委书记。

1977—1981：中国驻联合国日内瓦代表处副代表，中国首任驻美国联络处商务参赞。

1981—1988：香港华润公司总经理、港澳贸易委员会书记，华润集团（有限）公司总经理、董事长。

1988：港澳国际投资有限公司董事长。

第七届全国人大代表。

1991年离休。

贾石（1919—1988）

贾石

外贸部副部长。1983—1985年兼任华润（集团）有限公司董事长。1986年调任中国贸促会会长。

附录四： 杨琳小传

一

杨琳原名秦邦礼，又名杨廉安。1931年参加革命，最初在中央特科。

中央特科是中共中央最高保卫机关。1927年蒋介石在上海发动"四一二"反革命政变，大肆屠杀共产党员，中央特科应运而生，1928年成立于上海，周恩来亲自负责，核心负责人还有洪扬生、陈赓、顾顺章、李强。

1931年4月25日，顾顺章在武汉被捕叛变。顾顺章是中共中央政治局候补委员[1]，了解许多机密，认识许多党员，也知道所有联络地点及联络方式[2]。周恩来采取紧急措施，立即把设在上海的三大机关——中共中央、江苏省委和共产国际远东局的机关全部转移，使国民党一举破坏中共中央领导机关的计划未能得逞。

由于特科人员已全部暴露，随时可能被捕，1931年5月中央特科改组，陈云接替周恩来成为新特科的负责人，其他核心负责人还有康生、潘汉年。

陈云必须起用新人。刚从莫斯科回国不久的博古（秦邦宪）把自己的弟弟秦邦礼介绍给陈云。此时白色恐怖笼罩大地，23岁的秦邦礼就在这个危机时刻走向革命。

秦邦礼1908年出生于江苏无锡，比秦邦宪小一岁，两人从小

---

① 张恒：《中共中央组织人事简明图谱》，中国广播电视出版社，2003年，第13页。
② 《陈云年谱》，中央文献出版社，2000年。

就在一个班读书。1916年父亲去世，1922年，14岁的秦邦礼放弃学业，去无锡复元钱庄做学徒，资助哥哥、妹妹读书。不久，秦邦礼加入了无锡县钱业职工会，任执行委员，并与我党无锡县委的高文华取得了联系，1927年参加了严朴领导的无锡秋收暴动。起义失败后，国民党残酷镇压参与者，夏霖等七位领导者被斩首示众[①]。秦邦礼被迫离开到上海躲避。亲戚帮助秦邦礼在一家小店铺里找到工作，细心的秦邦礼很快学会了经营店铺，养成了心记账目的习惯。他对数字十分敏感，几乎过目不忘。在钱庄和店铺九年的学徒生涯成就了他此后的宏伟事业。

秦邦礼此时还不是党员，对于这个进步青年，陈云一方面大胆使用，一方面细心培养，让他在工作中接受考验。秦邦礼化名杨廉安。

陈云交给秦邦礼的工作大体包括以下几类：

第一类是以商业工作为掩护，布置"机关"。

由于顾顺章叛变，我党的办公机关和联络站都要搬家，寻找可靠房东成为特科的一大难题。当时上海空房虽然很多，但是，租房的条件是要由"殷实店铺具保"。陈云率领特科人员，一面利用各种关系寻找可靠店铺，一面派出人员自己开店铺。

陈云交给秦邦礼两根金条，让他开店。秦邦礼用它开了一家米店，把无锡的大米运到上海出售。有了这个店，我党租房子的时候，或者营救被捕人士的时候，就可以出面"打保单"。

米店很快就赚了钱，秦邦礼又开了一个家具木器店，专门用来布置机关，供我党机构开会使用。家具是特制的，有夹层，党中央开会的时候，如果发现可疑迹象，或者遇到敌人搜查，就把文件藏到家具的夹层里，秦邦礼作为"二房东"可以在安全的时候取回文件。当时我党正处于转折时期，会议特别多，这一点从

---

① 严怀瑾：《严朴生平》，引自《中共党史人物传》，第35期。

《周恩来年谱》一书中不难看出。当时博古是我党总负责人，弟弟秦邦礼是他最信任的人之一。米店和家具店一方面作掩护，一方面也提供生活和后勤保障。

秦邦礼采取滚动发展的办法，在一年内又先后开设了糖坊、南货店、文具烟纸店。这些店铺既可作为联络站，又可出面"打保单"，营救那些虽然被捕但身份却没有暴露的党员。

顾顺章供出的数百名党员中包括时任中央总书记的向忠发。1931年6月22日，向忠发被捕叛变。在白色恐怖的形势下，年仅24岁的博古接替向忠发成为中共中央临时总负责人①，临时政治局常委还有张闻天、卢福坦、陈云。

临时中央和各级党组织又一次面临威胁。

中央特科安排部分人员住进秦邦礼开设的几家联络站，而后秘密离开上海，进入中央苏区（瑞金）。周恩来住进一家烟纸店②，虽然我们无法考证这个店是不是秦邦礼所开，但是可以肯定，这些店都是陈云领导的。

第二类工作是建立秘密交通站。

秦邦礼看上去很儒雅，做事情也精明细致，即使在危急关头，也能顺利完成党交给的各项任务。1931年秋天，经严朴和顾初介绍，秦邦礼加入中国共产党。

1931年1月31日，在上海，中共中央政治局召开常委会，周恩来在会上报告：从上海到瑞金苏区的秘密交通线已经打通③。

由于顾顺章和向忠发的先后叛变，这条交通线上的交通站被迫作废。

为了保证上海到瑞金的交通线继续畅通，陈云派秦邦礼去汕

---

① 此时为临时总负责，1934年1月至1935年1月，博古为中央委员会总书记。
② 穆欣：《隐蔽战线统帅周恩来》，中国青年出版社，2002年。
③ 中共中央文献研究室编：《周恩来年谱》，中央文献出版社，1998年，第207页。

头开店。秦邦礼在汕头开办了中法药房汕头分房。这是秦邦礼开办的第六家店铺。当时从上海到瑞金，途中要经过香港或广东，然后走汕头—三河坝—大埔—永定—上杭—汀州沿线。这条通道跨白区、半游击区、苏区三段，大埔以上是水路，以下则是山区。

这些交通站，站与站之间没有联系，交通员之间互不相识，所以，敌人无法破坏，从1931年到长征前一直畅通。

在汕头，秦邦礼的中法大药房成为转移党员和交换文件的秘密交通站。

秦邦礼一连四年不断奔波在上海与汕头之间，一面做生意，一面做交通员：从上海送机要文件和钞票，或者护送我党领导人和地下党员，去汕头。到汕头后，再由他人带入中央苏区。

上海的临时中央于1933年初作出决定：临时中央的部分机关和人员迁往江西苏区，临时中央的"三驾马车"——博古、张闻天、陈云，分批前往江西苏区。

中央机关迁往中央苏区，负责人分三批出发，第一批是刘少奇等，第二批是张闻天（洛甫）等，第三批是博古和陈云[①]。秦邦礼多次往返于沪汕之间，护送我党负责同志前往苏区。1933年1月17日，秦邦礼陪同博古和陈云离开上海[②]，他们打扮成商人模样，乘轮船抵达汕头。在汕头住了一个晚上，而后博古和陈云化装成当地老百姓，由下一站交通员卓雄继续护送，走到永定县，遭遇国民党军千人清剿，卓雄带领两名交通员将敌人引走，博古、陈云才化险为夷[③]。更富有传奇色彩的是护送共产国际的代表李德。李德是德国人，外貌特征很显眼，路上不断遇到盘查。1933年8月，

① 《中共党史资料》。另参考《陈云年谱》，中央文献出版社，2000年。
② 引自杨廉安"自传"。
③ 采访卓雄记录。另参考《陈云年谱》，中央文献出版社，2000年。

秦邦礼把李德扮装成游客，乘坐英国轮船到汕头。到汕头后先住在中法大药房，又改装成考古学家，下一段路由潘汉年护送。到大埔后又化装成传教士的模样，胸佩十字架，一袭黑袍夹衣，再由卓雄护送，9月到达苏区①。

1933年3月24日陈赓在上海被捕，5月末，陈赓成功越狱，逃出南京，在上海，就住在秦邦礼家里。伤愈后由秦邦礼护送经汕头去瑞金。在汕头也住在中法大药房。

可靠资料记载，秦邦礼还护送过当时的江苏省委负责人章汉夫。经这条线路进入瑞金的党员干部达200余人，其中包括林伯渠、李维汉等②。

第三类是财务和经济方面的工作。

秦邦礼开了六家店铺，更重要的使命是通过日常经营活动获取利润，为我党提供经费。由于秦邦礼很会经营，六家店铺生意红火，发展很快。

在经营店铺的同时，秦邦礼还要负责保管和发放我党从其他渠道获得的经费，比如共产国际资助的外币。

尽管蒋介石对中央苏区采取军事封锁和经济封锁，但是，秦邦礼的六家店铺具有合法身份，所以一直公开经营，也一直为苏区提供物资，购买布匹、药品、食盐、无线电器材等，为历次反围剿做出了很大贡献。当时苏区人口300余万，红军和赤卫队逐步扩大到30余万。生存和战争都需要经济的支持。苏区和白区之间的"贸易"在"秘密交通站"和"秘密交通线"的基础上逐步发展起来。秦邦礼经营的店铺是党中央直接领导的较早的一批具有营利性质的店铺。

我党领导的经济和贸易活动在1933年春夏之交走向正轨，其

---

① 采访杨廉安的女儿秦文记录。另参考李志英：《博古传》，当代中国出版社，1994年，李德写的回忆录《中国纪事》也记录了这件事。
② 采访卓雄记录。另据叶永烈《名流侧影》，《纵横》2000年第3期。

标志是：1933年2月，中央苏区成立国民经济人民委员会，林伯渠为负责人。刚好钱之光从上海抵达苏区，陈云遂派钱之光去经济委员会工作。林伯渠让钱之光撰写"苏区对外贸易章程"，不久成立对外贸易总局，钱之光任局长[①]。

秦邦礼在白区开店，向红区输送物品。

钱之光领导红军游击队开展苏区与白区之间的地下贸易，他们在蒋介石封锁的条件下从事着经贸活动。苏区贸易发展很快，他们一方面依靠劳苦大众，一方面也同地方武装乃至国民党左派建立联系，为红色根据地的生存进行了艰苦卓绝的努力。

1935年，红军长征途中召开遵义会议[②]。5月31日，中央决定，派陈云、潘汉年去上海恢复白区党的组织，同时寻找共产国际的代表，汇报遵义会议情况。陈云经重庆抵达上海，与留在上海的秦邦礼取得了联系。8月，中共驻共产国际代表团鉴于上海地下组织已遭受严重破坏，无法开展工作，指示陈云赴莫斯科，直接向共产国际[③]汇报我党当时的困境和下一步战略。

右三，秦新华，博古的女儿；中，李铁映，全国人大副委员长，博古的女婿；右二，秦文，杨琳的女儿。左一，张连臣；左二，薛清华；左三，吴学先；右一，冯宜春

---

① 王烈：《钱之光传》，中国文联出版社，1993年，第32页。
② 遵义会议时，博古28岁。会后，博古同志依然就就业为党工作，直到1946年遇难。
③ 共产国际成员包括20余个国家的共产党组织。我党在建党初期得到过共产国际的大力支持，包括政治上的支持、组织上的支持、经费上的支持、武器装备上的支持等。

1935年秋季，陈云同秦邦礼（化名方一生）等乘苏联货轮，由上海到海参崴，再乘火车到达莫斯科。

他们到达莫斯科后不久，斯大林会见了陈云、秦邦礼以及先行到达的潘汉年、严朴等人，听取了他们的汇报[①]。之后，一行人都进入列宁学院学习。

秦邦礼在苏联初步掌握了俄语、英语以及必要的军事知识。在苏联，秦邦礼亲眼看到了苏联社会主义建设的热潮，也亲身感受到了苏联人民对中国人民的尊敬和友好态度，逐步培养了国际主义精神，眼界更加开阔，胸怀更加博大。

1937年春夏之交，秦邦礼受共产国际的派遣从莫斯科回到上海，继续经营他的店铺，布置机关，准备迎接共产国际的代表。

"八一三"日军大举进攻上海，原计划无法实施，中央指示秦邦礼：卖掉店铺，转回延安。

1937年9月底，秦邦礼到达延安。10月8日，时任中共中央总负责人的张闻天同志致电在南京与蒋介石谈判的组织部长博古："令弟由你分配工作。"[②]不久，秦邦礼到延安中央党校教务处任教。

1938年1月，我党派廖承志去香港筹建香港八路军办事处。秦邦礼成为香港八路军办事处最早的成员之一。

一[③]

杨琳去世的原因已经成了一个不解之谜。

1952年我国组建外贸部，政务院把华润董事长杨琳从香港调回外贸部任综合计划局局长，据说本来是当副部长的，由于神杖

---

① 《中共党史人物传〈严朴生平〉》，第31卷，陕西人民出版社，1987年。
② 张培森：《张闻天年谱》，中共党史出版社，2000年。
③ 此文原名为《杨琳之死》，载于《华润》杂志，2004年12月。

轮事件的影响改变了任命。计划局是非常繁忙非常重要的部门，全国的进出口计划都由计划局编制。

1955年，杨琳被派往印尼大使馆，任商务参赞。1961年在周总理的直接领导下，筹建外经总局（外经委前身），任副主任（副部长），直至去世。方毅兼主任，由于他负责援越工作，经常在越南，实际是杨琳主持工作。

1966年方毅受到红卫兵冲击。"外事无小事"，为了保证外经委正常运转，杨琳在那一段时间里可以说是呕心沥血。当时，毛主席时常会提出额外的援外项目，可是，外贸部的进出口计划是上一年就制定好的，国家的外汇是计划经济的管理模式，所以，跟各部委的协调工作十分辛苦，加上红卫兵造反，外经委的许多青年干部也卷入其中，各处室不能正常运转。杨琳不得不每天加班，事无巨细都要亲自去做，还要经常参加外事活动，并随时准备向总理汇报情况，周总理经常在深夜或后半夜来电话，叫杨琳去商谈工作。

1967年杨琳一度累病住院。

杨琳（后排左三）陪同国家领导人会见外宾

杨琳（后排右二）参加外事活动。前排有毛泽东、刘少奇、陈毅等

　　1968年春，造反派以"特嫌"的罪名将杨琳隔离审查，杨琳和夫人黄美娴被分别隔离，与家人失去联系。

　　1968年冬季的一天，杨琳的女儿秦文去医院看病。秦文在华北局计委工作，她知道计委和外经委的定点医院都是北京人民医院。她怀着试试看的心理，查医院的住院记录，果然有父亲的名字，秦文喜出望外，马上跑向爸爸的病房。

　　在十个人一间的大病房里，她找到了父亲。

　　杨琳看到女儿，很高兴。他对女儿说：门外有人看守，不能久留。杨琳急切地询问家人的情况，尤其是小儿子的情况，然后非常严肃地对秦文说："记住，我不会自杀。""文革"动乱时期，自杀的人很多，死后定罪大多是"畏罪自杀，自绝于人民，自绝于党"。杨琳这样告诉女儿是为了防止万一，他的老战友已经有好几个因不堪其辱而先后自杀。

没过几分钟,看守发现了秦文,把她撵走了。这是家里人最后一次见到杨琳。1968年12月10日,传来杨琳去世的消息。那年他60岁。

秦文马上意识到问题的复杂性,她请求军管会先不要火化。连夜,她给周恩来总理写了一封信,提出"验尸并做出政治结论"等要求。

大概过了两三天,周总理就做出批示:1、同意由医院验尸,做出死因鉴定;2、骨灰放入八宝山人民公墓。

医院鉴定结果:杨琳的头上和身上有伤,死于急性心肌梗死。

杨琳身上的伤就成了不解之谜。后来有两种说法。一个说法是,12月10日那天,邱会作召集隔离审查的高干们开会,散会后,下楼的时候,杨琳走得比较慢,看管他们的军人用力推了他一把,杨琳摔倒,滚下楼梯,头磕在楼梯的拐角处,当即昏迷,送进医院后死亡。另一个说法是,杨琳被红卫兵打伤,送进医院后死亡。

杨琳死了,带着"特嫌"的罪名,带着头上的伤痕,更带着心灵上的伤痕,突然间死去,没有留下任何遗言,没有任何亲人在场,甚至没有来得及对医生说"我是被迫害的"。

1968年冬季,"文化大革命"正轰轰烈烈。

1969年,杨琳的女儿秦文去了五七干校。她的哥哥和二弟在新疆,小弟弟大学毕业后下放到延安。一家人都被牵连。

杨琳的事情再无人提起。1973年外经委曾试图为杨琳平反,受阻。

1974年秦文回到北京,得知周总理病重。秦文突然想到,造反派说父亲是"特嫌",1938—1949年父亲在香港工作期间主要接受周总理的领导。

秦文想给总理写信,可是又不忍心打扰总理。1974年那个冬季，她在苦苦煎熬中期盼着总理的康复。1975年春，总理病情加重。在万般无奈的情况下，秦文还是给周总理写了一封信，提出为杨琳平反的请求。

过了不到一个月的时间，病中的周总理在医院亲笔签批，把为杨琳平反的事交给主持工作的邓小平副总理。

晚年的黄美娴于八宝山杨琳像前

1975年7月，经邓小平、李先念、华国锋签批，杨琳的冤案得到平反。1975年8月21日，外经部为杨琳同志举行骨灰安放仪式，他的骨灰终于被安放到八宝山革命公墓。悼词中写道："杨琳同志虽然逝世七年了，但是当我们回忆起他的革命精神时，无不感到沉痛和怀念。"

在档案馆，我们看到了为杨琳平反的材料，被杨琳的经历深深地震撼了，他19岁参加革命，23岁就担负起特殊使命，之后又创建华润公司，筹建外经委，40年的革命生涯谱写出如此辉煌的业绩，华润有这样一位创始人是华润人的自豪。

2004年11月17日，采访秦文之后我们请她带我们去八宝山祭奠杨琳，在杨琳的墓碑前，一行人手捧鲜花默默致哀，我们含着泪对杨琳说："只要华润在，您的名字就不会被人遗忘，请您含笑九泉。"

附录五：华润公司机构沿革表（1938—1983年）①

1938年夏 →1943年春	→1946年	→1947年	→1948年
联和行	联和进出口公司	联和进出口公司	（改名为）华润公司
庆生行（韶关）	天隆行（广州）	天隆行（广州）	天隆行（广州）
苏新建筑材料工厂（桂林）		中华贸易公司（即大连站）	中华贸易公司（大连站）
协成百货公司（桂林）			华夏公司
			国新公司
			广大华行（并入）
			下属：纽约分公司（合并）
			东京分公司（合并）
			天津广大华行（改为华润天津办事处）
			上海广大华行（改为华润上海办事处）
			国际经济研究所

联和行

---

① 不包括临时机构。

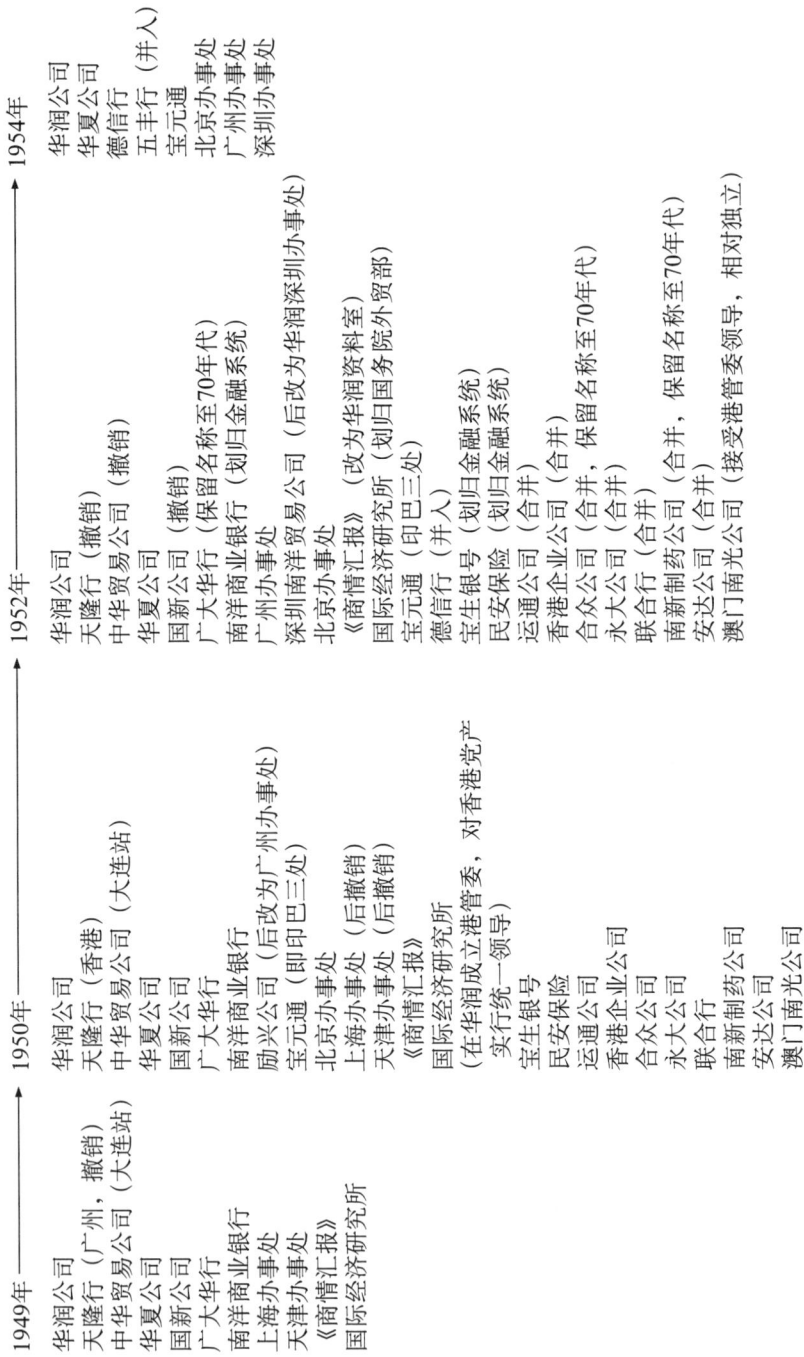

1949年	1950年	1952年	1954年
华润公司	华润公司	华润公司	华润公司
天隆行（广州，撤销）	天隆行（香港）	天隆行（撤销）	华夏公司
中华贸易公司（大连站）	中华贸易公司（大连站）	中华贸易公司（撤销）	德信行
华夏公司	华夏公司	华夏公司（撤销）	五丰行（并入）
国新公司	国新公司	国新公司（撤销）	宝元通
广大华行	广大华行	广大华行（保留名称至70年代）	北京办事处
南洋商业银行	南洋商业银行	南洋商业银行（划归金融系统）	广州办事处
上海办事处	励兴公司（后改为广州办事处）	广州办事处	深圳办事处
天津办事处	宝元通（即巴三处）	深圳南洋贸易公司（后改为华润深圳办事处）	
《商情汇报》	北京办事处	北京办事处	
国际经济研究所	上海办事处（后撤销）	《商情汇报》（改为华润资料室）	
	天津办事处（后撤销）	国际经济研究所（划归国务院外贸部）	
	《商情汇报》	宝元通（即巴三处）	
	国际经济研究所	德信行（并入）	
	（在华润成立港管委，对香港党产实行统一领导）	宝生银号（划归金融系统）	
	宝生银号	民安保险（划归金融系统）	
	民安保险	运通公司（合并）	
	运通公司	香港企业公司（合并）	
	香港企业公司	合众公司（合并，保留名称至70年代）	
	合众公司	永大公司（合并）	
	永大公司	联合行（合并）	
	联合行	南新制药公司（合并，保留名称至70年代）	
	南新制药公司	安达公司（合并）	
	安达公司	澳门南光公司（接受港管委领导，相对独立）	
	澳门南光公司		

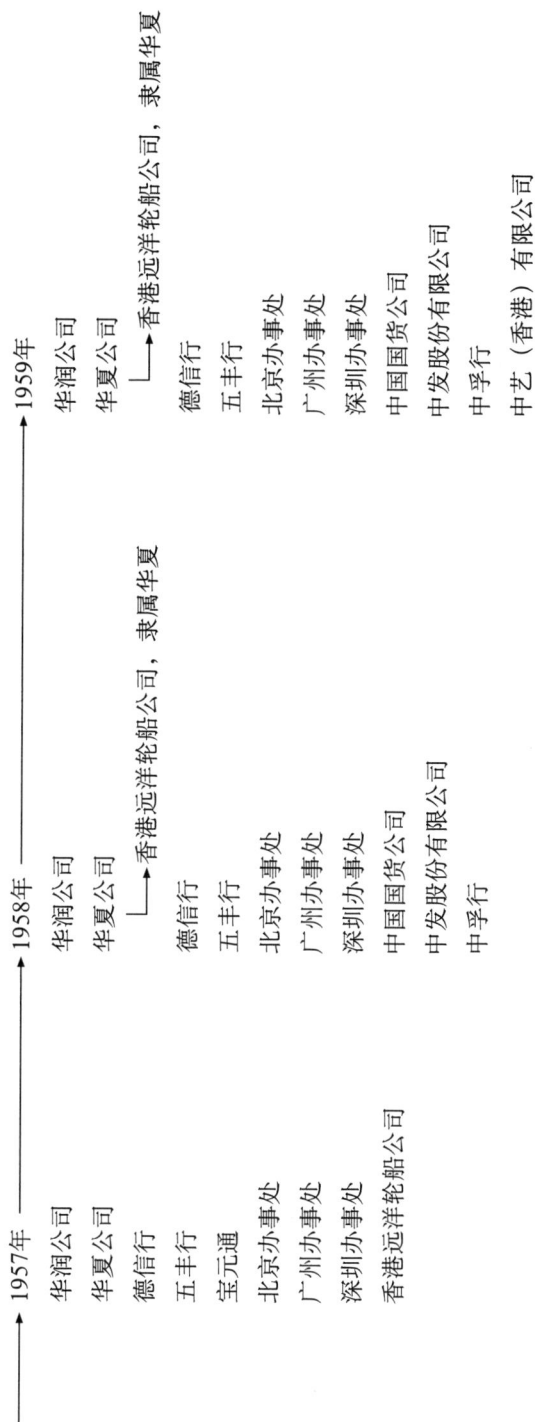

1957年 →

- 华润公司
- 华夏公司
- 德信行
- 五丰行
- 宝元通
- 北京办事处
- 广州办事处
- 深圳办事处
- 香港远洋轮船公司
- 中国国货股份有限公司
- 中发股份有限公司
- 中孚行

1958年 →

- 华润公司
- 华夏公司
  - └→香港远洋轮船公司，隶属华夏
- 德信行
- 五丰行
- 北京办事处
- 广州办事处
- 深圳办事处
- 中国国货公司
- 中发股份有限公司
- 中孚行

1959年 →

- 华润公司
- 华夏公司
  - └→香港远洋轮船公司，隶属华夏
- 德信行
- 五丰行
- 北京办事处
- 广州办事处
- 深圳办事处
- 中国国货公司
- 中发股份有限公司
- 中孚行
- 中艺（香港）有限公司

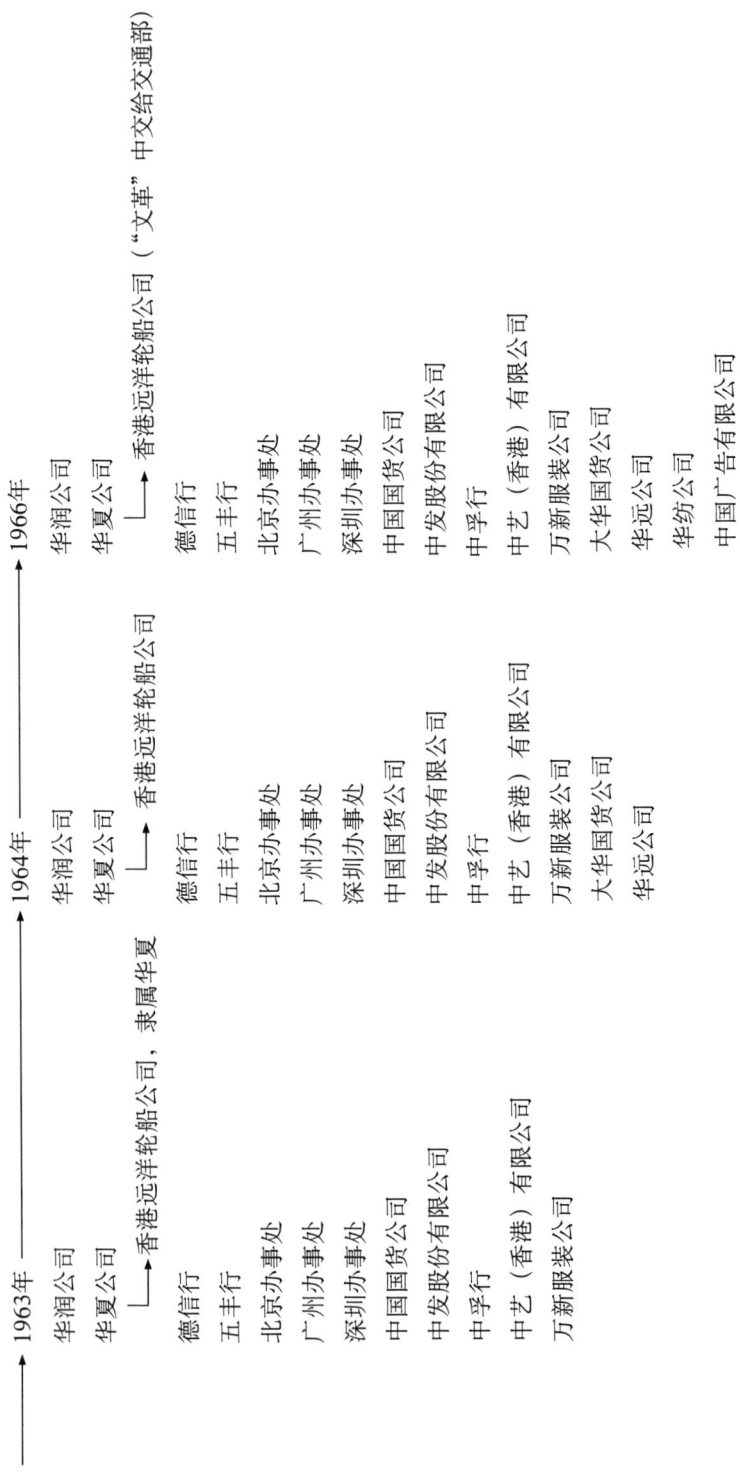

1963年	1964年	1966年
华润公司	华润公司	华润公司
华夏公司	华夏公司	华夏公司
└香港远洋轮船公司，隶属华夏	└香港远洋轮船公司	└香港远洋轮船公司（"文革"中交给交通部）
德信行	德信行	德信行
五丰行	五丰行	五丰行
北京办事处	北京办事处	北京办事处
广州办事处	广州办事处	广州办事处
深圳办事处	深圳办事处	深圳办事处
中国国货公司	中国国货公司	中国国货公司
中发股份有限公司	中发股份有限公司	中发股份有限公司
中孚行	中孚行	中孚行
中艺（香港）有限公司	中艺（香港）有限公司	中艺（香港）有限公司
万新服装公司	万新服装公司	万新服装公司
大华国货公司	大华国货公司	大华国货公司
华远公司	华远公司	华远公司
		华纺公司
		中国广告有限公司

→ 1973年 →	→ 1975年 →	→ 1976年 →
华润公司	华润公司	华润公司
华夏公司	华夏公司	华夏公司
德信行	德信行	德信行
五丰行	五丰行	五丰行
北京办事处	北京办事处	北京办事处
广州办事处	广州办事处	广州办事处
深圳办事处	深圳办事处	深圳办事处
中国国货公司	中国国货公司	中国国货公司
中发股份有限公司	中发股份有限公司	中发股份有限公司
中孚行	中孚行	中孚行
中艺（香港）有限公司	中艺（香港）有限公司	中艺（香港）有限公司
万新服装公司	万新服装公司	万新服装公司
大华国货公司	大华国货公司	大华国货公司
华远公司	华远公司	华远公司
华纺公司	华纺公司	华纺公司
中国广告有限公司	中国广告有限公司	中国广告有限公司
万通公司	万通公司	万通公司
	万博有限公司	万博有限公司
		嘉陵公司

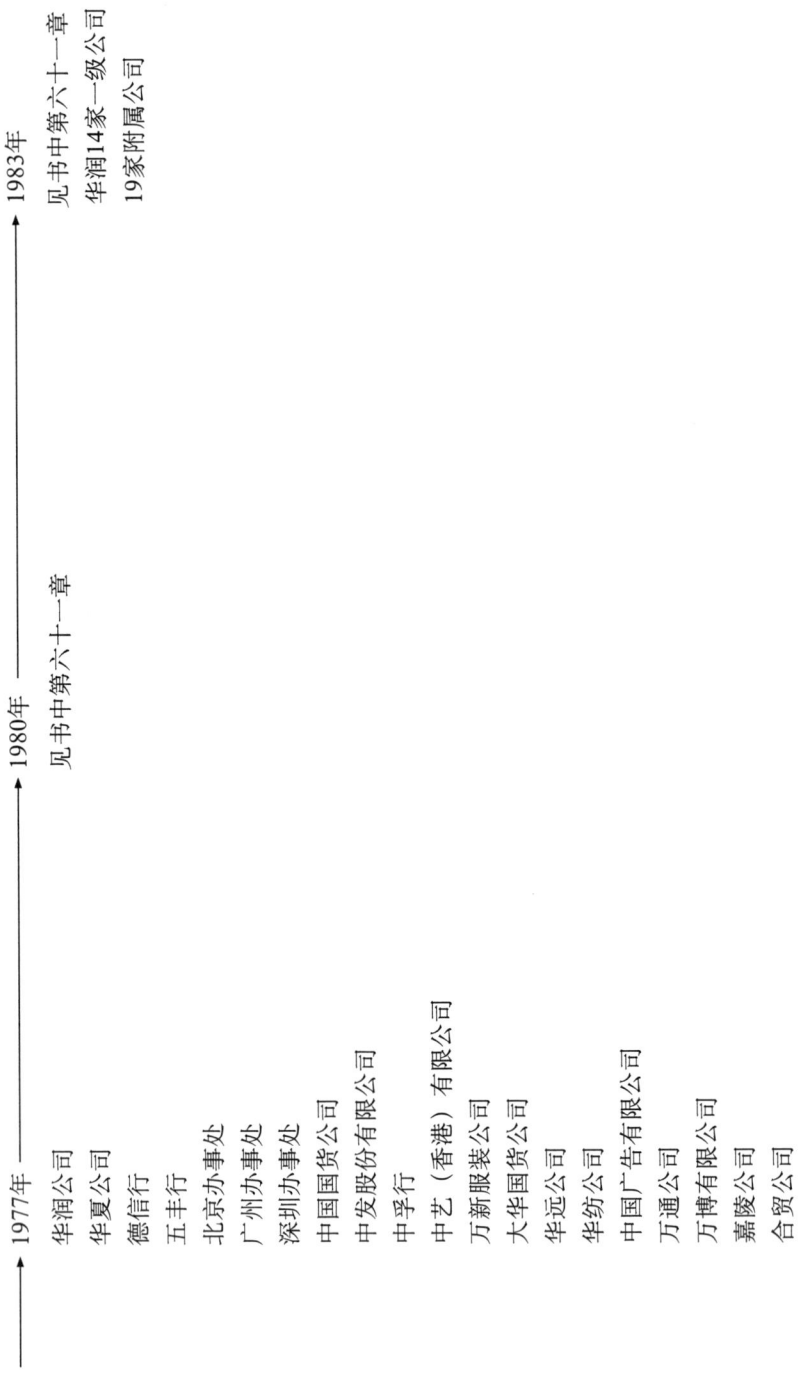

1977年
华润公司
华夏公司
德信行
五丰行
北京办事处
广州办事处
深圳办事处
中国国货公司
中发股份有限公司
中孚行
中艺（香港）有限公司
万新服装公司
大华国货公司
华远公司
华纺公司
中国广告有限公司
万通公司
万博有限公司
嘉陵公司
合贸公司

1980年
见书中第六十一章

1983年
见书中第六十一章
华润14家一级公司
19家附属公司

被采访人员名单（以拼音为序）

白开辛	白立新	白文爽	蔡连芳
曹万通	巢永森	陈菠	陈国庆
陈国智	陈嘉禧	陈建邦	陈立杰
陈渭仪	陈文福	陈新华	戴荣卓
邓焜	方润华	方文雄	封海亭
冯修蕙	傅春意	谷永江	顾宗宏
关清太	郭鹤年	郭晋清	郭里怡
何如光	何向东	何忠祺	胡逸生
黄惠	黄佩英	黄士珏	黄士娴
黄文照	姬江会	江文若	姜伟
蒋庆祥	李良四	李树仁	李威林
李文山	李文志	廖新谦	林智溪
林忠敬	刘昂	刘冲	刘恕
刘功宜	刘桂明	刘浩清	刘家栋
刘绍山	刘辛南	柳立坚	鲁映
吕虞堂	吕增训	罗良	罗慕莲
马俊	麦国彦	麦文澜	倪振
聂海清	宁高宁	潘绪振	齐文娴
秦裔乙	任光斌	沈觉人	沈燕芬
施云清	宋明正	孙琼英	孙文富
孙文敏	谭沛	佟志广	童德宣
汪长炳	王惠恒	王建华	王金亮

王俊卿	王庆邦	王守江	王同善
王怡明	王以进	韦志超	魏 宽
魏甲南	徐 静	徐 欣	徐国荃
徐鹤龄	徐景秋	徐立人	徐鹏飞
许 莹	许新识	许造时	许钟琛
严拱华	严家章	严亦峻	杨 峻
杨 奇	杨进科	杨良鋆	杨文炎
杨延修	叶阿莉	叶丽珍	于 杰
于引（沈远踪）	于若木	张 镇	张耕平
张建华	张骏泉	张平（张焕文）	张适光
张祥霖	张永江	张育智	张季敏
赵锡平	赵隆俊	钟文杰	郑炽南
周太和	周秉钬	周传儒	周德明
周海婴	朱祖贤	朱 丹	朱佳木
朱晋昌	朱友蓝	朱育诚	朱仲平
卓 雄	祝 华	庄世平	

何小兰（何平之女）　　　　刘小映（刘恕之女）

秦文（杨琳之女）　　　　　秦福铨（杨琳之子）

秦钢（博古之子）　　　　　秦铁（博古之子）

秦新华（博古之女）　　　　王翔（王华生之子）

王昭玲（钱之光儿媳）　　　杨伟（杨琳之子）

袁明（袁超俊之子）　　　　袁冬林（袁超俊之子）

张春秀（王华生之妻）　　　张苏（张平之子）

张文（李应吉之子）

参考书目

1　《无锡史志》，无锡市史志办公室，2007年。

2　黎辛、朱鸿召：《博古，39岁的辉煌与悲壮》，学林出版社，2005年。

3　李志英：《博古传》，当代中国出版社，1994年。

4　吴葆朴、李志英：《博古文选·年谱》，当代中国出版社，1997年。

5　叶永烈：《陈云之路》，中共中央党校出版社，2000年。

6　赵士刚：《陈云谈陈云——历史纪实》，党建读物出版社，2001年。

7　《陈云文选》（第一卷、第二卷、第三卷），人民出版社，1995年。

8　朱佳木：《陈云》，中央文献出版社，1999年。

9　朱佳木：《陈云年谱》（上、中、下），中央文献出版社，2000年。

10　刘家栋：《陈云与调查研究》，中央文献出版社，2004年。

11　邓力群：《向陈云同志学习作经济工作》，中共中央党校出版社，1981年。

12　中共党史人物研究会：《中共党史人物传》（第23卷），陕西人民出版社，1985年。

13　胡三香：《董必武》，长江文艺出版社，2004年。

14　司马烈人：《杜月笙秘传》，中国文史出版社，2001年。

15　中共广东省委党史研究室：《方方》，广东人民出版社，2004年。

16　王光远：《冯玉祥与中国共产党》，中央文献出版社，2004年。

17　王慧章：《猪鬃大王——古耕虞》，中国文史出版社，1991年。

18　陶纯：《猪鬃大王古耕虞》，解放军出版社，1995年。

19　尚明轩：《何香凝传》，民族出版社，2004年。

20　戴煌：《胡耀邦与平反冤假错案》，中国工人出版社，2004年。

21　俞润生：《黄炎培与中国民主建国会》，广东人民出版社，2004年。

22　李敏生：《患难之交——抗美援朝霍英东历史解密》，中国社会科学出版社，2003年。

23　张秋时：《瞿秋白与共产国际》，中共党史出版社，2004年。

24　金冲及、房维中：《李富春传》，中央文献出版社，2001年。

25　徐祥林：《李克农传》，安徽人民出版社，2003年。

26　姜平：《李济深全传》，团结出版社，2002年。

27　李湄：《梦醒——母亲廖梦醒百年》，中国工人出版社，2004年。

28　铁竹伟：《廖承志传》，人民出版社，1998年。

29　吴学文：《一门忠烈——廖氏家族》（上、中、下），中共党史出版社，2004年。

30　中共中央文献研究室：《刘少奇年谱》（上、下），中央文献出版社，1996年。

31　陈清泉：《陆定一传》，中共党史出版社，1999年。

32　周海婴：《鲁迅与我七十年》，南海出版公司，2001年。

33　李征：《卢绪章传》，中国商务出版社，2004年。

34　王元周：《卢绪章与广大华行》，中国对外经济贸易出版社，1995年。

35　谢常青：《马万祺传》，中国文史出版社，1998年。

36　金冲及：《毛泽东传》，中央文献出版社，2004年。

37　中共中央文献研究室：《毛泽东年谱》（上、中、下），中央文献出版社，2002年。

38　李君如：《细说毛泽东》，河南人民出版社，2001年。

39　中共中央文献研究室：《毛泽东文集》，人民出版社，1993年。

40　《建国以来毛泽东文稿》，中央文献出版社，1998年。（共13卷）

41　张云：《潘汉年传奇》，上海人民出版社，1996年。

42　《彭德怀自传》，解放军文艺出版社，2002年。

43　王烈：《钱之光传》，中国文联出版社，1993年。

44　罗银胜：《才情人生乔冠华》，团结出版社，2004年。

45 章学新:《任弼时传》(修订版),中央文献出版社,2001年。

46 中共中央文献研究室:《任弼时年谱》,中央文献出版社,2004年。

47 尚明轩:《宋庆龄年谱长编》,北京出版社,2002年。

48 陈廷一:《宋庆龄全传》,中国社会科学出版社,2004年。

49 刘家泉:《宋庆龄在香港》,中共中央党校出版社,1997年。

50 陈廷一:《宋子文大传》,团结出版社,2004年。

51 陈水林:《沈钧儒与中国宪政民主》,当代中国出版社,2003年。

52 周国全:《王明传》,安徽人民出版社,2003年。

53 方卓芬:《回忆许涤新》,海天出版社,2002年。

54 《中共党史人物传》(第81卷),中央文献出版社,1990年。

55 《叶剑英传》,当代中国出版社,1997年。

56 《杨尚昆回忆录》,中央文献出版社,2001年。

57 苏多寿:《曾山传》,江西人民出版社,1999年。

58 程中原:《张闻天传》,当代中国出版社,2000年。

59 张培森:《张闻天年谱》(上、下),中共党史出版社,2000年。

60 《张闻天文集》(1—4卷),中共党史出版社,1995年。

61 《张闻天选集》,人民出版社,1985年。

62 张培森:《张闻天与二十世纪的中国》,中共党史出版社,2000年。

63 《章汉夫传》,世界知识出版社,2003年。

64 姜平:《章伯钧与中国农工民主党》,广东人民出版社,2004年。

65 江明武:《周恩来生平全纪录》(上、下),中央文献出版社,2004年。

66 中共中央文献研究室:《周恩来年谱一八九八——一九四九》,中央文献出版社,1998年。

67 中共中央文献研究室:《周恩来年谱一九四九——一九七六》,中央文献出版社,1997年。

68 李东朗:《细说周恩来》,河南人民出版社,1998年。

69 穆欣:《隐蔽战线统帅周恩来》,中国青年出版社,2002年。

70 聂锦芳:《周恩来经济评传》,中国经济出版社,2000年。

71 杨明伟：《走出困境——周恩来在1960~1965》，中央文献出版社，2000年。

72 唐灏：《周恩来万隆会议之行》，中国工人出版社，2003年。

73 金冲及：《朱德传》，人民出版社、中央文献出版社，1993年。

74 中共中央文献研究室：《朱德年谱》，人民出版社，1986年。

75 朱学范：《我与民国四十年》，团结出版社，1990年。

76 中共党史资料征集委员会、中共中央党史研究室：《中共党史资料》，中共中央党校出版社，1982年。

77 李捷：《毛泽东与新中国的内政外交》，中国青年出版社，2003年。

78 萧心力：《毛泽东与共和国重大历史事件》，人民出版社，2001年。

79 埃德加·斯诺：《西行漫记》，解放军文艺出版社，2002年。

80 [苏]彼得·弗拉基米洛夫：《延安日记》，东方出版社，2004年。

81 《隐蔽战线写真》，中国文史出版社，2002年。

82 璞玉霍：《党的白区斗争史话》，中共党史出版社，1991年。

83 郝在金：《中国秘密战——中共情报、保卫工作纪实》，作家出版社，2005年。

84 中共中央统战部：《解放战争时期第二条战线》（上、下），中共党史出版社，1999年。

85 张恒：《中共中央组织人事简明图谱》，中国广播电视出版社，2003年。

86 《南方局党史资料大事记》，重庆出版社，1986年。

87 《走进历史深处》，上海文艺出版社，2001年。

88 《东江纵队志》，解放军文艺出版社，2003年。

89 邢福有：《国民党起义将领传》（上、下），华文出版社，2002年。

90 石广生：《世纪之交的中国对外经济贸易》，人民出版社，2003年。

91 潘君祥：《中国近代国货运动》，中国文史出版社，1996年。

92 《八路军新四军驻各地办事机构》（1—4卷），解放军出版社，1999年。

93 中共中央文献研究室：《建国以来重要文献选编》，中央文献出版社，

1992年。

94　军事科学院：《中国抗日战争史》（上、中、下），解放军出版社，
　　1994年。

95　《中国抗日战争史地图集》，中国地图出版社，1995年。

96　冷夏：《霍英东全传》，中国戏剧出版社，2005年。

97　紫丁：《李强传》，人民出版社，2004年。

98　尹家民：《百战将星陈赓》，解放军文艺出版社，1989年。

99　黄峥：《刘少奇一生》，中央文献出版社，2003年。

100　《刘英自述》，人民出版社，2005年。

101　张云：《潘汉年传》，上海人民出版社，2006年。

102　罗银胜：《乔冠华全传》，东方出版中心，2006年。

103　张明观：《柳亚子传》，社会科学文献出版社，1997年。

104　沙健孙：《中国共产党与抗日战争》（上、下），中央文献出版社，
　　2005年。

105　林玉华：《共和国的华诞》，中国文史出版社，1996年。

106　刘琦：《远征印缅抗战》，中国文史出版社，1990年。

107　高建中：《中国人民政治协商会议成立纪实》，当代中国出版社，
　　2002年。

108　袁小伦：《粤港抗战文化史论稿》，广东人民出版社，2005年。

109　《高士其全集》，航空工业出版社，2005年。

110　张慧英：《抗日战争中的民主人士》，中央文献出版社，2005年。

111　李佑军：《神秘脱险》，解放军出版社，2005年。

112　何小林等：《胜利大营救》，解放军出版社，1999年。

113　杨奇：《风雨同舟》，香港各界文化促进会，2004年。

114　陈达明：《大屿山抗日游击队》，香港各界文化促进会，2002年。

115　刘家栋：《陈云在延安》，中央文献出版社，1995年。

116　中共上海市委党史研究室：《陈云在上海》，中央文献出版社，
　　2000年。

117 路海江：《张国焘传记和年谱》，广东人民出版社，2004年。

118 郭庆兰：《我与柯棣华大夫》，解放军文艺出版社，2005年。

119 任贵祥：《华侨与中国民族民主革命》，中央编译出版社，2006年。

120 王光远：《红色牧师董健吾》，中央文献出版社，2000年。

121 燕凌：《红岩儿女》，中国青年出版社，2005年。

122 童小鹏：《在周恩来身边四十年》，华文出版社，2006年。

123 费侃如：《陈云与遵义会议》，2004年。

124 《杨尚昆日记》（上、下），中央文献出版社，2001年。

125 《中国外运四十年》，中国工人出版社，1990年。

126 菲力普·肖特：《毛泽东传》，中国青年出版社，2004年。

127 林乃基：《经纬流芳》，中国文联出版社，1995年。

128 方知今：《血战滇缅印》，解放军出版社，2005年。

129 冯邦彦：《香港华资财团》，三联书店（香港）有限公司，2002年。

130 马金科：《早期香港史研究资料选辑》，三联书店（香港）有限公司，1998年。

131 杨克林：《说不完的抗战》，三联书店（香港）有限公司，2005年。

132 李国强：《香港在抗日时期》，香港文史出版社有限公司，2005年。

133 铁竹伟：《廖承志传》，人民出版社，1998年。

134 周奕：《香港左派斗争史》，利文出版社，2002年。

135 廖琪：《庄世平传》，中华工商联合出版社，2004年。

136 《中华人民共和国经济大事记》，北京出版社，1985年。

137 中共广东省委党史研究室：《长空英魂——纪念黄作梅烈士文集》，香港荣誉出版有限公司，2002年。

138 卢受采：《香港经济史》，三联书店（香港）有限公司，2002年。

139 杨奇：《香港概论》，三联书店（香港）有限公司，1997年。

140 郑宏泰：《香港米业史》，三联书店（香港）有限公司，2005年。

141 郑宝鸿：《香港街道百年》，三联书店（香港）有限公司，2004年。

142 袁求实：《香港回归大事记》，三联书店（香港）有限公司，1997年。

143 《商标对发展中国家的影响》, 贸发会议秘书处的报告, 1977年。

144 吴百福:《新编进出口贸易实务》, 知识出版社, 1992年。

145 张化:《邓小平与1975年的中国》, 中共党史出版社, 2004年。

146 苏东斌:《中国经济特区史略》, 广东经济出版社, 2001年。

147 《中共党史文摘年刊》, 中共党史资料出版社。

跋

本书记录了华润公司1938至1983年共计四十五年的历史，这是一部群英史。在这四十五年里，华润与祖国共命运，经历了抗日战争、解放战争、抗美援朝战争、建设新中国、改革开放初期等不同阶段，为祖国做出了巨大贡献。全国解放以后华润公司的作用表现为以下几方面。

其一，外汇渠道。在改革开放前，华润作为对资贸易的总代理，是我国开展对资贸易、获取自由外汇的主渠道之一。

外汇渠道作用还体现在新中国诞生初期，那时，西方国家对我国实行封锁和禁运，华润公司在"冲封锁"和"反禁运"中，冒着难以想象的风险，开辟了跨越东半球的海运线，华润的轮船驶向世界，他们运送的进出口物资为中国大陆医治战争创伤、恢复工农业生产提供了保障。

其二，桥梁作用。华润立足香港，成为新中国连接西方世界的一座重要桥梁，尤其是在上世纪60年代初期中苏关系恶化以后，华润的桥梁作用更加重要。在很长一段时间里，外国商人和政治要员访问中国，主要通过华润联系。周恩来总理多次向外国朋友介绍说：有事儿可到香港，找华润。华润为广交会发放来宾邀请函也是一例。

　　在70年代末，华润的桥梁作用发挥到极致：一方面，华润把国内的外贸机构带到香港，帮助各省市自治区、各部委在香港开办窗口公司，使"粤海"等一大批公司迅速崛起；另一方面，华润通过咨询、介绍、引荐、参股等方式，把港澳和海外商人带回内地，进行实业投资。这些投资带动了内地经济的发展，也使投资者获取了较高的利润。在世界经济格局中，大陆的竞争力得以提升，港澳商人的实业化水平和竞争力也得以大大提高。

　　其三，试验田作用。建国初期到70年代初期，我国的经济体制一度与世界脱轨，严重阻碍了我国的经贸发展。为了推进我国的经贸事业，党和国家领导人通过华润进行了多项试验：远洋贸易与世界惯例接轨，突破片面追求"物价稳定"的局限，出口商品定价标准多元化，商标注册符合国际要求，出口商品检疫符合国际标准，合同文本和索赔条款按照国际惯例，利用交易所采购大宗商品，股票交易，突破"既无外债也无内债"的束缚，贷款经营，探索补偿贸易可行性，到海外投资办企业，国企海外上市，等等。这些措施在大陆大规模推行前，都在华润进行过"试验"，总结经验教训后才开始推广。在新中国建立和完善计划经济体制的过程中，有华润人奉献的智慧；在我国走向市场经济的道路时，有华润人的先行探索。

　　华润在香港实行的"属地化管理"，使华润有效地融入到世界经济格局之中，因而能够成为先行者。

　　其四，对港澳的社会责任。在很长一段时间里，华润代表我国政府对港澳地区承担一定的社会责任，比如，保证香港副食品供应和市场繁荣，通过贸易活动团结港澳同胞，在公司聘用的香港员工中培养爱国人士等等，这些都有利于增强港澳社会的稳定性。

　　华润公司的作用是独特的，从1938至1952年，在抗日战争、解放战争、抗美援朝战争中，华润是直属中央的最大的海外企业；从1952年至改革开放，华润是我国对资贸易的"总代理"。华润绝不是一家普通的贸易公司，而是与党的命运、与祖国的命运息息相关的海外赤子。我们有理由相信：随着对我党、我国经济史研究的深入，华润的作用还将得以进一步挖掘。

在这里我不能不写到1997年7月1日香港回归。为了实现香港顺利回归，并保证香港的繁荣稳定，华润人同样做出了巨大贡献：中英谈判前为中央提供系列专题报告，通过开发香港新界地产稳定人心，保障香港副食品市场和石油能源的供应等等，华润公司代表祖国，在各个方面向香港人民透露出"一国两制、稳定发展"的美好前景。

1997年6月至7月，华润所有员工都动员起来了，为了香港人民的利益，他们时刻准备着，随叫随到。6月29日至7月2日，多少华润人彻夜不眠，在瓢泼大雨中，他们迎接人民子弟兵开进香港；在瓢泼大雨中，他们欢迎党和国家领导人走下飞机；在瓢泼大雨中，他们把鲜活冷冻商品运到菜市场、超市，以保证市场繁荣。

当五星红旗在香港冉冉升起的时候，多少华润人流下了激动的热泪，他们自豪，他们骄傲，几代华润人的流血牺牲，终于盼到了这一天。

时至今日，华润已经走过了70年的风风雨雨，我们有理由相信：华润人一定能把华润做大做强，一定能把华润精神传递下去，为国家、为民族做出更大的贡献。

第一版后记

　　撰写华润史最初的动议起于2004年3月的"两会"期间，时逢全国政协成立55周年，华润前任董事长谷永江和时任董事长陈新华在会上介绍说：第一届政协大会能顺利召开，与华润公司有着密切关系。听完他们的讲述后，政协代表很感兴趣，建议他们把华润的辉煌历史写出来，留给后人。

　　就在3月，两会还没闭幕，华润集团即做出决定：撰写华润史。随即成立"华润史小组"：组长：陈新华；副组长：宁高宁、刘湖；成员：吴学先。

　　说实话，当时我对华润公司战争年代的历史几乎一无所知。怀着一种学术研究的心态，开始了资料搜集和考证工作。

关于史料来源

　　本书的史料来源主要包括四个渠道：

　　第一，档案馆。我们在中央档案馆、商务部档案馆、华润公司档案馆做足了功夫，查阅的史料从1938年至2007年长达69年，翻阅的卷宗超过4000卷①。那些被尘封的文献断断续续地记录了华润几代人的活动线索，我们把这些历史的碎片连缀起来，初步勾勒出

---

① 这些文献都已通过有关部门审查，可解密。

华润历史的脉络。

第二，香港中央图书馆。我在香港中央图书馆查阅了1938年至1983年四十五年以来的多种报刊文献，《华侨报》《文汇报》《华商报》《大公报》《华南早报》等，这些报纸为我们提供了一个较为真实的历史原貌，基本再现了世界、亚洲、中国、香港的历史背景。有这些老报纸作依据，我们为华润史的脉络找到了可以信赖的全景式的背景资料。

第三，采访当事人。我们共采访了170多位华润老前辈和相关当事人。从他们的叙述中，我们为华润史的脉络增添了丰富的细节，这些细节正是"华润史"的灵魂和血液，有了这些细节，这本书才更加生动，增加了可读性。我们采访过的老人中，张平和巢永森起了很大的作用，他们对年轻时的事情记忆清晰。

第四，参考书目。采写过程中，我们在图书馆查阅了大量旧书，也去书店购买了数百本新书，对我党的军事史、政治史、经济史做了一次系统梳理，同时，还阅读了大量回忆录，从回忆录中寻找线索。这些参考书提供的内容很丰富，包括史实，包括背景，也包括细节。

写史很难，难就难在每一句话都要真实，书中所记录的每一个时间，每一个地点，每一次活动，都要有依据。而所有的史料全靠我们自己去寻找、去考证。三年中，大概三分之二的时间用在搜集史料上。

关于史料研究

随着采访和研究的深入，初稿的一些章节不得不一次次推翻，重新写过。

比如"印巴三处"，开始时我们认为，这个公司是为了冲封锁和反禁运而设立的，主要任务是抢购棉花，出口煤。所以，印巴三处的故事就放在"抢购抢运"一章里了。当我们采访麦文澜的妻子柳立坚时，老人家讲述了该公司为西藏运送物资的事情。我们突然萌发出一个猜想：印巴三处初期的任务是不是为了配合"和平解放西藏"？这个想法让我们兴奋不已。为了进一步核实，我们再次回到档案馆，翻阅老资料，终于证实了这个猜想，随后增加了"印巴三处"一章。

从2004年到2006年，第四章全面改写多达四次，主人公最初是袁超俊，后变成袁超俊和刘恕，再变成袁超俊、刘恕和钱之光。三位主人公的"赴港"经历各自游离，找不到内在联系。2006年夏季，在我们再次分析了"国共和谈"的历史后，终于找到了内在契合点，那就是：内战爆发前夕，中央决定加强香港"联和公司"的力量，他们受命前往，任务相同，只是行程不同。"赴港小分队"在中央撤离延安的同时，肩负着"发展海外经济关系，并筹划蒋管区党费接济"的使命，渡黄河，赴香港，从此，华润公司领导集体形成，外贸活动走向波澜壮阔，随之华润的使命也发生了根本性变化，从"筹划蒋管区党费接济"，变成"支援前线并支援解放区恢复生产"。

有些参考书提供的线索，是错误的，这给我们造成了许多"陷阱"。比如，《廖承志传》一书中写道："香港八路军办事处1938年1月成立，3月12日，为办事处机关作掩护的粤华公司就被港英警察查封。"①依据这个线索，我们猜想，因为"粤华公司"被查封，所以需要建立"联和行"。我们就这样定下了"联和行"诞生的直接原因。与此相关联，杨廉安在"自传"中写道：粤华公司被封后，他的"联和行"更加小心。这个线索给我

---

① 铁竹伟：《廖承志传》，人民出版社，1998年，第170页。

们提供的信息是：粤华公司和联和行曾同时存在。以此推算：联和行在1938年春季就有了。可是，从我们掌握的史料中看，联和行的诞生应该在1938年夏季，不是春季。

当事人都去世了，为了考证"联和行"诞生的背景和日期，我们苦苦寻找相关线索，几个月都没有进展。后来，在阅读《宋庆龄年谱长编》时，突然看到：1939年5月，宋庆龄营救粤华公司的连贯。这短短的几十个字为我们解开了一个重要的历史之谜，那就是，粤华公司是在1939年被查封的，与前者的记录相比，时差整整一年。

类似的考证工作，还有很多，不一一列举。

在搜集史料过程中，我们曾默默地下决心：力争把1953年以前华润老员工的名单搞清楚，对于那些还健在的前辈，争取全部采访到。可是，我们没做到，实在是很遗憾。他们遍布全国各地，有的还在国外，很难找到联系的线索。一些老人没采访到，还有许多已经去世，这本书里肯定留下了许多空白。华润史是一代又一代华润人共同谱写的，他们每个人的贡献都是华润史的重要组成部分，从杨琳到张建华等华润领导，从黄美娴到李树仁等普通员工，他们都为华润的发展做出了巨大贡献，华润史是一部"群英谱"。

同样，华润史的辉煌不仅仅是由华润人创造的，华润发展的历程充分体现了我党领导下的"全国一盘棋"的大协作精神，解放战争时期东北、华北、华东、华南乃至全国对出口物资的提供，解放初期多家海外"党产"并入华润，和平时期我香港机构间的协同合作，还有香港商会、团体、爱国商人的鼎力相助等等，没有这些条件，也不会有华润的成功。

我们只希望以此书为"引子"，今后会有更多的人来参与补充和扩写，从而把这些历史完整地记录下来。

关于写作体例

按照计划，我们是写一部红色华润"史"，可是，在采访过程中，我们了解到大量生动的故事，这些故事和细节很感人，如果按照"史"的写法，是不能记录的，实在可惜。2006年初，在写作工作进行到几乎一半的时候，我决定改变写作体例，放弃学术性的修史写法，在"史"中加入"传记"的成分，目的只有一个：适当保留一些"生动细节"和"传奇色彩"。对于第一本华润史来说，我认为这是必要的，否则，那些生动细节无法入"史"，经久失传，实在可惜。

当然，此书毕竟是以"记录历史"为主要目的，我们关心的首先是历史的真实性，因此，我们"链接"了许多文献资料，目的是给读者、学者和研究人员提供一部可信的史书。

在我家里的墙壁上挂着三张地图：《世界地图》《中国地图》《香港地图》。每天我都会站在地图前，查看华润前辈活动的地点，描画华夏轮船驶过的航线。夜深人静的时候，面对地图，仿佛自己也置身于战火纷飞的前线，感受华润前辈所经历的风险，分享他们胜利的喜悦。

本书记录了1938—1983年的华润历史，对于1983年至今的华润史，需待时日进行沉淀。

我们相信，一部华润史，它所记录的绝不仅仅是华润自身的历史，它同时还是我党的早期海外贸易史，也是我党、我国经济史的重要组成部分。华润史的出现，必将为相关的史学研究提供大量史实。

这就是撰写华润史的意义所在。

历史是什么？从总结和借鉴的角度说，历史是镜子，是教科书。从记录和欣赏的角度说，历史代表着悠久。

存在的历史抹不掉，不存在的历史续不上。拥有历史，并且还在续写历史，这本身就是值得骄傲的事情。我们把华润的历史记录下来，为的是继续写下去，直到永远。

拥有辉煌历史的企业一定具有顽强的生命力和创新能力。

华润的红色历史也是华润的品牌，是商誉。

此书的书名几经修改，初期为"华润史"，后改为"辉煌华润"，2009年，由华润集团确定为《红色华润》。在《红色华润》即将出版之际，我们要感谢中央档案馆、商务部档案馆的工作人员；感谢华润档案馆的潘文涛。在收集史料的过程中，他们提供了许多方便。

感谢华润石化的宋璐、马丽君，感谢华润营造的郝捷，感谢北京中国华润的李万春、沈轶。他们曾参与抄写和整理档案卷宗，参与查阅老报纸。这类工作枯燥乏味，却又要格外认真，尤其是录入数字，不能出任何差错。由于有他们的努力，保证了第一手资料的可信性。

感谢我的同事薛清华和冯宜春，三年之中我们相互依靠，共同奋斗。在采访的日子里，我们一起感动，一起流泪；在整理旧档案的日子里，我们一起寻找线索，一起兴奋；遇到难题的时候，我们相互鼓励，化解烦恼。为了寻找采访人员的线索，她们二位经常一连打几十个电话。没有她们，这本书的内容不会如此翔实。她们热爱华润，已经成为华润史的义务宣传员，有机会就讲给外人听。

感谢张平、孙琼英夫妇，巢永森、许莹夫妇，他们不厌其烦，一次次回答我们提出的各种疑问，并提供了大量老照片和老物件。同时，我们对所有热心支持《红色华润》写作的老前辈及其子女表示深深的感谢。

感谢编委会的七位成员，他们对书稿进行了认真阅读，以更加宏观的视野审视历史事件，对书稿提出了很好的修改建议。

另外，有几位老前辈在我们采访之后去世，让我们在此表示深深的怀念，愿他们在天堂里安息欣慰。

感谢中华书局总经理李岩先生，是他推动了这本书的出版。感谢责任编辑许旭虹女士，她不仅对书负责，而且对事负责，是难得的好编辑。感谢美编许丽娟女士，经她排版修片，这本书才有了这么美的版式。

从接受任务到完成初稿，我用了整整三年的时间，三年中，没有节假日，没有周末。为了寻找历史线索，我常常在图书馆埋头苦读到闭馆；为了构思某个章节，常常彻夜难眠披衣伴灯到天亮。有一天夜晚，我连续写作12小时，起身时腰椎错位，身体呈90度木在桌边，被救护车送到医院。接受任务时一头黑发，初稿完成时，我已经是两鬓成霜。

能有机会写作《红色华润》，与那么多华润前辈和港澳同胞悉心交谈，了解到那么多"牺牲"与"奉献"的故事，我深感荣幸。整个采访和写作的过程就是一次心灵净化的过程，许多章节我是含着眼泪写完的，这绝不是一项普通的学术课题。

在书稿即将完成之际，我感到的不是喜悦，而是压力和惴惴不安。由于水平有限，我担心出现差错，更担心史实方面存在失误或片面，真诚地希望华润前辈和相关人士给以批评指正。

祝福华润，祝福华润人。

吴学先（高等教育出版社）
2007年5月8日于香港跑马地完成初稿
2010年3月8日于北京定稿

修订版后记

《红色华润》2010年出版后，在三年多的时间里，重印九次，在各界产生了很大影响。2014年4月华润时任董事长被"双规"，该书停印。今年，本人对第一版做了部分修订，作为第二版，献给2018年华润集团80周年华诞。

一、《红色华润》出版后产生的社会影响

《红色华润》自2010年出版后，引起社会各界的高度重视，新闻媒体发布了大量的报道和评论。一些电视台根据书中信息拍摄纪录片；多部重大题材的电影和电视剧都涉及书中记录的故事，比如在影片《开国大典》中，展示了民主人士乘坐华润公司的轮船从香港回到东北的情节。

《红色华润》填补了多个研究空白，引起研究机构的重视。

《红色华润》出版后，引起多方研究机构的重视，最早是中国社会科学院近代史所联系到我，请我去他们那里讲课，专讲华润史，并座谈。后来，该所的革命史室承担了一个国家社科基金资助的科研课题，其成果是一部书，分为上下两册：《裂变与重构——人民共和国创世纪》。课题组邀请我为该书写了两章内容：一章是《百川归海——在港民主

人士北上参加新政协》，一章是《特殊战线上的华润公司与华润人》。

华润为新政协的诞生做出了巨大贡献。新政协的意义非常重大，正如郭沫若所说："我感觉着，今天的新政协筹备会的开幕，正好像在黑暗中苦斗着的太阳，经过了漫漫长夜的绞心沥血的努力，终于吐着万丈光芒，以雷霆的步伐，冒出地平线上来了。"

华润为新中国的诞生做出过巨大贡献：在贸易支前、统战工作、隐蔽战线等领域，华润前辈付出了汗水乃至生命。

《裂变与重构》这套书论述了中国共产党人在艰难历程中如何探索，如何一步步地走向"道路自信、理论自信、制度自信和文化自信"。

《红色华润》有多处填补了研究空白。

比如，2011年元旦，军史研究所所长给我打电话，感谢我在书中解开了一个谜。他说：西藏和平解放前，百万大军开进西藏，毛主席要求部队：不许与百姓争粮。但我们后来的军史研究一直查不到相关资料，搞不清当时部队的军需保障是如何实现的。看了这本书才知道，原来是华润承担了后勤保障的任务。

又比如，2005年，在京西宾馆召开大会，纪念陈云诞辰100周年，我做大会发言，介绍华润为上海解放做出的贡献。大会发言每人限时20分钟。当我讲到华润为上海提供"两白一黑（大米、棉花、煤）"，因而帮助上海解决了最初的经济困难时，大会主持人上台告诉我：你的发言延长20分钟，请你讲得详细一些，大家对这些历史不了解。

在写作过程中，我将秦邦礼的化名与历史事件一一对应，发现一个重要线索。"方一生"是他在苏联时期的名字。资料记载，陈云向斯大林和共产国际汇报遵义会议前后我党的情况时，潘汉年、严朴、方一生陪同。

这个发现很有意义。

遵义会议后，张闻天、毛泽东、周恩来等新的中央领导派陈云去共产国际汇报工作，博古的弟弟同行。这说明，此次汇报具有历史的客观性。

类似的故事还有很多。

《红色华润》一书为华润的业务发展提供了帮助。

很多华润领导和员工对我说：我们开展新项目，与新部门合作，都会送一本《红色华润》，当对方了解了我们的历史，合作就成功了一半。

华润燃气曾请我到下属的无锡燃气讲华润史，那次听讲的华润员工超过一千人。大家都被华润前辈的牺牲与贡献感动了。就在那年，外地来无锡燃气参观的公司超过800家，有些是有合作意向但又犹豫不决的，他们来实地考察。无锡燃气所有的员工都成了华润历史的传播者，他们给客人讲华润的故事，有效地推动了合作项目。

华润银行某业务部，一次购买一千本《红色华润》。他们找到我，请我在这些书上签名，并题写了收书者的名字，他们用送书的方式联系各界客户。

华润旗下各业务单元，都曾把这本书作为礼品，送给地方领导，送给客户，送给合作方，用公司的历史感染对方，增进友谊，推动业务发展。

《红色华润》是华润新员工入职的培训书目。

华润每年从重点大学招聘几千名毕业生，他们入职后，都要接受脱产培训，这本书就成为每一位新员工的必读书。培训期间，他们每人都写读后感，很多文章情真意切。他们还把书中的某些片段改编成舞台剧，他们扮演杨琳或某一位老前辈，演得惟妙惟肖。

华润史对新员工有很大的感召力，帮助大家形成自豪感和对公司的认同感，同时，他们又成了华润史的宣讲员，对家人，对同学，对客户，对朋友，讲述华润故事。

《红色华润》的故事在大学校园引起热烈反响。

我数十次被邀请，去大学演讲华润史。

记得第一次演讲是2005年，演讲前，我有点犹豫，担心孩子们对这些红色历史不感兴趣。没想到演讲结束后，大学生们反响热烈，他们提出了很多问题，感叹我党的战略前瞻性，感叹老前辈的智慧与胆略，赞美老前辈的无私贡献。

在战争年代，华润公司在商战、统战、谍战等方面，都做出了有声有色的历史贡献，面对史实，大学生们不会采取虚无主义的态度。他们尊敬那些创造历史的英雄和前辈。

《红色华润》一书丰富了香港的历史研究。

近几年，在香港，一批冠以"红色史"的书籍先后出版，我搜集了十余本。他们或者直接引用《红色华润》的某个史实，或者用此书提供的线索挖掘下去，深入研究。这些书相互呼应，描述了香港在抗日战争时期、解放战争时期、朝鲜战争时期以及和平建设时期对祖国做出的贡献。

这些研究很有意义。

二、为第二版继续采访

《红色华润》第一版出版后，很多人拥有了此书，其中，有很多人为我提供新的线索，比如，第二版增加的"迎接钱学森回国"一章，就是该书出版后才采访到的。

写《红色华润》的时候，重点放在了华润人的贡献上，对于香港同胞的故事写得不够多。此书出版后，我又陆续结识了一些与华润历史有关的香港朋友，在第二版里，增加了一些相关细节。

有一个故事让我感动。

他们不让我公开他们的名字，他们是华润老前辈罗理实和张淑芳的儿子与儿媳。今年五月的一天，他们约我和摄影师到香港一个码头边的公园见面，那个公园很安静，我们坐在长椅上，听二位老人讲述战争时期的故事。他们的父母在抗日战争时期就与杨琳并肩作战，曾长住越南，为前线转运物资；在解放战争时期，他们转战菲律宾和香港，忘我工作。

我们谈了几乎一上午。二位讲完父母的故事后，准备告别。他们站起身，握紧拳头，低沉而有力地唱起《义勇军进行曲》："起来！不愿做奴隶的人们！把我们的血肉，筑成我们新的长城！"他们对歌词是那样的熟悉，顺畅地唱下去，没有一个错。那种真诚，让我想到了他们的父母，在烽火硝烟和白色恐怖的年代，他们就是靠这样的信念战斗在敌人的心脏。父母在黑暗年代的一次次歌唱，直接影响了孩子们。我拥抱住那位女士，泪流满面，哽咽着跟他们一起唱我们的国歌。我曾无数次唱过国歌，唯有这一次，仿佛自己也置身于战争年代，在"接头"之后，做好了牺牲的准备，用歌声告别，用歌声相互鼓励。这是一次最最难忘的采访。至今想起，还会流泪。

此次修订增加了对他们父母的介绍。等这本书出版后，我会送去，这就是我能做的唯一的感谢和回报了。

三、感谢华润老前辈

我从2004年开始采写华润史，采访过180余位老前辈。二版出版前，我梳理了一下被采访者，发现已经有35位先后去世。有过半的老人家年近90或超过90岁。

周秉鈇在2018年就95岁了。自2004年相识，我们就成了忘年交。如今他住在北京的养老院，每年春节前，探望老人家成了我的一个活动，一个不可消减的活动，是规矩。我也到了退休的年龄，但是，探望这些老前辈依然是我的工作，我的使命。

怀着深深的敬意，感谢华润老前辈。有他们传递下来的华润文化和华润精神，就算公司遇到磨难，遇到坎坷，华润的大船依然会沿着历史的航线，乘风破浪，驶向理想的远方，那就是《共产党宣言》描述的地方，实现中国梦的地方。

2017年12月6日
于深圳

重印后记

这是《红色华润》第12次印刷了。

2010年《红色华润》出版，第1次印刷是全一册的黄色封面，大家都很熟悉了。到2013年，第9次印刷，内容完全一样。第10次印刷是2014年，那年华润面临一次重大舆情，本人和中华书局对图书做了一点点修改，删了序言署名。

2018年，华润诞辰80周年。此书第11次印刷，我们在形式上和内容上都做了一些修改。

先说形式上的修改：原来的全一册比较厚，很多读者说：如今的人们都很忙，读书时间很少，很多人是在高铁上或飞机上读书，《红色华润》太厚了，不易携带，可不可以分成上下册。我们听取了这个建议，把一本书分成了上册和下册两本，用塑封包装成一体。封面也有改动。

再说内容上的修改：2013年起，本人在英国某大学做荣誉教授三年，认识了一位香港留学生。有一年暑假，我们在香港跑马地附近偶遇，离她家很近，她约我和儿子去家里喝茶。在聊天的过程中，她爷爷讲起在香港达德学院读书的故事，还拿出1948年的老相册给我看。达德学院是由华润投资的，当年，很多来自内地的民主党派人士和文化名人在学院任教。我的师爷黄药眠也是达德学院教授

（我是北师大博士）。这让我很兴奋，就做了多次采访。经他介绍，我还采访了其他四位香港老人，他们讲述的故事感人至深，比如1949年10月1日在港英政府的反对中他们冒险升国旗，比如华润前辈罗理实的儿子讲述父母的故事，讲述年幼的弟弟与革命前辈在上海被捕，牺牲。这些故事，我加到了《红色华润》第11次印刷的版本里。

此次是第12次印刷。形式上恢复了黄色封面，保持上下两册。内容上与第11次印刷的内容基本一致。

《红色华润》第12次印刷，本人感到很开心。我知道，这不是因为我写得好，而是因为华润前辈的事迹太感人。

这本书记录了一个"群体"的伟大事业。据不完全统计，书中提到名字的华润前辈多达587人，不包括华润为十几个解放区培训的干部百余人，不包括华润护送的民主人士和文化名人千余人。华润前辈不仅流汗苦干，也流血牺牲。如今101岁的周德明先生在香港安度晚年，1948年他在上海与"上线"接头时险些被捕，三天后被上海地下党派到香港华润。华润所属的华夏航运公司，多位船员牺牲。

秦邦礼（杨琳）受延安党中央的委托，于1938年在香港创立了这家公司，他在华润14年，经历了抗日战争、解放战争、抗美援朝战争。他的机智、勇敢和善于经商使得华润稳步发展。

时代造就了华润，华润谱写了辉煌历史。

在《红色华润》第12次印刷的时候，本人要感谢中华书局的前任总经理李岩，他已经退休了，祝他健康快乐。感谢责任编辑许旭虹，在长达15年的时间里她一直偏爱此书。感谢美术编辑许丽娟，她已经从美少女变成了中年妈妈。她们二位对此书的出版和重印付出了大量时间，付出了出版人的智慧和经验。

感谢华润同事，他们不仅自己买书，还买书送给客户，因而此书才能有多次重印。

感谢那些互不相识的读者朋友们,他们出于对华润的好奇而购买此书。当年中华书局曾在机场铺货,有一次,两位读者买了此书,登机后,我们三人坐在飞机中排的三个位置上,他俩一路讨论此书,说华润真了不起,过去完全不了解,等等。我听了,心里美滋滋的,当时真想说:我给你们签名吧,我就是作者。一路飞行几个小时,最后我忍住了,没说出来。至今回忆那个场景,依然暗笑。

这本书的很多片段已经被拍成电视剧,很希望这本书被改编成一个完整的电视剧。

吴学先

2025年5月16日

写于飞机上